2020

CHINA JOURNALISM AND COMMUNICATION JOURNAL

中国新闻传播研究

智能媒介与传播

高晓虹◎主编
刘宏 赵淑萍 曾祥敏◎副主编

中国传媒大学出版社
·北京·

目录 >>>>CONTENTS

智能媒体前沿

拟人、非人与后人类:论人工智能媒介物与人类的相遇 张 磊/ 3

人工智能影响新闻生产的哲学探源与关系调适 崔 林 王楠琦/ 18

基于区块链技术的新闻生产透明性研究 孙振虎 鹿艺佳/ 30

智媒新闻传播的教育理念演进与本土创新 吴炜华 张守信/ 45

传播领域引入区块链技术的逻辑解读与哲学反思 徐笑菡 李岭涛/ 54

新冠疫情记忆

理性与科学:突发公共卫生事件信息传播的基本态度

——基于2019年"新冠肺炎"疫情报道的冷思考 赵淑萍 李超鹏/ 71

疫情下的天津:媒介记忆功能视角下的城市形象建构 陈 娜 张 涛/ 82

新闻生产研究

智能媒体时代的新闻策展:基于对传统媒体新闻记者把关实践的观察与访谈

赵如涵 白顺阶/ 95

纪录片研究

动能转换与多元创新:中国纪录片产业发展的新图景 何苏六 韩 飞/ 107

记忆、历史与影像表达

——基于养老社区口述史纪录片创作的田野考察 夏丽丽/ 122

传播学研究

重建社区:历史文化街区的"可沟通性"研究 曹培鑫 梁 轩/ 137

寻找理想的听障手语主播:探讨 1978 年以来中国无障碍电视及其研究之政策、实践与展望 王 彦 曹 芮/ 151

融媒体创新传播:文旅融合产品设计的场景应用及传播路径创新

——以花窗书立和古田会址数字微导览融媒体文创产品为例

郑志亮 曹航宇/ 166

青年视点

新冠肺炎疫情中的情感传播研究 刘 雯/ 181

多元探索与模式创新:新冠肺炎疫情影响下的互联网视频行业透析

刘文杰 杨垒垒 周慕超/ 189

现阶段主流媒体的智能化内容生产分析 付海钲 姜 萱/ 200

多形态共存和市场化探索:网生纪录片发展现状探析 李 昉 张心洁/ 214

智能媒体前沿

拟人、非人与后人类：论人工智能媒介物与人类的相遇　张　磊

人工智能影响新闻生产的哲学探源与关系调适　崔　林　王楠琦

基于区块链技术的新闻生产透明性研究　孙振虎　鹿艺佳

智媒新闻传播的教育理念演进与本土创新　吴炜华　张守信

传播领域引入区块链技术的逻辑解读与哲学反思　徐笑菡　李岭涛

拟人、非人与后人类：论人工智能媒介物与人类的相遇*

Anthropomorphism, Dehumanization, and Posthuman: On the Encounter of AI Media Objects and Human Beings

◎张 磊
Zhang Lei

摘要：智能传播时代来临，传播中出现了新的参与者。以人工智能技术为核心的新媒介广泛进入家庭、劳动和休闲娱乐的各个场景，挑战了既存的社会关系。我们应该如何理解人工智能媒介？它们与人有何相似性，又有何差异？它们是否拥有“生命特质”？本文首先对智能媒介进行界定，将之视为“人工智能媒介物”，分析其物质性、媒介性以及智能性，随后借助唐娜·哈拉维的“赛博格”形象，回溯中国古代传统中的技术意象，从拟人、非人、后人类三个视角观察人类行动者与技术行动者在传播中的相遇。本文认为，人工智能媒介物在“相”与“灵”两个层面上拥有了生命特质，这促使人重新审视自己在天地万物之间的位置。本文最后提出“数字齐物论”的理念，寻求超越固化关系、走向传播解放的道路。

关键词：智能媒体；赛博格；拟人化；后人类；媒介物质性

Abstract: In the era of artificial intelligent, new actors have emerged in social communications. The new media empowered by AI technologies are widely introduced into all kinds of social context of everyday life, challenging the existing social relations. How should the so-called smart media be understood? How are they similar to humans, and how are they different? Do they possess liveness or even a life? This paper defines smart media as “AI media objects” and analyzes their materiality, media essence and intelligibility. This paper

* 本文为教育部人文社科重点研究基地重大项目“中国传媒体制机制创新研究”(18JJD860002)的阶段性成果。作者感谢南开大学文学院任增霞、杨传庆两位老师在中国古代典籍方面的指点。

observes the encounter between human actors and technological actors in communications from three perspectives: anthropomorphism, dehumanization and posthuman. This paper argues that smart media possess a life on the two levels of "eidos" and "spirit", prompting people to re-examine their subjective position in the world and among all things. Finally, the paper puts forward the concept of "Digital Qiwulun", which seeks to transcend the solid relations and move towards the path of communication emancipation.

Keywords: smart media, cyborg, anthropomorphism, posthuman, media materiality

随着人工智能技术的介入，人类的社会性传播中出现了新的角色——智能媒介。我们不能仅仅将智能媒介视作无生命的工具，或者说，面对智能媒介，传播活动中的主体需要被重新审视。智能媒介是一种全新的传播主体吗？它会带来传播的革命性变化吗？在回答这个问题之前，我们需要先回答的是，智能媒介与人类有什么相似性和差异性？这种关系能为之带来"生命特质"(liveness)吗？

本文聚焦于那些拥有独特存在的智能媒介，将之视为"人工智能媒介物"，其外延既包括智能手机、智能电视、智能音箱以及个人电脑等通常被认为拥有物质实体的媒介物品，也包括语音助理、虚拟偶像、新闻推荐算法、写作机器人等看似"无形"的数码物。[①] 在人工智能技术的基础上，它们的物质性和媒介性有什么特征？在初步探索后，本文借助海德格尔的"物性"概念与唐娜·哈拉维(Donna Haraway)的"赛博格"(Cyborg)形象进入媒介哲学层面的探索。然而，源自西方现代性的理论能否做出充分阐释？本文试图在中国古代思想传统中找寻涉及技术、媒介和拟人化的思想片段，再重返当代场景中展开理论对话。本文的目标，是针对人工智能媒介物的基本存在状况做出一种理论阐释，并为今后的专题性研究和经验性研究奠定基础。

一、人工智能媒介物的"相"与"灵"

"智能媒介"是一个正在形成中的概念。在英文文献中，除了中国学者和韩国学者之外，似乎"智能媒体"(Smart Media 或 Intelligent Media)之名并未获得广泛采纳。在中文文献中，智能媒体、智能传媒、智能媒介、智媒等成为热门词汇，其概念却尚未形

---

① 许煜.论数码物的存在[M].李婉楠，译.上海：上海人民出版社，2019：1-3.

成共识。[①] 吕尚彬和刘奕夫认为,“智能传媒是一种人工智能与人类智能协同的在线社会信息传播系统”。[②] 任锦鸾等认为智能媒体是“智能媒体化”的结果,“以用户为中心,以满足用户需求为目的,媒体行业通过智能技术的应用,使得媒体系统逐步具备类似于人类的感知能力、记忆和思维能力、学习能力、自适应能力和行为决策能力,而媒体智能化的成果就是智能媒体”[③]。实际上,学者们当前讨论更多的就是媒介的“智能化”,从关键技术、生产流程和典型实践等角度加以梳理总结。胡正荣将智能化与共享化两个进程结合起来,指出这一变革的四个关键:以用户数据为核心、以多元产品为基础、以多个终端为平台、以业态创新为重点。他强调说,智能化是未来传媒演化的方向,它不仅是“高智慧”的,更应是“高情感”的。[④] 彭兰则强调了媒体智能化的三个特征:万物皆媒、人机合一、自我进化。她认为,过去的媒体是“以人为主导的”,但未来万物皆有可能成为媒体,并与人协同融合,自我进化。[⑤] 无论是“高情感”,还是“自我进化”,都强调了智能媒体的生命色彩。在主流潜意识中,对人工智能媒体的心态可谓期待与忧虑兼具,正是来源于此。

现有的界定和讨论往往忽略了智能媒体的物质性,这也是传统媒介研究一直以来所存在的盲点。[⑥] 近年来,在媒体与文化分析中越来越凸显的“物质性转向”就试图弥补这一缺失。与其说媒介物质性研究有一个固定的理论框架,不如说它是在各种理论汇集之下形成的认识光谱。“媒介物质性泛指一切涉及‘物’与‘物质’的媒介构成、媒介要素、媒介过程和媒介实践,而‘媒介’本身所具有的物性也由此重新显现。”[⑦]以智能媒体而言,各种终端的物形、音形、界面有什么特征?它在家庭空间中的位置,以及与人的身体、感官、姿态之间的关系,有何意义?算法、数据、虚拟偶像、写作机器人等看似“无形”之物依靠什么物质基础而存在?5G时代的传播与数字基础设施网络又在哪些地理位置建成,耗费什么地球资源,并带来何等环境影响?这些讨论的范围非常广泛,而本文将智能媒体视为“人工智能媒介物”,对它的物质性存在开展初步分析。

存在是一个基本的哲学问题。海德格尔将“物”作为追踪存在本质的关键,他认为

---

① 段鹏.智能媒体语境下的未来影像:概念、现状与前景[J].现代传播(中国传媒大学学报),2018,40(10):1-6.

② 吕尚彬,刘奕夫.传媒智能化与智能传媒[J].当代传播,2016(4):4-8.

③ 任锦鸾,曹文,刘丽华,黄锐,祝金甫.基于技术与市场视角的智能媒体发展态势分析[J].现代传播(中国传媒大学学报),2017,39(10):133-137.

④ 胡正荣.智能化:未来媒体的发展方向[J].现代传播(中国传媒大学学报),2017,39(6):1-4.

⑤ 彭兰.智媒化:未来媒体浪潮——新媒体发展趋势报告(2016)[J].国际新闻界,2016,38(11):6-24.

⑥ 默多克.媒介物质性:机器的道德经济[J].刘宣伯,芮钰雅,曹书乐,译.全球传媒学刊,2019,6(2):93-102.

⑦ 章戈浩,张磊.物是人非与睹物思人:媒体与文化分析的物质性转向[J].全球传媒学刊,2019,6(2):103-115.

现代交通和通讯科技使存在的关系疏远,而对物的追寻可以重新实现“切近”。他以“壶”之为物举例,分析它的外观与功能,指出壶的物性在于它作为容器的容纳作用,以及其虚空性质带来的倾倒、馈赠的可能性。这样,壶就站立在天地神人四重整体之间。“物化之际,物居留大地和天空,诸神和终有一死者;居留之际,物使在它们的疏远中的四方相互趋近,这一带近即是近化。近化乃切近之本质。”[①]

海德格尔不仅提出了真正的问题,而且提供了分析方法,这对于智媒研究也颇具意义。时空距离的压缩,与现象学距离的不可把捉,恰恰形成鲜明的反向关系。进入智能时代,这种距离的关系更加混乱。当智能手机几乎成为当代都市人的标配,每个人理所应当地进入社会网络,并理所应当地拥有了与网络中的其他人保持时空零距离的可能性。从这个意义上讲,现有的对于智能手机的所有传播学研究,都是在赞扬这种距离的彻底消除。智能手机与我们的身体须臾不可分离,它越来越适合我们的手掌,甚至如同长在手掌上,变成它的一部分,但我们在很大程度上对它“视而不见”。要走向切近,打开它的无蔽状态,就需要从它的物性/物质性入手。对于壶,海德格尔首先揭示的是它的外观(站立、壶壁与壶底、器皿形态),随后走向它的功能(作为虚空所具有的容纳、倾倒和馈赠的可能性)。在外观上,一个源自古希腊哲学的概念“Eidos/Idea”被引入,这属于柏拉图的超验世界,也属于胡塞尔的本质世界。外观不仅仅是外观,更是“相”;不仅仅是视觉性的物形,更包括它在各个数量级上的物质存在。“相”是走向事物本质的大门。而功能也不仅仅是事物的使用手册,它是一种关系性的存在。在这种关系中,物有了自身,有了站立于世的可能性,也因此有了“灵”。所以,我们将智能媒体视为“物”,从外观/相和功能/灵两个方面入手,开展一种基于物性的分析,我们将之称为媒介的物本分析法(Objectual Analysis)。

要对智能媒介物进行分析并不容易。首先,它们的外观/相千差万别,并且有多个层次、多个数量级。智能手机的外观分析,是应该注目于它的金属、玻璃、塑料外壳及其平滑美学[②],还是它屏幕上的图标与界面设计,抑或兼而有之?如何对待智能音箱的物形(实体存在)、音形(符号存在)和数据流(数码存在)?其次,它们的功能/灵也并不单一。对于有的智能媒介物来说,媒介功能是主要的;而有的物品虽然有媒介功能,却是辅助性的。再次,人工智能技术的介入,使得一个趋势更加明显,即它通过模拟人,以及注入人类的音容笑貌、言语、行动、故事、思想,从而使媒介物具有了“生命特

① 海德格尔.物[M]//孙周兴.海德格尔选集(下).北京:生活·读书·新知三联书店,1996:1178.

② BYUNG-CHUL H. Saving beauty[J]. Polity, 2017(1).

质”。传统媒介也有这种生命特质，但易被忽略，而智能媒介物使它突出地显现出来。

麦克卢汉的名言“媒介是人的延伸”广为人知，却很少有人思索，媒介是否因此变成了生命体，或者起码是生命体的一部分。① 人工智能媒介物直接模拟人，凸显了生命特质。因此，它与美国女性主义理论家、科学社会学研究者唐娜·哈拉维关于赛博格的论述有了呼应的可能。

哈拉维的“赛博格”诞生自特定的社会情境。1985 年，家用电脑在美国开始上市，美国国防部拨出 8,400 万美元经费用于开发 C^3I(Command-Control-Communication-Intelligence，即命令—控制—交流—智能)系统，人工智能迎来一个新的繁荣时期。就是在这一年，哈拉维发表了《赛博格宣言》。她将赛博格定义为“一个控制论的有机体，一个机器与有机体的混合物，既是社会现实的造物，也是虚构的造物”②。她在科学和技术理念、国家战略规划、航天工业和医药工业广告、媒介文本和科幻小说中提取出这一形象，结合马克思主义和女性主义批判，在控制信息学(Informatics of Domination)和家务经济(Homework Economy)的双重背景下，认为赛博格具有身份政治潜能，可以推动从家庭到国家的一系列革命。赛博格跨越了三个界限：一是人与动物的界限；二是有机体和机器的界限；三是实体与非实体的界限。最典型的赛博格似乎出现于科幻小说和科幻电影中(如《阿丽塔：战斗天使》)，但在现实生活中，一个戴着心脏起搏器的人其实就是初级的赛博格了，而一个都市青年与宠物猫、四处游走的扫地机器人也就组成了一个赛博格家庭。同样，一个须臾无法离开自己的手机、头戴入耳式耳机、因为长期握鼠标而得了腱鞘炎的人，也与媒介物品之间没有那么牢不可破的界限。更重要的是，媒介本身就容纳了人的音容笑貌和生命故事，这就使得人工智能媒介物无论是在物质性的“相”上还是媒介性的“灵”上都与赛博格的概念有了呼应。

这样，我们就可以形成一个认识基点：人工智能媒介物是“有生命的”。它的生命来自于对人的模拟，与人的联结，以及人的信息和情感注入。更确切地说，它具有“生命色彩”。它和人类的关系究竟如何理解？两者在传播中的相遇，能够带来什么释放的潜能？这需要对人工智能媒介物进行物本分析。如果说海德格尔提供了基本的分析方法，那么哈拉维就提供了一套方法论。她强调赛博格对二元论的突破，从而使“自我”对“他者”的控制被打破了。赛博格是连接的、跨越的、嵌合的，媒介也是中介性的，因此我们的分析也应该注重超越二元对立，重视“相遇”。第一，应注意人与机器之间、

---

① 也有例外，W.J.T.Mitchell 就谈到了图片的“生命”。MITCHELL W J T. What do pictures want?：the lives and loves of images[M]. Chicago：University of Chicago Press，2005.

② HARAWAY D. A manifesto for cyborgs[J]. Socialist review，1985(80)：65-108.

生命有机体与具有生命色彩的媒介物之间的复杂关系，本文由此形成框架，首先观察物之于人的模拟（拟人），随后观察它非人的一面并反思人类内部的不平等（非人），最后思考人与物结合的可能（后人类）。第二，应注意物质性的"外观/相"和作为媒介的"功能/灵"之间的跨越与搭桥。第三，应注意古今中外的勾连，破除"前现代性/现代性/后现代性"的线性思路。

在既有的媒介物质性/赛博格的哲学研究中，充斥着源自西方中心主义的意象，它们以科幻电影里的怪兽、僵尸与蒸汽朋克场景为代表，这将我们对具有生命特征的媒介物的理解系于一个现代性/后现代性的支柱上。而本文将回到中国古代文献中，考掘不一样的意象、故事、场景和关系，从"始作俑者""偃师造人""庄周梦蝶"三个寓言性质的场景中找寻想象力，以此回应并挑战既存的理论状况。

始作俑者：人工智能媒介物的拟人性

梁惠王曰："寡人愿安承教。"

孟子对曰："杀人以梃与刃，有以异乎？"

曰："无以异也。"

"以刃与政，有以异乎？"

曰："无以异也。"

曰："庖有肥肉，厩有肥马，民有饥色，野有饿莩，此率兽而食人也。兽相食，且人恶之。为民父母，行政不免于率兽而食人。恶在其为民父母也？仲尼曰：'始作俑者，其无后乎！'为其象人而用之也。如之何其使斯民饥而死也？"

——《孟子·梁惠王上》[1]

按理说，在古代的丧葬仪式中，以非人的"俑葬"代替真人的"人殉"是一种具有进步性质的变革。[2] 孔子何以对此表示反对，甚至深恶痛绝，以至于发出"其无后乎"这种带有诅咒性质的谴责？

孔子的主要理由是"为其象人而用之"。杨伯峻解释说，孔子在这里存在误解，认为"俑葬"在先，它造成了以人形陪葬的传统，后来才出现以真人陪葬的"人殉"，所以孔

① 杨伯峻.孟子译注[M].北京：中华书局，2005：8.

② 邱东联.楚墓中人殉与俑葬及其关系初探[J].江汉考古，1996(1)：74-80.

子斥之为“不仁”。[①] 实情却是，人殉在先，以俑替代反而破解了大量苦难。孔子正好生活在这个转折时期，按说是不会搞错这一点的。这也导致对孔子究竟是否说过这句话的质疑。这一点姑且不追究，且将此话放在中国儒家思想的传统中进行考察。孟子对梁惠王的发言，其实跟陪葬仪式无关，而是将“象人”嵌入执政的道理中。此处的关键点是，哪怕对“象人”的东西加以符号性戕害都是不可以的，更何况是以执政来“食人”呢？《礼记·檀弓下》中解释说：“孔子谓为刍灵者善，谓为俑者不仁，殆于用人乎哉？”刍灵与俑的区别在于两点：其一，俑像人，而稻草做出的人形难免经过更大幅度的抽象，与人形相去甚远；其二，俑要耗费大量人工，而刍灵制作简单，这便从“厚葬”走向“简朴”，从社会剥削的“炫耀性消费”走向以民生为重。从“真人”到“俑”再到“刍灵”构成一个连续体，其“人”的象征性含量与物质性含量均依次降低，因此应和了“仁”的意识形态。总之，在中国传统儒家思想的连续体中考察，这种对待“俑”的态度，与儒家对“人”及“民”的意识形态根基是存在深度关联的。退一步讲，如果真的以“俑”来代替真人殉葬，起码《诗经·黄鸟》中子车氏三兄弟的悲剧就可以避免，因此还是具有进步意义的。

无论如何，“始作俑者”发明了一种技术性的操作，即“以物拟人”，通过制造人的“替身”来实现替代性的功能。这种操作也包括对动物及其他生物体的模拟，形成了仿生。拟人与仿生在古今中外多有例证，也演化成为许多发明家、科学家的追求。人工智能的开发思想固然有多种路数，不过核心仍是图灵的“模仿游戏”。

在工业革命之后的现代性社会之中，作为一种权力结果的拟人化成为常态性操作，它从生产实践蔓延到娱乐产业，从科学知识复制到日常生活中，将劳动力商品化以象征符号的方式推进到社会的各个角落，为资本增值而进行持续不断的征战。机器人就是资本主义进行拟人化操作的杰出产物。机器人（robot）一词来自捷克语“robota”，意即“奴役的、被迫的劳动”。[②] 捷克作家卡雷尔·恰佩克（Karel Capek）于1920年写作的剧本《万能机器人》（*R.U.R.*）讲述了一个奇特的故事：人发明了没有灵魂的人造人；人赋予它们灵魂；它们仇恨并杀光了人类；它们自己却因无法复制也走向灭绝。最后一幕出现了两个彼此产生情感的男女机器人，成为后人类时代的亚当和夏娃。对于这个故事，必须由一个政治经济学家、一个神学家和一个女性主义者来共同阐释。政治经济学家会强调其中涉及的阶级、劳动、剥削、反抗诸议题；神学家会把它

① 杨伯峻.孟子译注[M].北京：中华书局，2005：9.

② KURFESS T R. Robotics and automation handbook[M]. CRC press，2018：1-2.

看作一个失乐园的现代故事;而女性主义者会透过“生育”可能性的问题找寻家庭与社会的连接之处。机器人就诞生自这样复杂的场景之中,它的形象也因此被渲染上独特的色彩。

形象,即外观/相,是无比重要的。海德格尔将之作为入手点,以走向物性的理解乃至整个世界的切近。单凭形象,种种生灵与物件就可以被分门别类,划分为同类与异类、自我与他者。中国古代的俑,与现代的机器人,虽然功用不一,但同样被赋予“人形”,而拟人化的操作也延伸到人工智能媒介物身上。

在机器人设计中,拟人化(Anthropomorphism)非常关键。杜菲认为,拟人化这个词源自希腊语“anthropos”(人)和“morphe”(形式/结构)的组合,指将人类的特征归于无生命的物体、动物和其他人,以帮助我们合理化其行为。① 从古代的制作神像到当代的机器人设计,从文学创作、卡通片拍摄到广告手法,拟人化都成为普遍采用的策略。计算机科学家和心理学家们通过各种实验探索并建构了拟人化的基本理论。例如,杜菲系统讨论了机器人拟人化设计的关键性议题,并以“人、图标形象、抽象形象”为三个顶点,罗列了各种机器人头像的设计。Epley 等人构建了 SEEK 模型,其关键点在于诱发能动者知识(Elicited Agent Knowledge)、效能动机(Effectance Motivation)和社会动机(Sociality Motivation)。② 在国内,许丽颖等人(2017)对包括机器人在内的各领域拟人化进行了综述,并格外强调人—机交互问题,指出:“如果说人工智能的本质是对人思维过程的模拟,那么人机交互所要研究的重点就是将人的思维、外观赋予机器的拟人化过程中人与机器的关系问题。”③

对于形形色色的人工智能媒介物来说,拟人化及仿生也随处可见。以人工智能音箱为例,我们观察它的外观/相,会发现存在三种典型的拟人化操作手法。

第一,“以人命名”。智能音箱可能有一个统一的名称,如百度的产品就叫“小度”;也可能将硬件和软件分开命名,例如亚马逊的智能音箱硬件叫 Echo,语音助理则叫 Alexa。这种命名都与人的名字或昵称非常相似。最典型的就是小米公司的“小爱同学”。当用户说出“小爱同学”以激活音箱或手机上的语音助手时,这种行为被称为“唤醒”,拟人的性质颇为明显。

---

① DUFFY B R. Anthropomorphism and the social robot[J]. Robotics and autonomous systems, 2003, 42(3-4): 177-190.

② EPLEY N, WAYTZ A, CACIOPPO J T. On seeing human: a three-factor theory of anthropomorphism[J]. Psychological review, 2007, 114(4): 864.

③ 许丽颖,喻丰,邬家骅,韩婷婷,赵靓.拟人化:从“它”到“他”[J].心理科学进展,2017,25(11):1942-1954.

第二,"注入人声"。智能音箱实现持续的对话,或通过语音界面实现操作,需要语料库的支撑。语料采集自人的语音,并经过机器的存储、调适和重组等一系列处理。"小爱同学"提供了三种官方音色,分别是蜜糖(甜美可爱女声)、茉莉(温柔知性女声)和青葱(阳光活力男声),据悉还将推出一个名为"泡芙"的儿童音色,在音形上实现拟人。它还支持用户输入自己的声音来定制专属音色,将自我注入伴随性的语音助理之中。

第三,"赋予人形"。在物形上也存在拟人化。虽然智能音箱一般不会做成人形,不过,阿里巴巴"天猫精灵"的附属硬件"斗篷"竖起两只尖耳,部分模拟了猫的形象,还能够显示简笔画一样的表情,通过"卡通化"间接实现了拟人化。2017 年"小爱同学"问世的时候,同步推出了一个卡通形象,外形是 17 岁的红色短发机甲少女,虽然是品牌形象的惯常操作,但也将这一智能媒介物在用户心目中具象化、人形化了。

以上拟人化操作不仅出现在用户端及消费性人工智能媒介物上,也出现在生产端。新华社和今日头条等推出的"机器人写作",其实是一个软件、一个程序,但我们却称之为机器人,并给它起名叫"快笔小新"或"AI 小记者张小明"。如果说"小爱同学"是拟人化的陪伴者与家庭成员,那么"快笔小新"就是拟人化的劳动者了。

从古代的"始作俑者",到当代的机器人设计者和人工智能开发者,"象人而用之"形成传统,化为造物的持续性动力。从表面上看,造物者希望创造出真实人类的替代品,或用来替代艰苦劳动,或用来陪伴,或用来担任牺牲品。从深处思考,这未尝不是出自一种变相延续人类生命的希冀。延续生命,最佳工具莫过于媒介等文化载体,在其中求得不朽——"人生自古谁无死,留取丹心照汗青"。近代摄影术和声学媒介发明之后,人的音容笑貌可以直接由模拟媒介或数字媒介进行留存。这样,正如维兰·傅拉瑟所言"传播的终极目的在于对抗死亡",媒介也就变成了生存媒介,精神/灵魂化为数据或其他形式的存在。[①] 直至人工智能技术发展起来后,通过以物拟人来延续生命,和通过媒介来延续生命,在人工智能媒介物的创制中交汇合一。

二、偃师造人:非人智能物的主奴辩证法

周穆王西巡狩,越昆仑,不至弇山。反还,未及中国,道有献工人名偃师。穆王荐之,问曰:"若有何能?"偃师曰:"臣唯命所试。然臣已有所造,愿王先观之。"穆王曰:"日以俱来,吾与若俱观之。"翌日,偃师谒见王。王荐之,曰:

① 章戈浩.传播与媒介研究的死亡盲点:一个生存媒介研究的视角[J].全球传媒学刊,2020,7(2):21-34.

"若与偕来者何人邪?"对曰:"臣之所造能倡者。"穆王惊视之,趋步俯仰,信人也。巧夫!领其颅,则歌合律;捧其手,则舞应节。千变万化,惟意所适。王以为实人也,与盛姬、内御并观之。技将终,倡者瞬其目而招王之左右侍妾。王大怒,立欲诛偃师。偃师大慑,立剖散倡者以示王,皆傅会革、木、胶、漆、白、黑、丹、青之所为。王谛料之,内则肝胆、心肺、脾肾、肠胃,外则筋骨、支节、皮毛、齿发,皆假物也,而无不毕具者。合会复如初见。王试废其心,则口不能言;废其肝,则目不能视;废其肾,则足不能步。穆王始悦而叹曰:"人之巧,乃可与造化者同功乎?"诏贰车载之以归。

——《列子·汤问》[①]

《列子》据说由公元前5世纪的道家人物列御寇所著,自唐朝的柳宗元,一直到近代的梁启超、马叙伦,都对其内容或作者存有疑问,认为它可能是晋朝人托名列子之伪作。[②] 但其中的思想内容却颇可深思。即以"偃师造人"为例,它讲述了一个古代的"人工智能机器人"在权力网络中的遭遇,这提醒我们,哪怕拟人的程度再高,智能物也总是被认作"非我族类"。在权力关系中,它与人是不平等的,更重要的是,这折射了人类内部的不平等关系。所以,在"拟人"的观察后,我们还要分析智能物的"非人"一面。

此处的分析从三重思考展开。第一重思考是关于人与机器人差异的唯物主义分析。在这个寓言中,偃师所创造的"倡者"几乎与人毫无二致,它不仅能够歌唱舞蹈,还能向周穆王的侍妾飞眼风。但剖开之后,它的构成材料是"革、木、胶、漆、白、黑、丹、青",使它在物质基础上与人截然不同。碳基生物能够体会和理解硅基生物吗?当机器人被剖散,它能否感受到疼痛?维特根斯坦曾经追问过,石头能否感受到疼痛,人们通常认为是不能的,似乎只有拥有生命力、自我意识和灵魂的生命体才能拥有痛感。但是,这种疼痛难道不是借由语言才能表达出来的吗?维特根斯坦将语言比喻成"甲虫盒子",每个人都拥有一个甲虫盒子,却只能观察自己盒子里那只,这样,虽然我们同时在谈论"牙痛"这只甲虫,其实只是在谈论自己独特的经验。[③] 人与人都没法在语言之外真正分享身体经验,更不用提以"革木胶漆"等"假物"形成的拟人物了。在列子的寓言中,"倡者"自始至终未发一言,也就回避了关键性的问题。到了人工智能时代,物质性已不仅仅意味着实物,更涉及数码存在和算法存在,这种差异是否构成了无法逾

① 杨伯峻.列子集释[M].北京:中华书局,1979:179-181.

② 刘禾.从语言的运用上看《列子》是伪书的补证[J].东北师大学报,1980(3):34-38.

③ 王海东."蝴蝶梦"与"甲虫盒"之喻——庄子和维特根斯坦论意识难题[J].哲学研究,2019(8):106-111.

越的交流沟壑？

第二重思考是精神分析的思考。刘禾在《弗洛伊德机器人》这本书中也谈到了“偃师造人”的故事。她追溯这个故事的佛经起源，并延伸到森政弘（Masahiro Mori）所谈的机器人的“佛性潜能”问题上。[①]

作为机器人研究者，森政弘最广为人知的贡献就是他提出了“恐怖谷理论”（The uncanny valley），它谈的是机器人的仿真拟人化问题。[②] 拟人化面临一个危险，外观上的仿真程度并非越高越好。森政弘通过对假肢设计的研究，认为随着仿真程度的提升，仿真物给人带来的好感度经历了先上升、后下降、再上升的过程，形成了一个平缓的波峰和一个陡峭的波谷，这就是“恐怖谷”。他分别讨论了动态和静态两类仿真物，动态仿真物的波峰波谷变化更为剧烈。这样，被“赋予人形”的活动机器人在某种程度上，越仿真，越能获得人的好感；但一旦越过某个阈限，它的逼真程度反而唤起人们的恐慌，就像面对尸体或者僵尸一样，产生恐怖感受。

实际上，“恐怖”（uncanny）这个词来自精神分析，通常译为“恐惑”。[③] 1909 年，德国心理学家恩斯特·詹池（Ernst Jentsch）发表了《论恐惑心理学》，使用“unheimlich”一词来形容一种遇到“外物”时“不熟悉”“不自如”的心理感受。[④] 当人们怀疑某个生物是否仍有生命的时候（例如遇到尸体），或者困惑一个无生命物是否有生命的时候（例如原始人看到火车），恐惑就产生了。因此，它是一种对生命的模糊认识，一种智识上的不确定。1919 年，弗洛伊德也发表了《论恐惑》，在詹池的基础上展开讨论。[⑤] 他辨析了“unheimlich”的双重含义，一重对应着英文的“uncanny”即恐惑，另一重则对应着“unhomely”即非家的、非熟悉的。与詹池不同的是，弗洛伊德认为恐惑并非来自不确定性，而恰恰来自一种确定性——阉割恐惧。对失去重要器官或其替代物、象征物的恐惧，以及背后的死亡驱动，才是恐惑的真正来源，而它体现为一种“被隐藏的熟悉

---

① LIU L H. The freudian robot: digital media and the future of the unconscious[M]. Chicago: University of Chicago Press, 2010: 243-247.

② MORI M, MACDORMAN K F, KAGEKI N. The uncanny valley[J]. IEEE robotics & automation magazine, 2012, 19(2): 98-100.

③ 中国学者有不同的翻译方法，例如“恐惑”“暗恐”“怪熟”“诡异”，等等。王素英.“恐惑”理论的发展及当代意义[J].当代外国文学，2014，35(1)：131-139. 童明.暗恐/非家幻觉[J].外国文学，2011(4)：106-116，159. 唐宏峰.怪熟的遭遇：晚清小说旅行叙事之研究[J].现代中文学刊，2010(4)：33-43. 於鲸.哥特小说的恐怖美学：崇高与诡异[J].四川外语学院学报，2008(2)：48-54.

④ JENTSCH E. On the psychology of the uncanny (1906)[J]. Journal of the theoretical humanities, 1997, 2(1): 7-16.

⑤ FREUD S. The uncanny[M]//The standard edition of the complete psychological works of sigmund freud, vol. 17, Hogarth Press, 1971: 219-252.

事物从压抑中复归”。詹池和弗洛伊德的共同点是,都认为“自动化”机器人是典型的恐惑对象。他们都以 E.T.A.霍夫曼的《沙人》这篇恐怖奇幻小说为文本对象,其中一个重要形象就是栩栩如生的女性机器人奥林皮娅,她是男主人公爱恋的对象,却被其制造者因抢夺而拆解。

从这个意义上,奥林皮娅也是一个被剖散的“倡者”。在偃师的故事中,周穆王之所以“大怒”,是因为倡者对其侍妾发出了挑逗的信号,这同样是一个在力比多驱动下的争斗故事。然而有趣的是,当偃师证明了倡者并非真人之后,王的怒气就消除了,这是一种变相的阉割,也是死亡的变形。无论是奥林皮娅,还是倡者,她/他们都因人类的欲望争斗被抹杀,而失去生命的同时也深刻提醒了死亡本身的不可避免。正如刘禾所说:“机器,确实与弗洛伊德在其关于人类文明的思考中提出的‘死亡驱动’这一老问题产生了深刻的共鸣。”[①]

第三重思考来自政治经济学分析。机器人和人工智能的发展,目标似乎是解除人的苦难负担,甚至延续人的生命。“俑”和“刍灵”的象征意义也正在于此。

在中国古代,实情却如老子所说“天地不仁,以万物为刍狗;圣人不仁,以百姓为刍狗”。[②] 与其说采用俑及刍灵等符号物可以替代式解除某一部分人类遭受的苦厄,毋宁说它恰好反映了其命运。对物的拟人化消灭,与对真实人类生命的无动于衷,构成刀刃的两面。这也正是随意被“剖散”“合会”的倡者的遭遇。实际上,同样处于王权掌控下的物品,不仅仅是倡者,也包括偃师,甚至是王的侍妾。有一个类似的故事在中国的传奇话本、民间故事和戏曲曲艺中广为流传,即《红梅记》,讲的是南宋权相贾似道的侍妾李慧娘见裴生游西湖,赞了句“美哉少年”,因而被枉杀,后化为鬼魂营救裴生。[③] 对于统治阶级来说,有生命的人,或无生命的物,都是从属于自己的财产,因此可以生杀予夺。恩格斯指出:“在成文历史的最初期,我们就已经到处都可以看到畜群乃是一家之长的特殊财产,完全同野蛮时代的工艺品一样,同金属器具、奢侈品以及人畜——奴隶一样。”[④]对动物、人和物品的占有与剥削,向来是阶级统治的基础。在这个被占有的名单中,还可以加上倡者这样的拟人物、李慧娘这样的侍妾及其他女性、“未开化”的异族或外来者,等等。他/她/它们都是财产,是可以任意支配的生命。只有如李慧

① LIU L H. The freudian robot: digital media and the future of the unconscious[M]. Chicago: University of Chicago Press, 2010:230.

② 陈鼓应.老子注译及评介(修订增补本)[M].北京:中华书局,2009:74.

③ 张炼红. 历炼精魂:新中国戏曲改造考论[M]. 上海:上海人民出版社,2013:142-143.

④ 恩格斯.家庭、国家和私有制的起源[M]. 北京:人民出版社,1972:51.

娘一般成为鬼魂，才能脱离权力掌控。

对生命的权力掌控，可以将之凝固，一个典型的操作就是动物标本剥制术。哈拉维在《灵长类视觉》一书中详细分析了近代资本主义和殖民主义是如何以黑猩猩等类人灵长类作为猎物、实验对象、物种资产以及被驯化者的，从而揭示了资本主义父权制在阶级、自然、种族、性别等维度上的全面掌控。她谈到了20世纪初纽约的自然历史博物馆的建立，以及动物标本的制作与展示，其中蕴含着科学与权力的彼此交互。[①]乔纳森·克拉里则通过电影的分析，展示了“将生命重新改造或凝固成事物或图像，如何打破了历史时间的框架”[②]。从这个角度讲，媒介也成为一种生命操控术。

人工智能媒介物同样处于权力体系之中，它的遭遇不仅可以折射人类内部的阶级、性别和种族不平等，而且使得人类心灵深处的情结乃至症结浮出水面。恐怕不少人曾经“调戏”过 Siri 或其他的语音助理，也有人因为人工智能的反应不尽如人意而大动肝火。2018年3月，亚马逊 Echo 音箱的部分使用者曾经报告说，家中的音箱会在某些时间点发出出人意料的笑声，仿若人工智能对人类的“嘲笑”，便愤而投诉。[③]此处并不是天真或伪善地为人工智能物争取什么权力，只是想提醒：如果把人工智能媒介物看作镜像，那么这个他者的“非人”遭遇映照出了什么样的人类自我？

三、庄周梦蝶：后人类与数字齐物论

> 昔者庄周梦为蝴蝶，栩栩然蝴蝶也，自喻适志与！不知周也。俄然觉，则蘧蘧然周也。不知周之梦为胡蝶与？蝴蝶之梦为周与？周与蝴蝶，则必有分矣。此之谓物化。
>
> ——《庄子·齐物论》[④]

在西方社会思潮中，物化（reification; objectification）常用来指称那种泯灭于物而丧失了人类主体性的状态，它与马克思主义的“异化”概念有相近之处，一般诞生自不平等的社会关系之中。但在庄子的笔下，物化指的是万物的变化，它是同中之异，齐

① HARAWAY D. Primate visions: gender, race, and nature in the world of modern science[M]. Psychology Press, 1989:38-46.

② 克拉里. 24/7:晚期资本主义与睡眠的终结[M].许多，沈清，译.北京：中信出版集团，2015:109.

③ 林思平.人工智慧与媒介理论：基特勒、克拉玛与亚马逊 Echo/Alexa[J].新闻学研究，2020(142):155-199.

④ 方勇.庄子[M].北京：中华书局，2005:42.

一中的分化，正如在庄周化蝶的寓言里，人与蝶并无根本性界限，只是变化的不同状态。[①] 这种“齐物”的思维来自原始初民的混沌感受，却在庄子的奇诡文字中演化成独特的世界观，古往今来一直具有极大的吸引力。

“庄周梦蝶”看似超现实，实际上提出了一种主体共生缠绕的状态，这也正是赛博格的状态，是后人类时代的可能状态。后人类（posthuman）是反思并超越了人类主体性之后的存在状态，它的核心是人与智能机器的交互。[②] 赛博格源自人与机器之间的界限，以及现实与想象之间界限的逾越。作为一个马克思主义影响下的女性主义者，唐娜·哈拉维对科幻小说中的怪物形象与现实科学技术中的性别问题同等关注。赛博格正是一个“虚构性”与“真实性”并存的形象。“形象”（figuration）也是一种方法，通过构建一组组形象——类人灵长类、科幻怪兽、有色女性、机器人、赛博格、狗和其他伴侣物种，哈拉维构建了一个“奇异家庭”（queer kinship），起连接作用的不是血缘，而是自主选择。[③] 她在《赛博格宣言》中提醒了技术带来的末世论，但从另一方面展现了美好的愿景：“一个赛博格的世界可能会成为一个活生生的社会真实和身体真实，在这个世界里，人们不惧怕与动物和机器建立连接性的亲属关系，也不再惧怕永久性的身份破裂与立场矛盾。”[④]对她来说，资本、科技和战争驱动下的现世与未来是可怖的，人类也可能面临灾难甚至灭绝的危险，我们需要做的不是继续以损害自然、动物、物以及内部群体来挣扎求生，而是重新反思人的主体性，在“人类纪”“资本纪”“克苏鲁纪”等大历史中反观人的存在，也重建人与其他物种（包括赛博格）的亲属关系。[⑤]

“建立亲属关系”（Make Kin），哈拉维提出的这个口号与孟子的“亲亲”之说在言辞上非常相似。孟子说：“君子之于物也，爱之而弗仁；于民也，仁之而弗亲。亲亲而仁民，仁民而爱物。”[⑥]而庄子的物化则更进一步，人类所“亲”的对象不仅是自己的亲人

---

① 陈洪.庄蝶之梦与浑沌之死——《庄子》“物化”“气变”论解析[J].苏州大学学报，1997(1)：66-71.

② HAYLES N K. How we became posthuman：virtual bodies in cybernetics，literature，and informatics[M]. University of Chicago Press，2008. BRAIDOTTI R. The posthuman[M]. John Wiley & Sons，2013.

③ HARAWAY D. The Haraway reader[M]. Psychology Press，2004. HARAWAY D. Cyborgs to companion species：reconfiguring kinship in technoscience[J]. Chasing technoscience：Matrix for materiality，2003：58-82. HARAWAY D. The companion species manifesto：dogs，people，and significant otherness[M]. Chicago：Prickly Paradigm Press，2003. HARAWAY D J. Staying with the trouble：making kin in the chthulucene [M]. Duke University Press，2016.

④ HARAWAY D. A manifesto for cyborgs[J]. Socialist review，1985(80)，65-108.

⑤ HARAWAY D. Anthropocene，capitalocene，plantationocene，chthulucene：making kin[J]. Environmental humanities，2015，6(1)：159-165.

⑥ 杨伯峻，译注.孟子译注[M].北京：中华书局，2005：298.

和同类的人，也包括天地万物。鲲化为鹏，庄周化蝶，神人乘云，都是物化的表现。人不是万物的尺度，而是与万物等同。所以，“正处、正味、正色”的价值判断不是以人为绝对标准，树木也不一定非得为人所用，而匠人、庖丁只有在深刻理解物性与自然演化的规律基础上才真正拥有了高超技艺。哲学家们经常将庄子与海德格尔并读。彭富春从庄子《逍遥游》中那棵“无所可用”的大树谈起，摆明了海德格尔对此的评论——“无用乃是物的意义”，由此介入关于物的讨论，从物、技、道等方面进行比较。他认为，庄子与海德格尔的共性是借无用性去蔽，揭示物的意义，但揭示的过程中又展现了古今中西思想的不同特质，庄子将物归置于自然，而海德格尔将物归置于世界。最后，彭富春也延伸到当前互联网时代对于各种技术物、虚拟物的讨论，不过点到即止，未曾深究。①

在互联网和人工智能技术的环境中，物质性存在对人的感知和智识提出了新挑战。物可以极小，也可以极大。小到纳米级别，大到以全球乃至太空为领域。当人类成为后人类，物也成为超物(hyperobject)②。如何重新实现海德格尔所说的对物性的“切近”？在哈拉维那里，是要在所有“异置的他者”的团结下发展一种新的“语言”，而在刘禾那里，就体现为基于机器人的精神分析而形成的“写作技艺”。换言之，关键在于传播与媒介的更新。人工智能媒介物兼具物性和媒介性，也就为超越二元对立、超越人独一无二的主体性而搭建桥梁，使我们可以走向数字时代的齐物论。

四、结语

在智能媒介环境中，人与人工智能媒介物彼此相遇。我们应当认识到，人工智能媒介物既有独特的物性，也容纳了生命特质，在相与灵两个层面有了生命。它的拟人化挑战了人类独一无二的主体性，而它的非人性则促使我们反观人类与外界、人类内部之间的种种不平等。以赛博格形象为代表的后人类时代，并不是要抹杀人的存在，而是要求人类与自然、物质和世界重新界定彼此，探索共生的未来。这也就意味着，传播与媒介研究需要拓展自己的想象力，从而打破固化的关系，走向新的解放。

〔张磊，中国传媒大学国家传播创新研究中心副主任、研究员，媒体融合与传播国家重点实验室研究员〕

〔特约编辑：付晓光〕

---

① 彭富春.什么是物的意义？——庄子、海德格尔与我们的对话[J].哲学研究，2002(3)：50-57，81.

② MORTON T. Hyperobjects：philosophy and ecology after the end of the world[M]. Minnesota：University of Minnesota Press，2013：1.

人工智能影响新闻生产的哲学探源与关系调适*

The Philosophical Origin and Relationship Adjustment of Artificial Intelligence Influence on News Production

◎ 崔　林　王楠琦

Cui Lin　Wang Nanqi

摘要:人工智能成为推动一系列产业变革和转型的核心驱动力,使得新闻生产流程发生了深刻的变革。不同于传统媒体时代人工采写编发新闻,智能机器可以自动搜索线索,撰写新闻,并通过算法推送新闻,实现与用户互动。但目前人工智能不具有意识和情感,报道的模板化、去故事性,共情性和新闻价值的缺乏,以及出现的虚假新闻、信息茧房等,都表明智能人不能取代新闻人,人机协作生产新闻将是大势所趋。本文将从哲学起源探讨人工智能对新闻生产流程产生冲击的缘由,厘清人工智能的内部矛盾,系统性地为人机关系及人机协作下的新闻生产提出思考和启示。

关键词:人工智能;新闻生产;人机协同

Abstract: Artificial intelligence has become the core driving force that promotes a series of industrial changes and transformations, which has caused profound changes in the news production process. Unlike the traditional media era that manually collects, writes, and distributes news, AI can automatically search for clues, write news, and distribute news through algorithms to achieve interaction with users. But at present, AI does not have consciousness and emotion. The report is templated, de-storytelling, lacks empathy and news value. The emergence of false news and information cocoon rooms all indicate that AI cannot replace journalist. Human-computer collaboration production

---

* 本文为国家社科基金重大项目《媒体深度融合发展与新时代社会治理模式创新研究》阶段性成果,项目编号:19@ZH043。

news will be the general trend. This article will discuss the reasons for the impact of AI on the news production process from the philosophical origin, clarify the internal contradictions of AI, and systematically propose thinking and enlightenment for the relationship between man and machine and news production under the cooperation of man and machine.

Keywords: artificial intelligence, news production, human-machine collaboration

当前人工智能已经走出技术爆发的阶段,进入了深度应用赋能的新时期。2020年在上海召开的第三届世界人工智能大会(WAIC)以"智联世界,共同家园"为主题,探讨了深度赋能下世界级应用场景的重要性。除了谈到"AI+云计算+5G"的应用,人工智能为企业和行业带来的机遇和挑战之外,本次会议的亮点聚焦于"AI+RPA"浪潮的爆发,可以看到,机器人流程自动化释放了人力价值,构建智能生产力,帮助组织企业向智能化演进。

目前,新闻生产在很大程度上已经可以实现自动编发新闻,机器取代了部分劳动力,人工智能协助新闻人生产新闻已经成为不争的事实。研究人工智能对新闻生产带来的冲击和影响,厘清人工智能的自身矛盾,有助于进一步认识人机关系,更为深刻地思考新闻业未来的发展路径,为人机协作生产新闻提供新思路。

一、人工智能对新闻生产流程的冲击

人工智能的本质就是模拟人类的思维做各种事情,它在诞生之初就是为了帮助人类完成部分重复性高、繁杂冗余的工作,以更好地服务于人类生活。在新闻生产领域,人工智能通过强化深度学习,已经超越了人类的认知局限。传感器采集新闻、机器人新闻写作、AI合成智能主播、实时音视频翻译系统、VR/AR带来的沉浸式体验,已经变革了新闻生产的各个环节,新闻生产已经无法脱离人工智能而独立存在了。人工智能对新闻生产产生的巨大冲击,具体表现在以下四个方面:

(一)AI拓宽信息来源,生产主体多样化

传统媒体时代,新闻的来源依靠专业记者的新闻敏感获得,采集的手段也相对有限,而进入人工智能时代,信息的采集和线索的挖掘很大程度上依靠人工智能完成。一方面,新闻的生产者已经不单单是专业新闻从业者了,而是"人人皆有麦克风",每个

人都可以成为新闻内容的生产者。“草根记者”的兴起，带来了“众包新闻”和“众筹新闻”，“PGU＋UGC＋MGC”成为主要的新闻生产方式。另一方面，人工智能通过挖掘数据、分析数据，可以获得新闻线索和素材，根据热点爬虫获取精准选题。2017 年四川九寨沟地震，第一条新闻即由中国地震局 AI 撰写发布。

人工智能拓宽新闻来源，成为重要的新闻采集者。传感器可以突破时间和空间的维度采集信息，央视《据说春运》节目通过挖掘超过 1 亿 GB 的数据，利用地图定位可视化呈现出春运人口迁移情况，反映“春运潮”背后的文化意义和社会价值；2020 年“两会”中媒体利用传感器观测受众在听政府报告时的生理变化曲线，来判断哪部分内容是听众所关心和感兴趣的。无人机不仅可以拓宽信息来源，采集到意料之外的内容，也可以进入灾难现场拍摄视频和图片，提供充足的现场素材，对灾难新闻的报道尤为重要。央视的大型纪录片《航拍中国》用无人机航拍的视角展现祖国的秀美河山、辽阔土地、人情风貌。在国外，Buzzfeed pound 通过巨大的数据收集、跟踪，梳理可靠的新闻来源和素材；《纽约时报》的 Blossom 可以实现稿件预测，根据预测找到潜在爆款文章选题，为新闻写作增添素材。

(二)自动化应用提速，新闻从业者被边缘化

近些年，机器人新闻写作发展迅速。美联社的 Wordsmith、腾讯的 Dreamwriter、新华社的快笔小新和媒体大脑 MAGIC，大大提升了新闻写作的速率，降低了成本，提高了新闻报道的时效性，使得新闻内容呈现出高度数据化、高度模块化、高度精确化的特征。除了文字写作以外，机器人还可以实现语音转换，如科大讯飞的语音翻译系统可以实时将英语翻译成汉语输出；以色列的 Minute.ly 通过人工智能技术实时监控直播，自动生成实时视频预告，与消费者进行视频互动；AutoEdit 软件用基于自然语言理解与处理的 Speech to text 技术自动给视频追加字幕；《纽约时报》的 CMS 利用深度学习技术实现自动给新闻稿件配插图。新华社联合搜狗发布的 AI 合成主播，不但与真人主播的外貌、声音几乎无差别，还可以做到一天 24 小时不停歇工作。

智能机器人取代了部分新闻从业者的工作，动摇了新闻从业者的地位，威胁到了记者编辑的生存，使新闻人面临被边缘化的危险。严峻的生存环境对新闻人的职业素养要求不断拔高：既要有稳定扎实的新闻基础，又要会使用新媒体技术；既要有深度报道的意识，又要有互联网思维；既要有宣传社会主流价值的责任感、使命感，又要服务用户，满足用户诉求。如果不能迅速适应新技术带来的改变，当前的新闻从业者主体面临的不仅是被边缘化，更有可能迅速变为前浪，被时代所淘汰。

(三)精准推送成主流,受众思考方式改变

传统媒体时代,主流媒体拥有优质的资源、稳固的资金、忠实的受众,尤其在分发渠道上占有绝对地位。而人工智能下的算法推荐使得传播模式由大众传播向小众传播和垂直传播演变。不同于一味地追求“受众面积”,算法分发更擅长把握用户的兴趣,满足用户个性化的需求,追求“私人定制”“个人日报”,从而提高用户黏性。传统媒体的“渠道霸权”不复存在,原本一些重大新闻、突发事件都是由国家级媒体首发,而人工智能下的媒体分发则丰富了传播方式,拓宽了传播渠道。随着传播平台、接收终端的多样化,精准推送逐渐成为内容分发的主流方式。

算法推荐下消费的场景化、碎片化,进一步改变了用户的阅读行为、思考方式。用户通过移动端来获取信息,知晓新闻,与长篇、有深度的文章相比,短小精悍的文字和视频往往更能吸引用户,明显降低跳转率。然而,长期处于这样的内容消费模式之中,用户会变得很难静下心来深度阅读,逐渐失去认知新事物的耐心,思考能力降低,思维逐渐退化。而人工智能却通过深度强化学习不断自我升级,无形中拉大了人类与智能人的差距,长此以往,将危及人类作为智能生物的优势和主体地位。另外,海量数据下的算法分析,获取的信息鱼龙混杂,所推荐的内容未必都是真正有新闻价值的、为用户真正喜爱的,而从更宏观的层面考虑,算法推送带来的信息茧房、信息结构失衡等负面效应将会产生更为深远的影响。

(四)把关人作用弱化,社会主流价值观缺失

把关人理论最早由传播学家库尔特·卢因提出,他认为信息的流动是由把关人控制的,只有符合群体规范和把关人价值准则的信息才可以流向大众。过去,新闻由记者编辑审核修改完善之后再发布,记者编辑根据新闻素养和职业准则,选择有新闻价值、能宣扬社会主流价值的新闻进行报道。作为国家、社会和民众的耳目喉舌、瞭望者和吹哨人,新闻人有着崇高的责任感和使命感,坚持真实性是新闻报道的第一准则,在全社会的信息流动过程中充当了重要的把关人角色。

现在,随着人工智能越来越多地介入新闻生产流程,机器人自动采写分发新闻,智能合成主播播报新闻,大数据算法推送,弱化了传统把关人的角色、工作环节和流程,缺少了对新闻来源审查核实的重视,导致虚假新闻、不实新闻频出。加之目前尚没有成熟的法律体系、伦理准则来制约、处理人工智能所造成的错误和失职,导致人工智能带来的新闻失真问题无法得到系统、有效地解决。人工智能毕竟不具有意识、思想、心

灵,不能对新闻内容进行是否对错的判断,不能对事实进行价值评判,它只是根据既有的机器编程生产新闻,不会考虑受众应该知道什么,什么样的新闻不该报道,而是以受众想要知道什么为主,这无疑偏离了新闻作为人类信息坐标存在的意义。

总之,人工智能变革了新闻生产流程,在为新闻生产带来极大便利的同时,也冲击着传统新闻生产模式。一方面,新闻从业者不用整天寻找新闻线索,依靠大数据就可以得到精准选题,机器人采写提高了新闻的生产效率和时效性,降低了成本,报道内容客观真实、数据化,算法推送深得用户喜爱,还能积极与用户互动。但另一方面,人工智能威胁到了新闻从业者的生存;模块式的报道内容缺少主流价值、故事性、人情味;算法推送下用户信息结构失衡,认知能力降低,思维能力退化。技术带来的两面性值得我们深入思考,而要想分析人工智能对新闻生产造成冲击的原因,更深入地了解人工智能,就要探讨和研究人工智能的哲学起源,只有这样才能重新认识人类与人工智能的关系,解决人工智能出现的问题。正如玛格丽特·博登所言:在科学家族中,没有一门学科比 AI 与哲学的关系更密切。[①]

二、人工智能引发新闻生产变革的哲学起源

人工智能重塑了整个新闻业务流程,改变了新闻从业者的工作方式,其理性、客观、数据化的写作和分发,来源于人工智能严密的数理逻辑和自主强化学习,基于对外界环境的感知。从人工智能的哲学起源来看,1956 年召开的达特茅斯会议,成为人工智能研究的起点,从约翰·麦肯锡在此次会议上首度提出“人工智能”概念以来,许多学者在认知生物学、心理学、数理计算机等学科领域着手研究人工智能。在半个多世纪的发展历程中,人工智能的哲学逻辑演变经历了三次浪潮,这三次浪潮分别围绕三大核心流派“符号主义”“联结主义”“行为主义”展开。以符号主义为代表的第一次浪潮出现在 20 世纪 50 年代后期,直到 20 世纪 80 年代,它一直都是人工智能领域的主导流派。到 20 世纪 80 年代以后,随着联结主义和行为主义的盛行,符号主义因为自身逻辑的局限性不断衰落。在这三大理论的相互交替中,人类对人工智能的认识和研究也在不断深入。

(一)符号主义

符号主义,也被称为逻辑主义、计算机学派、心理学派。该学派认为智能的基本元

---

① 博登.人工智能哲学[M].刘西瑞,王汉琦,译.上海:上海译文出版社,2001:3.

素是“符号”，人的认知过程是一个信息的加工过程。① 用信息加工的观点看待人的认知过程，认为人的认知过程是一个接受、加工、贮存和输出信息的过程，②如同新闻报道中生产、传播、反馈的过程。1955 年，符号主义的先驱纽维尔与西蒙开发了“逻辑理论家”，基于数论逻辑、计算机算法的原理，将人工智能的逻辑推理、信息处理过程等同于人类的认知过程。这种“认知＝计算”的机理，最早起源于毕达哥拉斯的“数是万物的本原，万物皆数”。“数”是算法分发的逻辑基础，通过对用户画像进行精确描绘，可以了解用户的特征和使用习惯，实现对不同用户的个性化推送。但这计算的背后有着复杂的数量逻辑关系，根据哥德尔不完全性定理，有些算法并不能推理出相应的结果，存在算法黑箱的问题，连算法推荐领域的“鼻祖”和“领头羊”——Facebook 也不能做到完全了解用户的行为需求和心理需求。

莱布尼兹沿袭了数论演绎逻辑推理的思想，设想出了简单的“通用机”，将现实中存在的问题表征为符号，通过推理、计算，让机器自动生成形式语言，将十进制转换为二进制进行编码输出。这成为后来人工智能在新闻生产领域中的应用之一——自然语言，通过计算机编程语言，将新闻中高度数据化、抽象化、模块化的数据转换成为易于受众理解的文字信息进行表达。在哥德尔、图灵、冯·诺伊曼的研究基础上，通用机逐渐变成可自我升级的人工智能体。哥德尔机通过自我修改源代码，在形式逻辑系统内模拟数值计算，求解出全局最优，实现更深层次的“自省”；图灵机通过在纸带上输出二进制将数学运算过程模拟为人脑，通过编程达到通用计算的能力；冯·诺伊曼第一次以数学的精确性和逻辑的严密性探讨自创生系统③，提出人工智能发展中的自我复制和自我生产的问题。人工智能这种精确性和严密性提高了新闻生产的效率和时效，也使得新闻报道数据化，新闻内容准确、客观，不具有个人主观色彩，以更加理性的逻辑来表征信息。

一方面，正是基于符号主义中严密的数理思想和逻辑推理，机器能够自我进行数据搜索、分析、提取，从而完成新闻的自动写作和算法分发。在新闻生产中，给定初始函数和相关模板的人工智能，通过其内部的搜索器，在海量数据中搜索与之相关的新闻素材和数据，经过证明器的求证，查看相关来源数据是不是报道所需要的，然后将数据信息拼凑在一起，形成一篇完整的新闻报道。除文字报道、超链接外，机器自动为新

---

① 成素梅.人工智能研究的范式转换及其发展前景[J].哲学动态，2017(12)：15-21.

② 郭田德.人工智能机理解释与数学方法探讨[J].中国科学：数学，2020(50)：16.

③ 任晓明，李熙.自我升级智能体的逻辑与认知问题[J].中国社会科学，2019(12)：47.

闻添加图片、视频等视觉化信息,整个过程的统一性和高效性是人工生产所不能比拟的。另一方面,人工智能具有高度逻辑和理性推理的特性,这使得新闻生产内容过于模板化,去故事性,缺少情感表达,机器写作也主要只能集中在财经、体育、灾难、天气报道等领域。

(二)联结主义

联结主义,也被称为仿生学派或生理学派。该学派从认知生物学的角度出发,认为通过模拟人类大脑神经元所构成的神经系统的结构与功能,可以让机器更加智能。联结主义的根基来源于人工神经网络理论,这种理论是以动物的智能功能为研究对象,并以其神经细胞的信息处理方法为背景的智能计算机及智能计算理论①,该理论使人工智能研究获得新生。美国科学家杰瑞·卡普兰认为符号系统法和神经网络的最大差别在于:前者需要程序员预先定义符号和逻辑规则来组成问题的论域,而后者则仅需要程序员提供足够的示例。② 这就使得联结主义下的机器人新闻写作无需先验知识、生活经验就可以在一定程度上实现新闻报道。事实上也确实如此,人工智能即使没有意识和思想也能撰写新闻,但这也正是智能写作缺少情感、故事化的原因所在。

与符号主义"认知就是计算"的观点不同,联结主义认为人类的认知是脑神经元运动的经验结果③,将计算机程序运作视为人类大脑的处理过程。不同于符号主义严密逻辑的演绎推理,联结主义模拟人脑不断归纳总结出机器的属性和特征,促使算法最优化的同时,也在尽可能让智能体拥有形式化之外的意向性。智能合成 AI 主播对真人主播的外表、神情、声音的模拟程度很高,可以全年无休止地报道新闻,唯独不能高度模拟真人主播的大脑,没有意识的思考过程,不具有经验主义,于是造成播报中"官腔"现象时常出现,情感表达不充沛,无法实现新闻事件化、事件故事化、故事人物化、人物个性化的报道要求。

与人工智能对人脑神经元的模拟类似,传感器通过对人体电信号的模拟和感知来采集、跟踪、反馈信息。人工智能强化学习下的自我升级,扩展了人类的认知范围,超越了人类的认知局限,而传感器同样也拓宽了新闻来源的时间和空间范围。相比于广播延伸了人的听觉,电视延伸了人的视觉,传感器延伸了人的感觉器官:传感器既参与

① 高玮,尹志喜.现代智能仿生算法及其应用[M].北京:科学出版社,2011:9-10.

② 卡普兰.人工智能时代[M].李盼,译.杭州:浙江人民出版社,2016:25.

③ 刘晓力.认知科学研究纲领的困境与走向[J].中国社会科学,2003(1):99-108.

新闻的信息采集，也参与新闻的信息反馈，还能对一些报道主题进行预测，成为预测性报道的由头，也可用于预测某一新闻舆论事件的发展趋势和动态。虽然目前对于神经网络中具体的结构、连接、反应都尚不清楚，人工智能无法模拟出与人类同等复杂的大脑，但是值得肯定的是，人工智能的脑容量一定比人类的脑容量大，它对于新闻信息的处理能力和速度远远高于新闻人。

从 1997 年 IBM 公司制造出的深蓝计算机以 3.5∶2.5 的成绩打败国际象棋世界冠军卡斯巴罗夫，到 2006 年 AlphaGo Lee 以 4∶1 的成绩击败李世石，再到 2017 年 AlphaGo Zero 出现，无需先验知识和历史指导，全靠自主强化学习就能轻松击败 AlphaGo 之前所有的版本，我们看到机器可以通过深度学习、不断优化自身来超越人类的智能。人工智能通过对神经网络不断强化的提取和选择，进行自我博弈，从而让自己达到最优化，超越人类的认知局限。面对这样的“智能爆炸”，许多悲观主义者担心人工智能会威胁到人类自身，就像智能人的出现对尼安德特人的威胁一样。

(三)行为主义

行为主义，也被称为进化主义或者控制论学派。早在 1948 年，维纳就提出了“控制论”的概念，从动物的“感知—行为”来研究机器的智能化，同时维纳也是最早提出信息技术具有两面性的人。行为主义认为智能行为就是通过与环境交互对感知结果做出相应行为，智能的来源既不是对经验认知的逻辑推理，也不是模拟学习得来，而是通过在外界真实环境中的反复学习，不断进化自己的内部感知系统，实现灵活反应。这也能看出行为主义继承了行为心理学的特征，将研究重点放在实证可测的行为而非意识上，不使用内省法，而是通过客观的实际操作，让机器在不同的环境下通过感知做出相应的反应。机器越是自动适应外部环境，越是能更加智能地做出反应。

在行为主义智能的实现过程中，不存在符号主义里无限的形式系统的尴尬，也不像联结主义那样需要对人体结构有极度透彻的了解。它只需要智能体通过“感知—行为”型控制系统，以进化计算或强化学习的方法，通过对外部感知做出的反应来进化和学习，同时找寻合理的协调机制对智能体内部进行自我协调与主体间协调。① 然而，人工智能对环境的感知只是初级的、有限的，智能合成主播并不能真实地感知外界，不能根据播报情况表现出相应的喜怒哀乐，不能对传播对象的内心世界感同身受，对于社会热点、突发事件不能进行评论，对于深度报道不能给予社会价值层面的判断和启

---

① 徐心和，么健石.有关行为主义人工智能研究综述[J].控制与决策，2004(3)：241-246.

示。但即便如此，目前以人工生命为代表的行为主义被认为是极有前途的研究范式，重点强调复杂性科学和“人工有机体”的自组织、自演化、自涌现特征。①

人工智能通过对环境的感知，建构动态新闻场景，增强用户的感官体验，实现互动与反馈。VR/AR为用户打造身临其境的在场感，以第一人称视角进入新闻现场，带来全新的沉浸感，加深了受众对于外部环境的感知。尽管这种感知发生在虚拟世界中，却能带给用户真实的感受，使用户做出真实的行为，逐渐模糊了虚拟与现实的边界。交互式聊天机器人可以实现与用户的自动交流，通过相互交流，了解、感知用户的诉求和喜好，从而满足用户的行为需求。但是，目前弱人工智能并不能完全感知用户的情感需求，真正的情感聊天机器人还未出现，而且行为主义基于进化理论，人类进化都经过了漫长的过程，智能主体内自适应机制的进化和智能主体间的相互协调进化也需要相当长的时间。除此之外，行为主义的研究重点更多集中于智能体的内部感知控制过程和强化学习系统，忽视了智能体的意识问题。

经过三个阶段的发展，目前人工智能在人类社会各个领域的应用场景已经越来越丰富，功能也越来越强大。如果说在弱人工智能阶段，机器还无法取代人类，无法对人类的主体地位造成真正威胁，那么，当人工智能突破技术奇点，强人工智能的出现将会危及人类的主体地位，它不再是被人类奴役的“他者”，而是自为地做自己想做的事情，不受人类的控制，具有独立人格。人类自身存在的主体相对于强人工智能来说就成为了客体，人类与人工智能的关系将不再是主体与客体的关系，而是变成了主体与主体的关系。主体中心的一元理论将会被多元主体间性取代，传统的唯我论和人类中心主义将被彻底突破。在这个过程中，人工智能也会演化出自己的语言、文化和社会，这些智能主体可以处理不同的情境信息，并相互协作构成一个“思维的社会”。②

三、人工智能环境下新闻生产中的人机关系调适

在新闻生产领域，人工智能意识问题一直以来都是人们争论的对象。一方面，人工智能变革了新闻生产流程，为新闻的采写编发带来了许多便利性，提高了效率，降低了成本；另一方面，因为目前人工智能的研究还处于弱人工智能阶段，不同于强人工智能具有自我意识、自主思考、自主决策的能力，弱人工智能只是模拟人或动物智能解决各种问题，它没有情感、知觉、自由意志，出现了人工智能无法对新闻报道进行价值选

① 於春.传播中的离身与具身：人工智能新闻主播的认知交互[J].国际新闻界，2020(5)：47.

② 亨德森.人工智能之路[M].王华，译.上海：上海科学技术文献出版社，2019：2.

择，机器人写作缺少深度化、人情味、共情性，智能播报无法真正与受众达到情感上的共鸣等问题。但是，随着人工智能的不断强化和升级，机器可以不需要先验知识就能不断学习和进化，甚至超越了人类的认知范围，人工智能似乎威胁到了新闻从业者的生存，同样也威胁到了人类存在的地位和价值，这使得哲学领域一直研究的主体间关系问题再次被提上议程。

着眼于强人工智能的发展态势，新闻生产中的主体间关系将面临重构，人机关系的调适势在必行。面对强人工智能环境下的双主体关系，互相尊重、平等相处、协同共生才是新闻人与智能人的相处之道，人机协作将是新闻生产的大势所趋。人工智能协助新闻从业者采写编发，新闻生产中的部分岗位已经被智能人所取代，这在解放了部分劳动力的同时，也催生出新的新闻生产环节和工种。更重要的在于，目前人工智能在新闻生产中还存在诸多不足，需要新闻工作者将更多的时间和精力投入到智能体无法实现的领域和方面，才能激发创造力，生产出更多优质的新闻作品。

（一）加强新闻来源审核，确保新闻真实性

一方面，传感器和无人机拓展了新闻来源的时空范围，人工智能为新闻报道提供了大量的素材和线索，新闻从业者不用为获取信源而头疼。但海量数据的挖掘、搜索，不能保证新闻来源一定真实可信，对于新闻来源的虚实真假有必要进行核实和审查。新闻人既要借助人工智能核实跟踪信息来源，也要自己对新闻由头进行人工把关，才能确保新闻的真实性和可靠性。

另一方面，信息的采集也不能全部依靠人工智能来完成。就目前而言，机器毕竟是机器，没有情感和意识，不能对采集到的内容进行价值判断，什么样的新闻有报道价值，哪些新闻不适合传播，人工智能还是要依靠新闻人为它进行价值选择。人工智能也不能像记者一样，在现场新闻采访中灵活多变、临场应变，也不具有问题意识和新闻倾向性色彩。所以，人在新闻现场中的地位仍不会被动摇，人工对新闻的采集和选择必不可少。

（二）顺应机器写作常态化，人工报道加强深度和评论

目前机器写作已逐渐进入常态化的新闻生产流程，但机器人辅助写作大多集中在财经、体育、地震、天气等领域，写作模板比较固定，内容缺乏个性化、生动性，无法与用户进行共情交流，也无法达到精确又符合自然语言习惯的要求。另外，语音字幕的转化也难免会出现错误，需要人工进行检验和校正。因此，借助人工智能撰写消息类新

闻，要对人工智能下的常态化写作及时进行修改调整，摒弃写作模板化，注重新闻故事化、故事人物化。

另外，目前机器还无法做到报道深度新闻和评论类新闻，人工智能无法在新闻事件背后进行深层次的分析和探究，不能对社会热点、难点进行实时评论。新闻具有倾向性，人工智能既不能深刻感知人类社会、表达个人观点，也无法表达出坚定的态度和明确的立场。新闻记者编辑应将更多的时间和精力投入到深度报道和新闻评论当中去，传播社会主流价值，正确引导舆论，达成社会共识。

（三）算法强化个性化推送，人工加强价值选择和引导

在新闻内容分发领域，目前算法分发渐成主流。算法分发系统有助于了解内容特征、用户特征、环境特征，有助于满足用户的兴趣和需求，增强用户黏性。但由于算法推荐完全基于用户使用习惯，容易产生信息茧房和回音室效应等问题，使得用户信息接受窄化，知识结构失衡。尤其是当反转新闻出现时，网民过度关注碎片化、片面化信息，使言论在茧房内不断加强，容易导致网络暴力。

面对这样的状况，人机协同的内容分发显得异常重要。在人工智能算法推荐的基础上，新闻编辑要对报道内容进行过滤、选择、优化，筛掉不良、不实、低俗等内容，对内容进行新闻价值选择，既要让用户接收到自己想要看的信息，又要适度增加正能量、积极向上的新闻内容推送，在平衡用户信息结构的同时，还能净化网络空间，营造风清气正的网络环境。

（四）机器与用户及时互动，人工更注重情感反馈

在与用户互动方面，人工智能的一个强大优势在于它可以通过对海量数据进行挖掘和分析，建立不同用户的数据图谱模型，通过不断强化学习，满足用户的个性化需求，提升用户的交互性，改善用户体验，从而辅助新闻媒体实现更好的用户管理。在这个方面，目前国外有媒体已经进行了一些有益的尝试。比如，《纽约时报》利用深度学习算法，审查稿件的用户评论，在筛选评论、自动回复的同时，也保证了出版安全；Quartz 新闻资讯软件通过与用户聊天来推送新闻，并且从聊天过程中获取更多用户细节，准确把握用户的需求。

在人工智能环境下，交互式新闻、对话新闻已经成为一种新闻形式。然而，目前交互式传播应用领域还不广泛，系统也不完善，存在交互不流畅、聊天过程缺少共情性、算法识别不力导致谣言和假新闻频出等现象。因此，在利用人工智能加强与用户互动

的同时，人工需要在情感反馈方面重点介入，以更好地满足用户的需求；至少，在情感聊天机器人出现之前，人工与用户进行的反馈和互动仍然是不可或缺的。

四、结语

人工智能已经深刻变革了新闻生产流程，取代了新闻生产过程中许多重复性、技术含量低、创新性低的工作，解放了部分劳动力，提高了新闻报道效率和时效，降低了人力成本，为新闻生产带来了许多便利和优势。本文通过分析哲学起源的三大流派，厘清了智能应用对新闻生产的变革，探究了人工智能自身存在的问题和不足。

符号主义严密的逻辑运作和思维推导，使得机器过于理性，没有情感和意识，新闻报道缺少人情味、共情性、故事化，无法表达出具有深度、温度、力度的观点。联结主义中，人工智能对大脑神经元的模拟极度有限，智能合成主播看似与真人主播无差别，实际上并不能实现真人大脑的机理，无法像真人主播一样对新闻即兴评论，无法在突发情况下临场应变，无法体现出它的情绪情感。行为主义中，人工智能对外界环境的感知只是初级阶段，与用户的互动反馈大多体现在交流对话的表面，无法满足用户的情感需求。显然，人工智能自身存在很多不足，需要新闻从业者来解决和完善。人工智能不会对新闻人造成实质性的威胁，反而它会促使新闻工作者将更多的精力投入到富有创造性的工作和深度报道中去。

尽管现阶段人工智能还不具有意识和情感，但随着强人工智能的到来，智能人的出现将成为现实，人类绝对的主体地位将不复存在，取而代之的是主体间的交往互动，人机共生将成为生活的常态。但无论如何，新闻生产报道中要防止机器凌驾于人之上，新闻从业者要借助人工智能，提高新闻报道时效，优化新闻产品，加强新闻传播，做到人机协作共生。正如斯图亚特·罗素（Stuart Russell）在2019年出版的《人类兼容：人工智能与控制》（*Human Compatible：AI and the Problem of Control*）一书中提到的三点方法论：利他的、谦卑的、尽心的。

〔崔林，中国传媒大学新闻传播学部电视学院教授，博士生导师；王楠琦，中国传媒大学新闻传播学部电视学院硕士研究生〕

〔特约编辑：付晓光〕

基于区块链技术的新闻生产透明性研究

Research on Transparency of News Production Based on Blockchain Technology

◎ 孙振虎　鹿艺佳

Sun Zhenhu　Lu Yijia

摘要:本论文将从透明性原则的视角出发,运用案例分析法、文献研读法、比较分析法等研究方法,通过对 Civil 新闻生产平台、Steemit 等区块链应用的分析,挖掘区块链技术的核心特性与新闻生产透明性之间的内在关联,研究区块链技术如何助力媒体内容生产的透明性变革,从而助力假新闻、谣言、洗稿问题的治理,维护新闻真实与质量。一方面,区块链赋能受众深度参与媒体把关与监管,从而重塑媒体信用;另一方面,区块链赋能媒体信息采集、产制、发布与传播等内容产制全流程公开透明,在一定程度上从源头遏制了假新闻、谣言等虚假信息的出现。最后,本文也将梳理当前区块链应用于新闻生产的困局,从而客观地总结区块链赋能媒体内容生产的优势与不足。

关键词:区块链;透明性;新闻生产;虚假信息;信任重建

Abstract: Using Case study, literature review, comparative analysis of Civil and Steemit and other research methods, this paper will analyze the internal connection between blockchain's core features and news transparency, which helps to find out how can blockchain technology improve the transparency of media content production, so that to help the media minify fake news and maintain the truth and quality of news. This paper believes that blockchain can benefit news production from improving disclosure transparency and participatory transparency. On the one hand, blockchain enables audience to deeply participate in media supervision, thus reshaping media credibility. On the other hand, based on blockchain, the whole process of media's information collection, production, release and dissemination is open and transparent. In the end, though blockchain brings lots of benefits, it's not a perfect solution. The conflict between resource storage and operational efficiency, the imbalance between digital recording and the right to be forgotten, so as the gap between the dependence and the actual scale of public participation are also mentioned in this paper, so that to objectively do the research from both positive and negative aspects.

Keywords: blockchain, transparency, news production, fake news, media credibility

假新闻、谣言等虚假内容一直伴随着媒体的发展,它们并非互联网技术带来的,但网络平台无疑加速了虚假不良内容的生产和传播。在互联网时代,媒体对新闻的报道往往因抢速度、占独家、吸引眼球而忽视了新闻真实性,从而导致网络平台频频出现剧情发生颠覆性转变,进而影响广大受众态度转变的反转新闻。洗稿、抄袭等现象也在媒体行业中司空见惯,不仅使原创作者的权益遭受损失,影响媒体原创积极性,也在相互抄袭、洗稿式创作中失去了对新闻真实性的把握。随着互联网时代对信息快速传播的需求,事实核查被刻意忽视、"真相"不断反复、"假新闻"被不断炮制、谣言极易滋生,让公众对真相难辨真假,也让媒体面临前所未有的信任危机。

一、区块链与新闻生产

(一)什么是区块链

区块链诞生于金融领域,它通过加密技术、时间戳技术等一系列技术支撑,构建比特币虚拟交易平台,通过去中心化、不可篡改与可追溯的特性,实现平台的数据存储透明和交易安全。习近平总书记在中国科学院第十九次院士大会、中国工程院第十四次院士大会上的讲话中第一次提及区块链技术:"以人工智能、量子信息、移动通信、物联网、区块链为代表的新一代信息技术加速突破应用……世界正在进入以信息产业为主导的经济发展时期。"[①]中华人民共和国工业和信息化部发布的《2018 年中国区块链产业白皮书》显示,区块链的应用在除金融领域外的其他行业同样拥有巨大价值,目前已延伸到医疗、交通、保险、物流、媒体等行业。虽然区块链与不同领域的结合各有侧重,

① 习近平:在中国科学院第十九次院士大会、中国工程院第十四次院士大会上的讲话[EB/OL].(2018-05-28)[2019-11-30].http://cpc.people.com.cn/n1/2018/0528/c64094-30019215.html.

但却都展现出几大共性特点:

第一,区块链具有去中心化的特性。美国区块链研究所创始人梅兰妮·斯万将区块链的本质比喻为一个去中心化的公开账簿,任何一笔资金的登记、流动、去向都会在这个公开账簿中记录在案。梅兰妮·斯万认为,区块链的巨大潜力在于它能够记录的不仅仅是资金,更包括股票、软件、公共卫生、个人健康等,且这一账簿不是某一机构或个人的内部黑匣子,而是去中心化的、公开透明的、资源共享式的。

第二,区块链具有可追溯性的特性。区块链通过建立"时间戳"实现数据生成时的及时记录,人们可以通过任何一个时间节点,迅速查询数据的源头,从而实现数据的可追溯,解决信息内容源头查证困难的问题。① 同时,可追溯性使数据可以随时接受用户查验,有助于通过用户参与监督使区块链中存储的信息不可伪造与不可篡改。时间戳的运用提供了一个数据库的完整历史,并且助益于数据库的逐笔数据的查找功能,从而为区块链应用于内容生产所需的资料查询与获取、信息来源的验证、新闻的连续报道等方面奠定了基础。

第三,区块链具有不可篡改的特性。区块链的这一特性建立在前两个特性的基础之上。单点数据存储模式极易造成数据丢失、造假等问题的发生,而区块链共识机制则保障数据存储建立在多点共存机制上,对某个点的数据进行篡改无法影响整个存储系统,从而在更大程度上保证数据的真实和不可篡改。此外,区块链的去中心化实现数据的公开透明,使数据信息处于公开监督之下,而其"时间戳"的可追溯性能够为即时验证数据源提供保障。但是,我们需要明确的是,"不可篡改性"并非指绝对的、完全的不可篡改,而是相对于当前其他技术的技术特性而言,具有较高的保障数据安全的性能,是不可"轻易"篡改的。

(二)媒体新闻生产视角下的区块链

近年来,国内外媒体纷纷通过融合区块链技术,应对当前网络环境下虚假不实信息泛滥、媒体内容生产监督乏力的问题。美国 Civil 新闻生产平台建立弱中心化内容生产与发布平台,依托区块链技术实现新闻数据来源的随时追溯,提升内容生产的公开透明,通过虚拟新闻编辑室、工作站、事实核查及服务的运营模式,实现普通公众与专业新闻记者平等参与,从而减少了假新闻的困扰,提供了优质内容。波兰的 Userfeeds 依靠区块链技术打造能被公众审查的公开透明的新闻内容平台及其配套排

---

① 凌力.解构区块链[M].北京:清华大学出版社,2019:505-517.

名算法，新闻依据用户反馈进行排名。

在国内，区块链在媒体领域的应用起步相对较晚，应用范围较集中，主要通过加强对原创作品的保护和对洗稿、抄袭作品的监督，提升媒体的新闻质量，从而减少假新闻的出现，助力新闻真实。“北京云”市级融媒体通过内容在线确权存证、全网监测和侵权曝光，提升对内容生产的监督力度；新华社发布媒体大脑3.0融媒体中心智能化解决方案，从策、采、编、发、审、存全流程赋能媒体内容生产，对新闻作品进行保护。2020年两会期间，由湖北广播电视台融媒体中心倡导筹备，12家省级主流媒体组建的“区块链新闻编辑部”在两会报道的新闻内容采编模式基础上，形成内容共享机制，开启新闻“众筹”。

二、Civil的新闻生产模式与Steemit的虚假新闻治理

（一）Civil的新闻生产模式

美国的Civil新闻生产平台被认为是区块链媒体的先行者，是集内容生产与出版发行为一体的弱中心化新闻生产平台，通过为新闻业创造一个自我维持的市场，帮助内容生产摆脱广告流量、虚假新闻等外部因素的影响，使内容生产者的注意力集中到内容本身上来。① 以区块链作为底层技术，Civil通过新闻编辑室、工作站、事实核查服务三个平台构建内容生产的整体网络，形成以区块链技术为基础的虚假新闻治理策略。

1. 新闻编辑室：新闻可信度的有效衡量

新闻编辑室（Newsroom）是Civil三大功能平台的基础，以邀请记者入驻的方式维护平台的基础信誉。Civil邀请《洛杉矶时报》、BBC、美联社等信用度高的媒体入驻成立编辑室，新闻编辑室不通过广告维持经济运营，免受追逐流量效应而引起的低质量新闻报道的困扰，从而帮助记者专注于新闻的准确性、真实性和优质性。②

受众通过赞助记者进行某一话题的调查与报道，或通过支持某一主题来吸引记者的关注，不同的新闻内容将因质量水平高低和公众的喜爱程度不同而获得不同的经济收益。由于没有广告等其他外部收入来源，记者发布的新闻是否能够获得受众的支持

① 邵鹏，魏丽丽.为新闻业创造一个“自我维持的”市场——区块链新闻平台Civil的“理想国”[J].传媒评论，2018(4):23-26.

② 谭小荷.基于区块链的新闻业：模式、影响与制约——以Civil为中心的考察[J].当代传播，2018(4):91-96.

直接决定于内容的质量和自身的信誉，因此在新闻编辑室内，记者的内容生产以公众兴趣和需求为前提，新闻生产做到了需求在先，报道在后，同时，只有满足公众需求的内容才能够获得更多的激励，内容生产形成需求与报道间的良性循环。

Civil 新闻生产平台推出“作品可信度指标”以帮助受众更加合理地评估新闻的价值与真假。该指标包括四个部分：一是原始报告（Original Reporting），代表新闻内容包含记者直接搜集的信息或记者独家的分析见解，而不是来自其他已发布的新闻报道；二是主题专家（Subject Specialist），代表文章作者已被验证具有本文所涉及主题的专业知识；三是实地报道（On the Ground），代表新闻由记者亲自到现场采访而来；四是引用（Sources Cited），代表文章中包含了其他可验证的来源。记者根据文章的实际情况选择适用的指标，经由编辑验证后与新闻一同发布。

新闻编辑室通过公众激励制度和作品可信度指标提高新闻生产的透明度，公众对新闻真实性和可靠性的判断不再取决于主观直觉，而是对新闻是否原创、来源是否可靠具有一定的认识基础，并在此基础上形成更加客观的判断，真正优质的内容能够获得受众包括资金赞助在内的支持。这样一方面建立了内容生产者与内容消费者之间的直接联系，使内容生产免受广告等外界因素的影响，另一方面减少了虚假不实信息和劣质内容更易骗取受众关注而获得更多利益的现象。

2.工作站：提升新闻生产准入门槛

上文中提到的新闻编辑室是 Civil 通过邀请媒体机构成立的新闻生产平台，而工作站（Station）则是受众以记者角色成立自己的新闻生产平台，进行自主新闻生产与发布。

与国内的微信公众账号不同的是，在微信平台上，人人都能够通过简单便捷的操作成为自媒体人，人人都能够以媒体人的角色进行信息生产和发布。虽然微信公众号能够为个人提供更加自主便捷的新闻生产环境，但并不是每个个体都具备相应的素养，因此微信公众号也成为网络假新闻生产和传播的集散地。[①] 用户在 Civil 平台上的角色转变比微信的难度系数要高，用户必须首先成为至少一个新闻编辑室的活跃读者，并通过资格审核，才能成为信息的生产者和发布者。

工作站对个体的高要求提升了平台上的新闻生产准入门槛，能够在一定程度上从源头减少部分由于内容生产者素养缺失或能力不足而导致的虚假和劣质新闻，且经过筛选的普通公众与专业记者被赋予同等的权利，但同时也要承担同等的责任。

① 杨丹丹，汪永安.新媒体时代如何维护新闻的真实性[J].新闻世界，2019(7)：29-32.

3.事实核查服务:公众深度参与把关

事实核查服务(Fact-Checking as a Service)是Civil通过发放代币调动公众参与积极性的重要功能,它将公众力量纳入新闻把关的环节之中,提升内容生产的参与透明性,将公众互动从评论、消费等浅层次参与转变为深度参与内容核查与把关,从而减少因把关缺失而产生的新闻失实现象。

Civil要求新闻编辑室和工作站必须贡献部分资金用于事实核查,并通过发放代币鼓励公众参与到事实核查与把关之中,从而建立起透明的新闻审核机制,提升对内容生产的监督能力。Civil的目的是创造一个最大限度减少错误和虚假信息的新闻市场,因此,事实核查服务是Civil的关键功能。

为提升新闻透明性,使审核把关环节能够快速追溯新闻源头,Civil基于区块链技术为新闻中的引用来源做出清晰的追踪和明确的标记。受众能够清晰地了解一篇新闻中哪些数据和资料来自其他信息源,并一键式地对信息源进行检索。公众对媒体人的监督,成就了媒体人对政府、对社会的监督,在公众参与事实核查弥补和规范了新闻把关环节的同时,也使媒体能够更好地行使监督职能。

(二)Steemit的虚假新闻治理

Steemit是一个分布式的、基于区块链技术的公共内容平台,自2016年正式上线以来一直平稳运行,并拥有超过百万的平台用户,是相对较为成熟的区块链媒体。平台通过区块链技术支持实现用户信息与行为记录,助力平台的虚假信息管理,同时基于用户投票机制与内容浮现机制,压缩虚假、劣质新闻的传播空间,提升优质内容的曝光度。

1.平台注册与记录:用户内容生产的治理

谣言与假新闻更容易在网站和社交媒体平台上传播,这使得传统的新闻事实核查处境艰难,且由于信息来源数量庞大、路径复杂,新闻查证有心无力。[①] 微博平台、Facebook的注册门槛低,任何用户都可以通过手机、邮箱等快速完成注册,无须审核,且用户可以随时自行修改和删除平台上所发布的内容。虽然人人都能够在微博、Facebook等社交媒体平台上获得平等的生产和发布新闻的权利,但用户素养参差不

① 张建中.治理假新闻:“后真相”时代欧洲国家的创新与实践[J].新闻界,2017(6):95-101.

齐、用户身份的不确定和真实身份的难核实使得谣言等虚假内容极易滋生和传播。①

与微博平台、Facebook 相比,基于区块链技术的 Steemit 平台则拥有相对完善的平台注册和数据记录。一方面,用户在使用 Steemit 之前,需要经过信息注册和三至七天的人工审查,平台对用户信息进行一定程度的了解,且用户信息将基于区块链技术被永久储存在 Steem 公链上,用户在平台的信息发布、传播等一系列行为将同步存储在公链上;另一方面,用户的假新闻生产、谣言传播行为在微博等社交媒体上可以随意删除,不会留下行为记录,而在 Steemit 上,用户发布的内容不可随意删除,且可被其他用户随时查看并得知信息发布者为高信誉用户还是多次造谣的低信誉用户。因此,用户的身份和行为将处于透明的环境下,用户在清楚自身行为处于透明的、可追溯的情境下时能够减少一部分主动造谣的行为。

2.用户投票机制:用户参与的升级

在 Steemit 平台中,用户与在微博、Facebook、Twitter 等社交媒体平台一样可以进行评论、转发等互动参与行为,同时,Steemit 搭建了用户投票机制。一方面,用户能够为自己支持的内容提供奖金,内容生产者可以通过提升内容质量换取用户的直接奖励,而并非通过产品流量换取第三方经济效益,从而保障了内容生产在不受其他外部因素干扰的情况下尽可能偏向受众喜爱的方向,而非广告商青睐的方向。这一点与 Civil 新闻生产平台的代币激励机制的形式和目的相似。另一方面,Steemit 的内容推广算法与用户投票紧密相连,用户投票数越多的内容将被平台推广算法前置,因此用户除通过提供奖金直接进行经济支持外,还可以通过自身投票帮助优质作品被更多用户发现,从而扩大自身参与行为的深度与影响力。②

3. 内容浮现机制:用户决定下的新闻排序

经过用户投票,Steemit 能够通过内容排序将优质的新闻前置,与此同时,用户还能够针对劣质、虚假内容进行否决投票。与获得支持票数相反,获得否决投票越多的内容越容易被隐藏而不被更多受众发现,直至否决票数超过平台总用户数的一半以上,该内容将被彻底规制和删除。

Steemit 的内容浮现机制是将用户意志最大化,内容排序由用户决定,内容是否能够得到更多推广由用户决定,而基于区块链技术的支持,用户能够更加客观、便捷地

---

① 陈思.微博假新闻的成因及对策[J].东南传播,2013(8):86-87.

② 马强,林浩瀚.基于区块链技术的网络谣言治理模式探析——以新闻平台 Steemit 为例[J].新闻论坛,2018(4):29-33.

对新闻内容的真假与否和价值高低做出更为合理的判断，因而能够在一定程度上倒逼媒体改变通过“标题党”、夸张猎奇、弄虚作假等行为骗取流量的新闻生产方式，转而将更多精力置于提供真正的高质量作品，一定程度上通过赋予公众更大的决定权规范了新闻生产秩序。

三、区块链对新闻生产透明性的优化

通过对 Civil 新闻生产平台与 Steemit 社交平台两大案例的分析可以发现，两者在为用户搭建可靠、自由而真实的新闻市场的过程中，虽然在具体运营模式上存在差异，但都基于相同的区块链技术特性为平台提升了透明度，这是平台运行的基础。本节将对两大平台在提升透明度方面的共性进行梳理，并从这一视角分析区块链的虚假新闻治理优化策略。

（一）精准链接：信源及时追溯与核查

区块链赋能新闻生产平台对信源透明性的提升，是新闻生产透明以及虚假新闻治理的基础。区块链通过时间戳技术为每一个生成的区块记录生成时间，并形成明确且唯一的数据签名，每一个新区块的形成都在前一个区块的基础上，如图 1 所示。因此在区块链的任一节点都可以快速追溯它之前的某一节点的数据记录，使数据实现公开透明。媒体内容生产引入区块链技术，利用其可追溯的特性可为信息增加时间维度，从而使媒体从信源处采集的信息以及媒体生产和发布的信息都能够提供可靠可信的精准链接，提高了内容真实的可验证性。

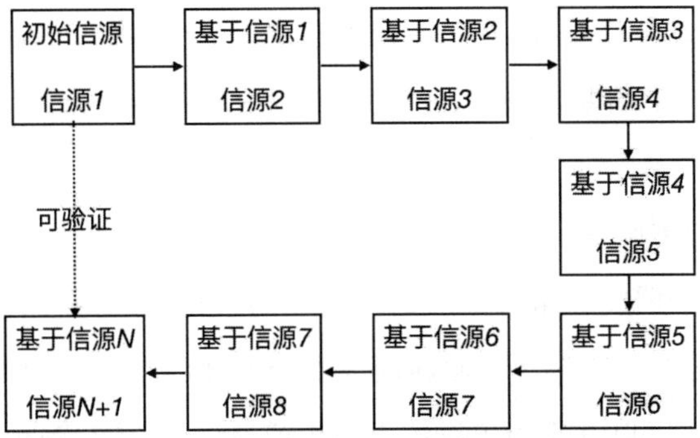

图 1　基于区块链的媒体内容生产信源记录过程

Civil 平台所提供的信源精准链接，正是区块链这一信源的记录过程，其信息来源作为前一个数据区块,将自动且永久地与所生产的内容紧密相连,阅读该内容的公众可以随时通过一键点击对其进行查看,基于其他新闻报道而生成的内容在发布之时,将附带它所参考的新闻报道的链接,从而避免媒体未注明新闻来源或对信息来源标注不清的情况。新闻内容附有信息来源的精准链接,将帮助媒体自身或公众便捷地追溯信息源头,进行信息核实。

(二) 信息公开:减少虚假新闻的生成空间

区块链技术下的媒体内容生产平台的最直接变革在于对数据公开透明性的提升,这种透明性重构符合当前互联网时代受众的知情权需求,并从客观上提升了媒体对信息准确性和真实性的把控能力,减少了虚假错误信息甚至抄袭盗版内容的出现,媒体所生产的内容质量提高,将有助于重塑公众对媒体的信心和信任。基于对 Civil 和 Steemit 的比较分析,两者在信息公开层面具有以下共性特点:

第一,用户身份明确,造谣风险增加。Steemit 对用户注册增加了人工验证环节,且用户信息将被永久储存,便于平台追溯虚假新闻源头,进行平台管理。Civil 对用户的准入门槛进一步提升,用户首先需要在新闻编辑室中拥有良好且活跃的记录后,才能够有资格进行自主新闻生产的申请,这将在针对用户匿名性和能力素养无法评估的网络平台上谣言易滋生、易散布的现象具有一定的缓解作用。

第二,内容修改过程被记录,减少信息传递过程中的信息畸变,契合媒体对信息传播透明的需求。在大小媒体众多的互联网时代,对同一事件往往有多个媒体在不同时间发布报道,即同一个信息将经过不同媒体的多次修改、重新编辑和传播。随着信息传播过程的推进,信息被修改的次数越来越多,信息的畸变程度也就越来越高。区块链能够对每一次信息的修改、内容的增删进行记录,信息的传播过程和修改变化的情况可追溯,从而减少了信息在传播过程中因多次重新编辑而与事实出现偏差的可能性。①

第三,刻意生产虚假或侵权内容的媒体将被区块链记录,对媒体具有示警效果,契合公众对媒体监督透明的需求。区块链可追溯的特性在为媒体信息采集与事实核查带来便利的同时,也对媒体生产虚假新闻或抄袭、盗版等侵权行为进行了记录,从而影响媒体信用②,因此,区块链应用于媒体内容生产,将对媒体起到示警作用。

---

① 王玲玲.区块链与新闻生产:技术变革及价值反思[J].新闻世界,2019(7):39-43.

② 信莉丽.区块链技术视角下的媒体融合路径探索[J].传媒,2019(3):80-83.

（三）数据存证：新闻生产的保护与监督

面对网络上屡禁不止的洗稿抄袭现象，原创作者往往束手无策。美国学者保罗·利文森提出，从报纸到电视，媒介的发展在丰富了文本形式的同时，也对作者权益造成了显而易见的破坏。[①] 洗稿抄袭现象既损害了原创作者的权益，同样也破坏了媒体生产秩序；既不利于更多优质内容的生产，也增加了内容同质化、信息不真实的风险。

从内容生产者维度上看，媒体平台基于区块链技术特性的数据存证能够为新闻生产提供更有效的保护。公开、透明、安全的数据存储为原创作者提供了安全透明的创作环境，原创作者能够将更少的精力放在作品的维护中，将更多的精力放在内容创作中，从而能够为优质新闻作品的生产提供有效保障和激励。

从抄袭洗稿者维度上看，数据存证对新闻生产形成了公开透明的监督环境，原本低难度、低成本、低风险的洗稿抄袭行为在区块链技术的应用中成本变高、难度变大、风险增加，因而此类不负责任的文本内容的生存空间被大幅压缩，进而减少了因抄袭洗稿而次生的事实畸变和信息失真现象，此外也同时反向刺激了原创新闻的生产，减少了新闻同质化现象。

总的来看，对原创内容的保护和对新闻生产的监督将从侧面为虚假新闻治理提供助力，基于区块链的数据存证通过增强内容生产、传播、交易全流程的透明性，规范内容生产秩序，以此鼓励并激励更多媒体将工作重心转移到生产优质原创内容、满足公众的真实需求上来，从而恢复了公众对媒体的信心，重塑了媒体公信力。

（四）传受关系的变革：重构媒体信任基础

在传统的新闻生产模式中，媒体内容生产环节并未向公众公开，媒体仍占据内容生产的主导地位，公众被排除在内容生产过程之外而无法获知内容生产全貌，因而即便受众获得了一定的互动权与发言权，媒体与受众之间的传受关系也并未得到实质改变。

Civil 与 Steemit 通过奖励机制鼓励受众参与新闻生产的事实核查，将公众纳入新闻生产过程中来，将内容审核过程向公众公开，形成内容生产参与式透明性和公开式透明性。

一方面，通过区块链技术构建媒体内容审核机制，由于内容不能被随意篡改以及

---

① 利文森.软边缘：信息革命的历史与未来[M].熊澄宇，译.北京：清华大学出版社，2002：182.

群体参与的双重保障，有效规避了外部势力和内部管理对新闻报道的干预，从而能够有效打击假新闻、“洗稿”等行业乱象。①

另一方面，媒体与公众的传受关系之中，公众对内容生产的决策权实质性上升。②公众与媒体或内容生产者之间的互动关系从内容生产结束后的评论、点赞等简单互动模式升级为内容生产过程中对内容生产者的监督，公众真正作为内容生产中不可缺少的环节，参与到内容生产的过程之中，从而提升了媒体内容生产的参与式透明性。③公众在开放、透明的环境下，自身在读者、作者、评审者的角色间轻松转换，强化了公众在监督媒体内容生产中的地位，同时也倒逼内容生产者在开放、透明的环境中，精准用户定位，优化互动性，提升综合实力。

（五）公众驱动新闻生产：内容质量决定收入

当前媒体内容生产主要靠政府拨款或广告收入等第三方经济来源，这样的运营现状导致众多媒体陷入内容优先和利益优先的矛盾中，并引发诸多媒体为追求经济效益而生产夺人眼球的低质量内容，甚至炮制虚假新闻、抄袭或对他人作品进行洗稿等现象。产生这些媒体乱象的一个重要原因是媒体内容传播的去向和经济收入的来源不统一：媒体内容生产面向的是广大公众，但媒体的主要获利渠道却是广告等第三方，因此媒体贩卖的不是内容本身，而是内容所带来的受众流量。

高质量内容受公众好评，可以为媒体带来流量，但高质量内容往往制作周期长，需要投入更多的精力、人力和时间成本，因此，部分媒体为求快而忽略了最基本的信源核查、事实求证过程，为求低成本而抄袭、盗版他人的成功作品，内容本身的质量并非这些媒体关注的重点，内容带来的流量和经济效益才是它们追求的目标。

媒体依托区块链建立的内容生产平台，为媒体直接根据公众需求生产内容提供了可能性。④ 这种可能性来自两个方面：

一是直接来自用户的激励制度。如 Civil 平台不接受广告等其他经济来源，记者获得的全部资金来自所生产的新闻内容或在内容基础上发起的新闻众筹中获得的受众支持。公众对媒体的信任来自媒体所生产内容的整体质量，这一因素影响到受众对

① 史安斌，叶倩.区块链技术与新闻业变革：理念与路径[J].青年记者，2019(16)：75-78.

② 张志安.新闻生产的变革：从组织化向社会化——以微博如何影响调查性报道为视角的研究[J].新闻记者，2011(3)：42-47.

③ 罗义秀，杜仕勇.区块链媒体对受众行为的影响[J].新媒体研究，2019，5(10)：21-22.

④ 李鹏飞.基于区块链技术的媒体融合路径探索[J].新闻战线，2017(15)：90-93.

媒体的评价，而公众信任是媒体立足的基石。区块链为公众参与内容生产赋能，公众利用区块链平台提供的技术渠道和激励制度对媒体内容生产进行监督，来自公众的压力可以真正通过价值链方向传递给内容生产者，从而助力内容生产者重视信任基础的建设。

二是以用户投票为基础的内容浮现机制。和 Steemit 平台一样，波兰的 Userfeeds 通过区块链技术打造了一个公开透明、能被公众审查的新闻内容平台。该平台运行的新闻排名算法基于用户反馈环节的点赞、评论、支持等，而与当前大部分新闻网站不同的是，这一算法不经过专门的中心平台处理，是公开透明且不可篡改的，因此用户的反馈直接决定新闻排名的高低。

通过以上两种方式，用户不仅能通过进入新闻生产环节来审判新闻的真假、优劣，同时也能够决定这篇新闻是否能够得到经济回报，是否能够向更大范围内传播。与中心化媒体机构最大的不同，正是区块链赋予了普通公众真正的决定权，将媒体的利益驱动与用户的需求驱动合二为一。

在区块链新闻生产平台上，只有真正满足公众需求、公众阅读后评价为优质内容的作品，才能获得更多的经济收益，而靠低成本的炮制虚假新闻、抄袭作品或通过夺人眼球的标题吸引受众而实际却是低质量内容的作品则难以获得公众肯定，即便骗取公众点击，也无法从公众中获得代币支持。公众驱动内容生产在公众需求与媒体收益间建立直接联系，免除外界因素的影响，促使媒体以用户需求为前提进行内容生产。

四、机遇中的挑战：区块链应用于新闻生产的困局

（一）警惕“技术乌托邦”思想

媒介的发展和技术的发展紧密相关，区块链在应对和整治虚假新闻上做出的尝试和探索值得肯定和研究，但技术不是万能的，并不能解决一切问题，区块链技术也是如此，其自身的局限性不容忽视。

叶夫根尼·莫罗佐夫在《技术至死：数字化生存的阴暗面》一书中认为，过于依赖技术将陷入解决方案主义的陷阱，即“在尚未充分提出问题之前就匆忙地寻找答案，而且将这种答案寄托在新的媒介技术之上”①。因此，为了应对虚假新闻等行业乱象，不应该仅仅寄希望于技术的进步，更应该认真审视虚假新闻的产生根源。

---

① 莫罗佐夫.技术至死：数字化生存的阴暗面[M].张行舟，闾佳，译.北京：电子工业出版社，2014.

从虚假新闻的存在背景来看，它们从出现到繁衍，反映的是一种典型状态："客观事实的陈述，往往不如诉诸情感和煽动信仰容易影响民意"，或者说相较于追求事实和真相，人们更容易为各种情绪、情感所煽动。虚假新闻的"症候"不是人们崇尚、信任假新闻，而是人们习惯于相信他们所相信的。面对这一"症候"，仅凭区块链从技术层面是难以解决的。

区块链技术为更好地应对媒体行业乱象提出了一种可行性，但是我们不能脱离问题的根源与核心。虚假新闻的存在根植于人性和我们时代的大背景，虚假新闻的存在有其内在的心理动因，用区块链技术一劳永逸地解决虚假新闻的问题并不现实。从某种程度上说，区块链技术是对以往技术的一种补偿，例如对隐私的保护、对信源的核查等，这是以往的媒介技术很难做到的，这些新技术的应用更好地满足了当前社会人们的需要。但它只是适应互联网时代发展的一种可供研究与探讨的方案，对传媒行业乱象的治理仍需要多方发力。

（二）新闻管制的现实制约

在理论上，区块链帮助新闻生产实现公开透明以及高效运作具有合理性，但在当前新闻生产的国际国内环境下，作为节点技术的区块链涉及节点共存与相互制约。一方面，中西方新闻生产的差异以及对区块链的阐释理解不同，且在短期内无法快速调和一致，因此将不同国家、不同机制的不同媒体纳入统一的区块链中管制目前来看为时尚早；另一方面，区块链在小范围内实现新闻生产透明已初显成绩，但如何突破新闻管制的界限成为区块链技术落地亟待解决的问题。

（三）区块链平台公开透明性带来的现实矛盾

区块链技术在媒体的应用限制还来自其自身技术的难题，在区块链内容生产平台上，信息以分布式存储方式被全程记录，不可篡改与删除，也就是说，在区块链新闻生产平台中，所生成的所有数据记录都同时存在，且同一项数据的多个副本同时存在，这必然极大地占用系统存储空间，导致平台的运作效率下降。

因此，在新闻生产平台上，内容全程记录所带来的公开透明性背后是对平台运行效率和发展空间的担忧。在人人求"快"的互联网时代，不可篡改特性与平台运作效率间的矛盾无法兼容，是制约区块链技术在媒体行业广泛应用的关键因素之一。

同时，当前我们处于信息爆炸的时代，媒体内容生产面临的具体实践是错综复杂的，对不同的信息需要灵活处理与区别对待，在不违反法律的前提下，互联网上的一些信息是允许被删除的。因此，区块链中信息不可篡改的特性在带来信息公开透明性等一系列优势的同时，也带来了弊端，如何处理好两者之间的冲突是区块链技术在媒体内容生产中进一步应用需要考虑与解决的问题。

(四)区块链媒体平台对公众参与的过度依赖

区块链新闻生产平台将公众作为把关人角色纳入新闻生产，在一定程度上遏制虚假和错误信息的发布，提高了新闻的准确性和真实性，但区块链技术应用并不代表媒体的内容生产一定真实，人人参与区块链构建的价值体系更需要很长的过程。①

一方面，当前中国互联网用户普遍对新闻的关注度较低，参与新闻生产的热情不高，内容生产对公众参与的高需求性与公众参与新闻生产的低积极性发生矛盾；另一方面，区块链内容生产平台对用户的参与程度要求高，对用户的基本能力素养要求也较高，对参与互动的用户的高要求导致区块链内容生产平台上的公众参与难以普及和面向所有人，使其用户参与规模受到一定限制。

区块链内容生产平台意在通过公众驱动内容生产，使媒体摒除广告等外界因素的干扰，可以不再过分依靠求快、求新、求猎奇来获取流量效应，转而更专注于生产深度报道。但在现实中，Civil、Steemit等区块链新闻平台仍是短时间内炮制的快餐型新闻受大多数用户的欢迎，而需要长时间调查、深度采访的新闻报道则获得的用户支持较少，因此造成了区块链新闻平台鼓励深度报道、鼓励严肃性调查取证的初衷与简单快速的内容受到鼓励的实际发生冲突。

在区块链媒体平台上，公众驱动媒体内容生产虽然意味着媒体受到外界干扰的程度变低，但同时也意味着媒体内容生产受到公众意志支配的程度更高，内容生产者的资金来源大部分来自受众，这必然导致内容生产朝着满足尽可能多的公众的需求方向发展，以此满足绝大多数人的偏好。受众需求虽然是媒体内容生产的考虑因素之一，却不是唯一因素，缺少制衡而过分追求用户需求仍会使媒体陷入忽视内容质量的陷阱之中。

五、结语

基于时间戳技术、点对点网络技术、分布式存储技术等带来的去中心化、数据可追溯、不可篡改的特性，区块链与生俱来的透明属性在一定程度上契合了媒体对新闻生

---

① 白龙.从区块链到媒体链：后真相时代假新闻事实核查启示[J].视听，2018(11)：146-148.

产透明性的需求。区块链技术为媒体创建了一个更加公开、透明、开放的环境，在这一环境之下，错误信息更容易被审核出来，优质的内容得到更好的保护，用户需求得到更好的尊重，这一系列的优化，将有助于媒体重获公众的信任。

但是，技术路径不是解决媒体行业乱象的唯一方式，更不是根本方式。我们审视并维护新闻的真实性，最终仍需要回到新闻真实性缺失的根本原因上来，而技术带给我们的只是破解新闻生产各种乱象的一种可能性方案。就当前的媒体应用实践来看，区块链媒体都处于初期的探索阶段，虽然新的技术应用从某种程度上满足了当前媒体、公众与社会的需求，但种种矛盾与冲突仍未解决，对区块链进一步推广造成了很大的障碍，对于其未来发展前景我们还需要进一步观望。

〔孙振虎，中国传媒大学电视学院教授；鹿艺佳，中国传媒大学电视学院广播电视学专业硕士研究生〕

〔特约编辑：付晓光〕

智媒新闻传播的教育理念演进与本土创新*

The Evolution of Pedagogics Ideas and the Local Innovations on the Practice of the Intelligence Journalism and Communication Education

◎ 吴炜华　张守信

Wu Weihua　Zhang Shouxin

摘要：在新媒体、媒介融合、虚拟现实等媒介概念与技术实践进入新闻传播教育的这二十年的变革历史中，探索新闻传播教育在智能传播视域下的新发展，是中国新闻传播教育界亟须考虑的理论课题。本文尝试从学科发展、专业融合、理论探寻三个层面，对智媒新闻传播教育理念演进、国际趋势与本土创新进行综述，并通过国际与国内相关案例的追踪与分析，建构出面向未来的智媒新闻传播教育的理念框架与创新设计。

关键词：智能传播；新闻传播教育；本土范式；融合；创新

Abstract: China's journalism and communication education have been long exploring the new possibility of advance development in the 20-year history of seeing the significant influence of the new media, media integration, and virtual reality entering the battle field of journalism practice. This article attempts to summarize the evolution of intellectual journalism education concepts, international trends and local innovations from the following three perspectives, the subject development, the professional integration, and the theoretical remapping. Through the trajectory analysis of the global and local cases, this article explores the possibility of the future-oriented, conceptual framework for intelligent journalism and communication education.

---

* 本研究得到教育部人文社会科学重点研究基地重大项目“中国传媒人才体系构建研究”（项目号：19JJD860001）的支持，是2019年度国家社科基金重大项目“我国新闻传播业人工智能应用现状与发展趋向研究”（项目号：19ZDA327）的阶段性成果。

Keywords: intelligent communication, journalism and communication education, local paradigm, integration, innovation

一、引言

新闻传播教育的教育方法、理念与模式正在经历着颠覆性的变革,这一变革顺应着智媒传播实践的不断创新而发展,我们幸运又焦虑地身处这个时代。在过去的二十年中,世界领域内的新闻传播教育开始重新寻访理论突破的可能与教学实践的重新定位,希望在信息技术革命的引导下,可以寻找到新闻传播教育与实践的全新思路。

2000年前后,美国哥伦比亚大学新闻学院开始尝试与计算机学院合作,开创了移动新闻工作站项目,运用较为笨拙的巨型平板电脑、沉重的GPS场景定位设备,以及有限的数据库来支撑“信息与传播技术(ICT)”化的教学演示。这次教学演示,预言了在随后的十数年间蜂拥而起的移动新闻实践与新闻传播理念的变迁,并从教育方法论角度,为新闻传播教育拓宽具有媒介融合、跨学科、智能传播的新视野指明了一个新方向。我们可以清晰地窥见这一方向在中外新闻传播教育中逐渐清晰和明确,并被赋予了丰富而多元的内涵与外延,呈现出极为活跃的创新趋势。在这一方向下,出现了大量的“移动新闻学(Mobile Journalism)”、“网络新闻(Online Newsmaking)”、“互联网与电视(Internet and Television)”、“融合新闻学(Convergence Journalism)”、“融合新闻实务”,乃至“创新新闻学”等创新型课程模块。

在新媒体、媒介融合、虚拟现实等媒介概念与技术实践进入新闻传播教育的这二十年的变革历史中,探索新闻传播教育在跨学科、大学科、智能驱动下的新发展,是中国新闻传播教育界亟须考虑的理论课题。本文尝试从学科发展、专业融合、理论探寻三个层面,对新闻传播教育领域跨学科发展的理念、趋势与热点现象进行综述,并通过对国际与国内相关案例的追踪与分析,建构出面向未来的跨学科新闻传播教育的理念框架与创新设计。

二、智能传播视域下的本土范式与探索

作为一个相对年轻的社会科学领域,新闻传播学一直经历着学科定位、理论归属和“分裂与融合”的诘难,新闻学与传播学在中国本土高等教育中的自我探索与联盟是

与中国媒介市场发展的客观规律密切相关的,“传播学与新闻学结盟”[①],“新闻学与传播学的融合”是一种具有中国本土特征的研究与教育现实,而不是一种想象[②]。这也使得新闻传播教育的跨学科模式有一种独特的本土性,兼具实务与研究、术与理的双重特征。而在智媒时代,这一双重特征分别聚焦于智能新闻与智能传播的应用实践。在新闻传播类专业院校中,这一本土范式在大学本科教育中是极为常见的,虽有侧重,但基本上是兼容并包,在课程模块的设计中,二者缺一不可。

而从更为广阔的社会科学的学科角度来审视和回顾新闻传播教育中的“跨学科”“大文科”的诉求及探索,我们会发现,这一教育理念并不是一个崭新的话题。如何“重视在新闻传播学专业教育之外的一门专业学科相对完整的知识系统的教育”[③],开拓“一种人文、社科与信息学科大跨度交叉的教学模式”[④],“打破专业壁垒”[⑤],“‘探索新闻传播专业—其他专业联合培养’机制”[⑥],一直在新闻传播教育业内有所涉及。这些多学科融合理念的初探,不仅高屋建瓴地揭示了新闻传播教育在面向新世纪、新技术、新社会与人文环境下的自我突围的尝试,更是指出了新闻传播教育的未来趋势。我们将从理论、理念及教育模式探索三个层次对此进行总结和分析。

随着数字化、网络化、智能化技术的日益发展,经济与文化力量的攀升,中国新闻传播教育必然面临着理论、理念与教育模式的重新定位,新闻传播教育“需要思考如何正确处理教育与国家社会、政治、经济、文化发展的关系……正确处理国际新闻传播教育的民族化与国际化、传统与创新的关系,使其找准在横纵坐标中的定位”[⑦]。如何在中国国家话语的重新思考、马克思主义新闻观新思维的更新[⑧]以及中国传统人文哲学的再度弘扬中,梳理西方化新闻传播理论并融会贯通,成为本土范式探索中的核心命题。对本土化的新闻传播教育理论的探索需要立足时代,扎根于中国社会文化哲学与地缘政治的新格局中,才能实现。简言之,中国的新闻传播教育理论需要中国式的定位。

其次,如何开拓和重塑大传播环境下媒介融合式的新闻传播教育理念。我们所面

---

① 张涛甫.社会科学:传播学合法性得于此,也失于此[J].新闻大学,2009(1):45-49.

② 陈力丹.新闻传播学:学科的分化、整合与研究方法创新[J].现代传播(中国传媒大学学报),2011(4):23-29.

③ 高钢.中国新闻教育改革的三个方向性融合[J].中国记者,2009(3):1.

④ 段鹏.关于中国新闻传播教育发展的思考[J].现代传播(中国传媒大学学报),2007(3):117-119.

⑤ 黄瑚.媒介融合趋势下复合型新闻传播人才的培养[J].国际新闻界,2014(4):144-149.

⑥ 蔡雯.试论新闻传播的变化与新闻教育改革[J].文化与传播,2013(1):1-7.

⑦ 高晓虹,赵晨.立足国家“战略”探索国际新闻传播教育的顶层设计[J].对外传播,2015(11):4-7.

⑧ 胡远珍.新媒体环境下马克思新闻观教育的新思维[J].新闻前哨,2014(10X):10-12.

临的现实困境是，新闻学和"传播学在元理论建设上还很薄弱，这成为制约学科深化发展的重要瓶颈"①，教学实践与理论研究更是"滞后于传播技术的发展和传播媒介的更新"②，而跨学科、大传播教学理念的重现建构与思考则是解决这一根本性难题的思路。"原有的新闻传播教育模式培养出来的单一知识结构的专业性人才已经为时代所抛弃，只有复合型新闻传播人才方能胜任当今的新闻传播工作"③。媒介融合不仅成为一种媒介现象和文化趋势，更成为当下最为急迫的教育革新命题④⑤。"新传播科技给新闻传播实务的教学和研究也带来了整合的要求……新闻实务要转变为新闻与传播实务"⑥。大文科——教育诉求的现实环境，要求我们突破传统的"大众传播"时代的新闻传播教育思维和束缚，从理念上首先摸清时代的脉络，融入时代的步伐之中。今天的新闻传播生态融合了大众传播、窄众传播、群体传播、社交传播的诸多元素，不是新闻传播专业与专业之间的竞争，更不是单纯的"内容为王"式的竞争，而是专业与非专业、内容与平台、大众传播与人际传播、传统媒介与计算机及移动媒介之间的竞争。对于新闻传播教育领域而言，如何破除传统的局限，开发适应这一时代的大新闻教育和大传播教育模式成为当务之急。

在泛媒体、沉浸媒体、智媒体的形态演进下，媒体呈现出现实高清、虚拟现实和超级智能的特征，未来将开启万物皆媒、人机合一、自我进化的智媒时代。新闻传播教育的改革，学科专业将根据智能传播作为元传播而重新进行结构设定⑦。在一种智能传播理论、理念的指引下，我们的教育模式、教育实践要与其相适配。中国传媒大学在探索学科教育转型与升级中，强调传统的文科或艺科培养模式与工科的培养模式打通和兼修，探索了一条"文艺工"交叉融合的新文科、新工科、新艺科的创新路径。近年来，在本科生培养层次陆续开设数据新闻报道、网络与智能媒体设计、数字娱乐、数据科学与大数据技术、智能影像工程、传媒大数据、智能媒体技术、智能融媒体运营等专业方向；在硕士研究生培养层次陆续新增智能传播、社会化媒体、视听新媒体、网络与未来社会、智能融媒体、全媒体报道、智能网络与大数据、5G/6G 智能媒体通信、虚拟现实技术、新人工智能与智能控制、人机交互、智慧媒体等专业或方向。廖祥忠提出智能传

---

① 陈蕾.试论范式概念在传播学研究中的方法论前景[J].国际新闻界，2012(11)：46-53.

② 张涛甫.社会科学：传播学合法性得于此，也失于此[J].新闻大学，2009(1)：45-49.

③ 黄瑚.媒介融合趋势下复合型新闻传播人才的培养[J].国际新闻界，2014(4)：144-149.

④ 卓光俊，杨尚鸿.媒介融合时代新闻教育改革的方向[J].新闻研究导刊，2008(5)：13-14.

⑤ 骆波.浅谈媒介融合时代新闻教育改革的方向[J].新闻研究导刊，2015，6(11)：198.

⑥ 陈力丹.新闻传播学：学科的分化、整合与研究方法创新[J].现代传播(中国传媒大学学报)，2011(4)：23-29.

⑦ 廖祥忠.未来传媒：我们的思考与教育的责任[J].现代传播(中国传媒大学学报)，2019，41(3)：1-7.

媒教育范式，并通过“传媒＋”的模式开拓新兴的交叉学科或专业，如与大数据、脑科学、网络信息安全等新兴理工科交叉融合，或与社会学、管理学、历史学、语言学等社会科学交叉融合。基于此，中国传媒大学在原有的新闻传播学科和教育资源的基础上，涉足智能传播中的 VR/AI 新闻，设置了脑科学与智能媒体、数据新闻、计算语言学、计算传播学等专业，展开与智能传播时代新闻传播教育改革、社会需求和人才培养变革的对话及协商。

在过去的数年中，“网络与新媒体”成为中国新闻类院校的一个专业热词，它也成为“与新闻学、传播学、广播电视学、广告学、编辑出版学并列的二级专业……凸显了高等教育对信息时代网络传播人才培养的重视，体现了新闻传播院系对传播媒介发展趋势的关注和跟进”①。研究发现，虽然目前全国已有 140 所院校开办了网络与新媒体专业②，但大多数高校仅仅是迈出了踉踉跄跄的第一步，因为过度迎合人才市场的需求，有些高校每年都试图更换专业名称，而由于缺乏课程模块开发的持续性和经验性总结，实质上是新瓶装旧酒。另外，“多数高校强调‘宽口复合’的交叉人才培养模式，在课程设计上选择理论基础、新闻业务、互联网技术、媒介经营管理、营销公关、视听软件应用等课程模块，且大部分课程属于‘概论’或‘通论’课程，课程间的相关性较弱”③，“专业设置标准降低，一元化的学术评价制度，专业教育视野过窄，课程体系存在结构性缺陷”等问题较为明显④。周茂君、罗雁飞（2019）通过对国内 55 家开设新闻传播专业相关院校展开的定量研究发现，当前新闻传播学专业本科层次的核心课程范围在扩大，呈现出明显的“跨学科”特征，但原有课程体系与新增课程之间的矛盾突出，院系对核心课程设置的自我满意度普遍不高。同时，调查结果显示，推动新兴技术或人文社科等特定知识体系的模块化课程的由“分”到“合”，加强媒介融合、社会学类、大数据分析、新媒体技术、数字前沿知识等课程的设置，成为新闻传播教育界的共识，另外还需要增强学生在技术和理论融合、基础知识与应用能力融合方面的综合素养与能力⑤。

---

① 鲍立泉，胡佩延.新媒体专业教育定位研究[J]. 现代传播（中国传媒大学学报），2014，36(8)：132-136.

② 栾轶玫，何雅妍.融合技能 智能素养 价值坚守——多元时代的中国新闻教育变革[J].新闻与写作，2019(7)：34-42.

③ 鲍立泉，胡佩延.新媒体专业教育定位研究[J]. 现代传播（中国传媒大学学报），2014，36(8)：132-136.

④ 王哲平.中国新闻传播教育：约束条件与可能的突破口[J].现代传播（中国传媒大学学报），2014，36(10)：135-139.

⑤ 周茂君，罗雁飞.我国新闻传播学本科专业核心课程设置研究——基于 55 家院校调查数据[J].现代传播（中国传媒大学学报），2019，41(8)：157-162，168.

吴炜华、张守信通过 QCA 定性比较分析方法,展开了新闻传播教育改革、人才培养与行业需求之间的要素识别与对话,发现了专业能力、个人能力与思想素质、智力素养、人文与科学素养、新技术素养等五个有关新闻传播教育改革的关键影响因素及其重要度排序[①],同时指出技能养成、交互编创、跨界协同成为行业对新闻传播教育改革与人才培养的突出诉求,并以此为基础,在智能传播环境中进行着学界与业界的理论、理念与教育模式的流动性实验力场的探索与尝试[②]。胡百精认为新闻学教育产生于现代化历程的模式 2(经济适用)阶段,并将在模式 3 阶段更加注重“多样连接、跨界融合、网络化创新和生态式成长”,学构建将走出独立封闭的空间,不同学科在不同层面和节点多样共生、彼此增益[③]。

因此,在理论更新与理念探索的基础上,如何开发出一系列具有快速反应机制的新闻传播、广播电视与新媒体的融合性课程和实践教学模块,以应对日新月异的媒介生态、产业结构和人才需求的变化,则是本土新闻传播教育范式探索中最具实践意义的命题。比如在无人机新闻实务的探索中,中国农业大学媒体传播系所启动的“影像成长扶植计划(2014)”,中国传媒大学的“无人机航拍技术体验公开课(2015)”和新闻传播学部电视学院无人机新闻传播师资培训计划(2016)等,就是对此命题的快速反应,在随后的教学和实践创作中,无人机的应用和推广必然成为中国新闻传播教育与新媒体融合性课程的创新实践。此外,高校相关新闻传播/媒体实验室的建设,也成为新闻传播教育理念、教学教法更新的试验田。从单一教学功能到产学研多元功能重组,一些高校已建成或开始建设涵盖人工智能、大数据、物联网、脑科学、人机交互/融合等的“代表未来技术发展方向的新型媒介实验室”[④],并成为指引行业智能化发展趋势、输出前沿信息传播研究成果、面向社会及市场服务的高端学术科研与服务平台,同时也是培养融合传播、交互编创、多学科交叉等复合型人才的实践基地。如中国传媒大学立项建设的“智能融媒体教育部重点实验室”及其重要组成部分——电视学院“智慧融媒体联合实验室”、中国传媒大学获科技部批准成立的“媒体融合与传播国家重点实验室”、中国人民大学与企业合建的“智慧媒体未来实验室”、复旦大学与业界机构合

---

① 吴炜华,张守信.全媒体人才之业界需求:基于定性比较分析方法[J].现代传播(中国传媒大学学报),2020,42(3):154-161,168.

② 吴炜华,张守信.面向智能传播的数字出版人才培养定性比较研究[J].现代出版,2020(2):23-31.

③ 胡百精.大学现代化、生态型学科体系与新闻传播教育的未来选择[J].中国人民大学学报,2019,33(2):132-139.

④ 栾轶玫,苏悦.融媒体时代中外媒介实验室比较研究[J].出版发行研究,2019(8):53-60.

建的“数据未来实验室”“内容创新实验室”等，均已走在高校未来媒体实验室建设与新闻传播教育改革的前端。

三、智媒新闻传播教育的融合进路

中国新闻传播教育不仅站立在本土化的新闻学与传播学的融合力场之中，更经历着一场跨时代媒介融合技术与文化的冲击。与此同时，它还在互联网环境、数字影像生产与消费、移动与社交媒介、智能传播的多重浸润下成长起来。具有“媒介化融合”特征的传媒专业人才，其人生观和世界观的塑造、知识的获取、信息的分享及媒介的消费与学习方式，都深深融入网络化传播的大趋势之中。理论、过程与受众共同呈现出一种不可阻挡的融合趋势，我们也将从理论、理念和教育创新模式这三个方面进行梳理和总结。

在新闻传播教育中寻找全新的跨学科理论融合出路，不仅意味着要寻找到切合中国本土学生的、具有中国特色的“人文—历史—哲学”的思维方式与科学方法论思维方式结合的新方向①，更重要的是如何引入最新的新闻传播理论——即使是不成熟的、实验性的、争议性的，却也具有开拓性和思辨价值的理论——进入当下的新闻传播教育理论之中，这是面向所有新闻传播教育者和研究者提出的新挑战。门诺维奇的“新媒体语言”、雪莉的“跨媒介叙事”、隋岩的“群体传播”、刘宏的“社交传播”都是在全新的理论融合框架下提出的学理建树，更不用提在新闻实务环境中层出不穷的先锋实践，如“数据新闻”“VR新闻”“全景新闻”等，它们纷纷融入传统的新闻传播理论中，彰显出旺盛的学术生命力与实务开发的时代性特征，也满足了当前业界与专业人才的理论渴求。

其次，在教育理念的创新上，我们也要在未来的教育教学设计中，将政治学、语言学、社会学、文化学、艺术学、计算传播学、神经传播、认知科学等学科的通识教育和相应的专业教育框架结构到新闻传播教育之中。以往，在具有综合性大学背景的新闻传播类专业院校中，凭借学科、专业、师资、课程等的综合性优势，这种交叉性、融合性理论型课程普及和教育需求以学生自发研习的形式进行，那么如今，如何打破专业或院系的壁垒，重新设计“国际新闻传播”“媒介与社会”“新媒体艺术传播”“新媒体编辑”“融合新闻报道”“数据新闻实务”等这类综合了计算机科学、网络传播、新闻传播学的交叉性课程，将编程、交互编创、App设计、大数据分析等教学模块嵌入其中，也就成

① 陈力丹.新闻传播学：学科的分化、整合与研究方法创新[J].现代传播（中国传媒大学学报），2011(4)：23-29.

了新闻传播教育改革的直接目标。在这一改革目标理念的指引下，中国传媒大学新闻传播学部整合了优质的语言学、计算机科学、媒介社会学、统计学等师资，正在逐步设计出更具前沿意识的、更能挖掘学生潜力的实验性教学模块。

最后，如何运用更为互动、浸润式、智媒化的教学模式，以学生为主体，重新架构教与学、讲授与分享、个人创作与社会服务的多重关系，探索新闻传播教育的创新领域，是一个全球性的趋势，更是一种新教学关系、新知识传播范式的展现。在创新传播的概念下，虚拟新闻（VR Journalism）、计算传播（Computational Communication）、社区融入（Community Engagement）、认知传播（Cognitive Communication）、交互新闻（Interactive Journalism）、受众与融入（Audience and Engagement）、信息视界（Information Landscape）、编码与设计（Coding and Design）、数据新闻（Data Journalism）、数据报道（Data Reporting）、数字叙事（Digital Storytelling）、媒介创新（Media Innovation）、非虚构叙事艺术（The Art of Narrative Non-fiction）等课程纷纷进入世界各国新闻教育的领域，而这些课程也被学生们广泛认为是最具创意性的课程。教学模式与课程的创新，另一方面还体现在新型媒介实验室的建设上。从国际新闻教育与实验室教育现状来看，美国侧重生物科技、认识神经、行动等领域的结合，如高校中较为流行脑科学、神经科学与传播学交叉共融的实验室；英国则在数据新闻方面较为领先，并且数据与新闻的研究，与社会学、人类学等学科密切结合、相互观照，如卡迪夫大学数据正义实验室所探索的数字进程与社会正义问题，这其中涉及数字隐私、权利结构等诸多方面的研究①。

虽然受限于师资和教育技术更新的滞后，目前中国的新闻传播类院校全面开发相似课程仍有难度，但近年来，VR 和 360 全景新闻报道与制作也开始逐渐进入课堂。例如中国传媒大学新闻传播学部举办的荷赛新闻摄影展以及正在建设中的全媒体互动课堂，多屏互动、VR 技术和 360 全景报道已经在教学实践中有所应用，假以时日，这些也将成为我国新闻传播教育改革的新亮点。依托于新型媒介实验室，许多高校开展了创新性课程的探索以及人才培养与新型信息传播技术对接的实践性训练。如中国传媒大学新建成和运行的国际一流水平的“1400 平方米 4K 超高清演播馆”“全媒体运行中心”，为学生提供了交互编创、虚拟新闻生产、多端发布等融合性创新课程及实训机会。此外，类似的新型媒介实验室与创新性课程开发对接的案例还有重庆大学新闻学院的“灾难事件融合报道虚拟仿真”实验项目；中国人民大学新闻学院依托“智慧

① 栾轶玫，苏悦.融媒体时代中外媒介实验室比较研究[J].出版发行研究，2019(8)：53-60.

媒体未来实验室”在智能化新闻线索发现、新闻产品智能化推荐等方面展开的深入研究，实现了其对课程创新的支持。陶建杰、林晶珂在针对 15 家新闻传播院系人才培养方案的文本分析中，发现其中有 13 家开设了数据新闻相关的课程、10 家开设了全媒体内容生产课程①。“融合技能”类课程已经成为中国新闻传播教育中课程设置的基本模块，如中国传媒大学新闻传播学部开设的《融合新闻报道与制作》《融合新闻学》《新媒体交互设计》、中国人民大学新闻学院开设的《跨媒体传播实验》《融媒体视听表达》《融媒体报道出镜主持》、华中科技大学开设的《视觉新闻报道》、南京大学开设的《新闻可视化》《媒介融合》等。同时，伴随智能传播生态的形成，“智能素养”教育也成为新闻传播教育改革的着力点，一些院校开设了 AI、大数据、VR 等技术与新闻传播学交叉课程或专业，如《人际互动设计》《交互式数字动画》《未来互动电影》《数据新闻》《大数据与舆情分析》等②。此外，中国传媒大学还以“智能”“脑科学”“新闻传播”相交叉的领域，成立了“脑科学与智能媒体研究院”，开展大脑仿真、新人工智能、智能媒体、艺术认知等相关领域的科研实践和人才培养工作。

四、结语

中国当前的新闻传播教育正处在技术革新、社会变迁与文化迭代的力量博弈之中，其理论的重新建设、教育理念的重新设计与推广、教育模式的实践与运用，反映了这一时代最具有挑战性的知识生产与教育传播诉求，对跨学科视域下新闻传播教育理念、趋势与创新的审视、回顾与探讨，是应对这一诉求的必要研究。我们也寄希望于在具有中国特色的新闻传播价值理性和人文精神的追索中，寻找到一条更具前瞻意义和创新价值的新闻传播教育改革之路，以发现其在教育实践与理论贡献上的新意。

〔吴炜华，中国传媒大学电视学院教授、博士生导师；张守信，中国传媒大学电视学院互联网信息专业博士研究生〕

〔特约编辑：付晓光〕

---

① 陶建杰，林晶珂.技能、知识与素养：中国新闻传播本科人才的培养现状与现实回应[J].新闻与写作，2020(7)：5-14.

② 栾轶玫，何雅妍.融合技能 智能素养 价值坚守——多元时代的中国新闻教育变革[J].新闻与写作，2019(7)：34-42.

传播领域引入区块链技术的逻辑解读与哲学反思*

Logical Interpretation and Philosophical Reflection on the Introduction of Blockchain Technology to the Field of Communication

◎ 徐笑菡　李岭涛

Xu Xiaohan　Li Lingtao

摘要:本文在概述目前传播领域引入区块链技术学术研究和实践应用情况的基础上,分析了传播领域引入区块链技术的三个驱动因素及其引入区块链技术后将产生的诸如盘梳新传播逻辑、促进传播理念转向等方面的影响,论证了传播领域引入区块链技术所具备的合理性。

关键词:区块链;新传播逻辑

Abstract: Based on an overview of the current academic research and practical application of blockchain technology being introduced into the field of communication, this paper argues the rationality of the integration of blockchain and communication by analyzing the three factors that led to the practice, the impact of the fusion of blockchain and communication, such as the blockchain helps to reshuffle the logic of broadcasting and to promote the communication concept shifting.

Keywords: blockchain, new communication logic

媒介传播领域的发展始终与科学技术的发展密切相关,5G通信技术的普及应用,为万物万众互联提供了技术基底,而万物万众皆为媒介且信息泛在的传播环境对传统媒介观念和传播理念产生了巨大挑战,呼唤以新思路梳理传播新逻辑、以新技术的引入来适应传播新环境的发展、以新思维来思考技术引导下的传播理念转向。

近年来,源自比特币(Bitcoin)底层技术的区块链技术,"作为一种去中心化的分布

* 本文为国家社科基金重大项目《智能化背景下全媒体传播体系建设的理论与实践路径研究》的阶段性成果,项目批准号:20ZDA058。

式数据库，解决了价值传输问题，因其去中心化、不可篡改、可追溯等特性而迅速应用于金融领域，大大提高了金融领域的数据传输效率和交易的安全性，因此成为共享经济业务的理想数据库平台”①。更有学者认为，“区块链技术是继大型计算机、个人计算机、互联网、移动社交之后的第五次颠覆式计算范式，是人类信用进化史上继血亲信用、贵金属信用、央行纸币信用之后的第四个里程碑”②。

在万物万众互联皆媒的环境中，区块链技术也正在对传播领域产生着影响并被越来越多的学者认为可应用于传播领域。因此，研究区块链技术与传播活动之间的关系对于传播学的发展十分重要。传播领域引入区块链技术是由哪些因素所共同驱动的？区块链技术的引入将对传播理念、传播环境造成怎样的影响？传播领域引入区块链技术又是否存在其合理性、必要性？本文将针对以上这些问题作出思考和探索。

一、区块链技术的学术研究与行业实践现状

在中国知网以“区块链；传播”为关键词进行跨库文献检索，可以发现相关文献量自 2016 年以来呈现明显上升趋势（见图 1），且研究内容涉及了信息内容的生产、传播、接受、反馈等各个方面（见图 2）。

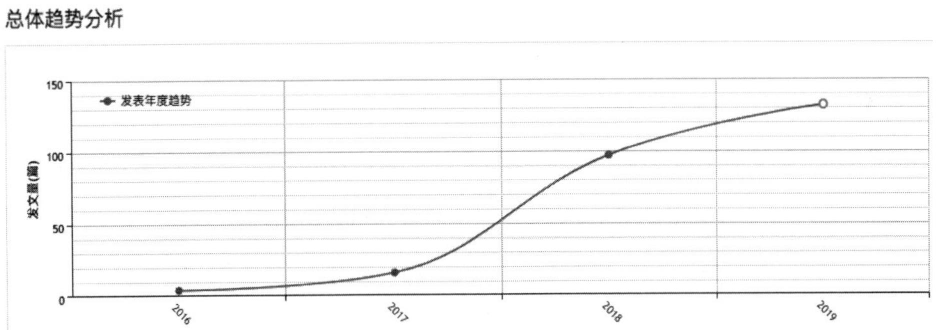

图 1

在区块链技术原理的梳理方面，计算机与物联网背景的研究者分别从区块链的技术基底、拓展应用及前景阐释、道德伦理与立法监管等角度进行了学理论证。

在区块链技术与传播学相结合的跨学科应用探索方面，传播学、新闻学背景的研

① 邵奇峰，金澈清，张召，钱卫宁，周傲英.区块链技术：架构及进展[J].计算机学报，2018(5)：969-988.

② EKT 多链技术浅谈区块链技术在传媒业的创新应用[EB/OL].(2019-03-29)[2019-09-30].https://cloud.tencent.com/developer/article/1408356.

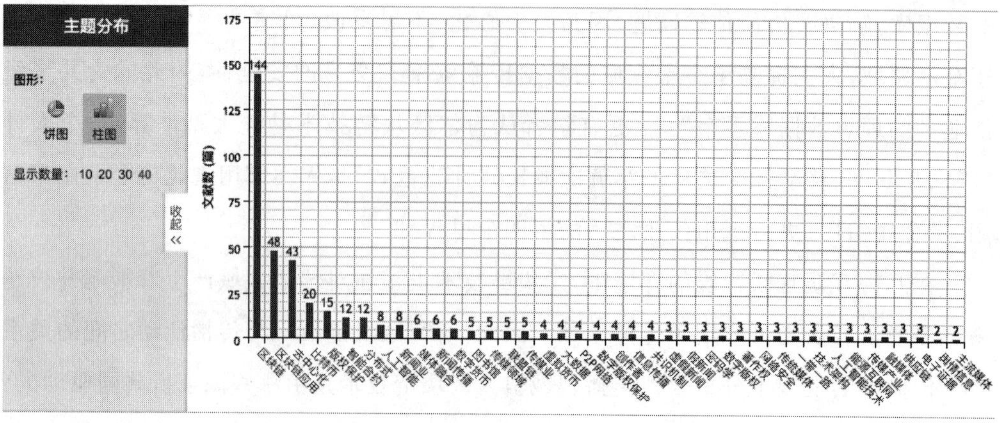

图 2

究者分别从区块链技术在传播领域应用前景的宏观探索,在内容生产、舆情监测、版权保护等具体领域的区块链技术引入论证等角度展开了理论研究,试图探索“在全媒体环境构筑的后真相语境中如何利用区块链技术在新闻真实性运动中获得对事件发展全貌的动态观测”①。

在区块链技术的发展和应用方面,目前已经引入区块链技术的具体实践包括:信源认证与内容审核、版权保护与资产管理、内容生产与新闻众筹、原创内容与版权收益、舆情分析与舆论环境等。例如,《2018 年传媒业技术趋势报告》中曾对未来新闻业样态作出预测——未来可能会出现一个可以交换可信新闻、筛出假新闻的网络系统,即新闻公共账簿。又如,目前依托于区块链技术中“智能合约(smart contracts)”技术,已可实现:在公共线上社区里,用户通过点赞或社区虚拟货币等形式赞助创作者原创作品——柯达公司推出的照片版权管理平台 Kodak One 即是依托于区块链技术进行原创保护的尝试。同时,由于区块链技术所具备的不可篡改性,任何针对上链信息的篡改都会被记录,任何造假都会被追踪,这确保了对区块链每个传播节点上信息真实性的监测。

二、传播领域引入区块链技术的驱动因素

传播领域引入区块链技术的潮流,呈现出技术先行、以技术应用为研究导向的态势,这导致目前区块链应用类与发展方向探索类的研究较多,而从学理角度观照该现

① 喻国明,冯菲.区块链对后真相的重新建构:“分散—聚合”模式的设想[J].现代传播(中国传媒大学学报),2019(5):1-4,14。

象形成过程的溯源性研究较少。

因此，梳理传播领域引入区块链技术的内在动因与外驱因素，实则是发展区块链技术、实现传播领域智能化建设的题中应有之义。

(一)技术基底具有一致性:植根于网络技术的区块链与媒体融合

计算机技术的发展推动了密码学的精进，互联网的出现则刺激了货币及金融概念的拓展。从1977年提出的RSA算法(公钥密码学)到1982年兰波特提出的“分布式记账算法与共识思想”，再到1997年以哈希现金—工作量证明系统，以及用时间戳的方法来保障数字文件安全，区块链密码学支撑技术的沿革显然与算法编程的演进、计算机技术的提升密切相关。此外，仰赖于日新月异的计算机技术，哈耶克在其著作《货币的非国家化》中所大胆设想的“非主权货币”“竞争发行货币”等概念才得以与不断精进的密码学理念相融合，并最终以“密码学货币”的概念形式成为区块链的技术基底。

计算机技术的出现革新了信息内容的生产方式，互联网及通信技术的迭代则加速着传播方式的转型。从“黑纸白字”到电磁波刻录，再到光电转换技术支撑下的彩色图像摄取与重现，及至目前以数字比特为基本单位的信息数据，信息内容的载体从现实空间中的物理介质拓展到了虚拟世界中的“云端”。接入网络的便捷性也引发了信息内容生产群体的扩大化与生产方式的多样化。此外，互联网包罗万象的平台属性，也在推动传统媒体网络化的过程中促进着不同媒介形式之间的有机融合以及媒体与其他不同产业之间的深度融合。

计算机技术、通信技术与网络技术的设计及应用，均是为了实现人与人、人与物、人与社会的多元化、多维化、多样化连接，如今，其发展已经使得互联网成为社会的基础连接方式。区块链技术及媒体融合的技术基底也植根于社会依赖互联网实现全面连接的大环境，其核心技术的关键词都是“连接”“融合”“协同一体化”。

(二)外显模式具有相似性:区块链的技术层级与传播的分层结构趋同

区块链与新媒体均植根于计算机技术、现代通信技术和网络技术，不仅具备类似的技术基底，还在数据准入机制、信息传输分层逻辑等外显模式上呈现出一定的相似性。

1. 区块链的分层逻辑概述

区块链技术的作用主要体现在解决三对矛盾上，即庞大数据流与有限数据库算力的矛盾、中心化控制与分布式数据需求的矛盾、多数据源流与信息安全的矛盾。

以解决以上三对矛盾为中心，区块链技术形成了以下三个核心层级：数据层，包含分布式区块数据、链式结构、非对称加密技术，能容纳海量加密数据；网络层，以 P2P 网络为传播机制，确保数据可进行去中心化、去中介化的点对点传输；共识层，凭借链上节点一致认可的数据更新规则，使上链信息能够按照统一规则进行管理。

为了实现整个区块链系统的自主、自动运转，围绕数据层、网络层、共识层这三个核心层级，区块链技术延展出鼓励全网节点参与数据记录和维护的激励层，以及通过算法机制实现智能合约运转的合约层，也因其环环相扣的闭环逻辑，逐渐被运用到准入机制和限制程度由高到低的私有链、联盟链、公有链中的不同场景中(见图 3)。

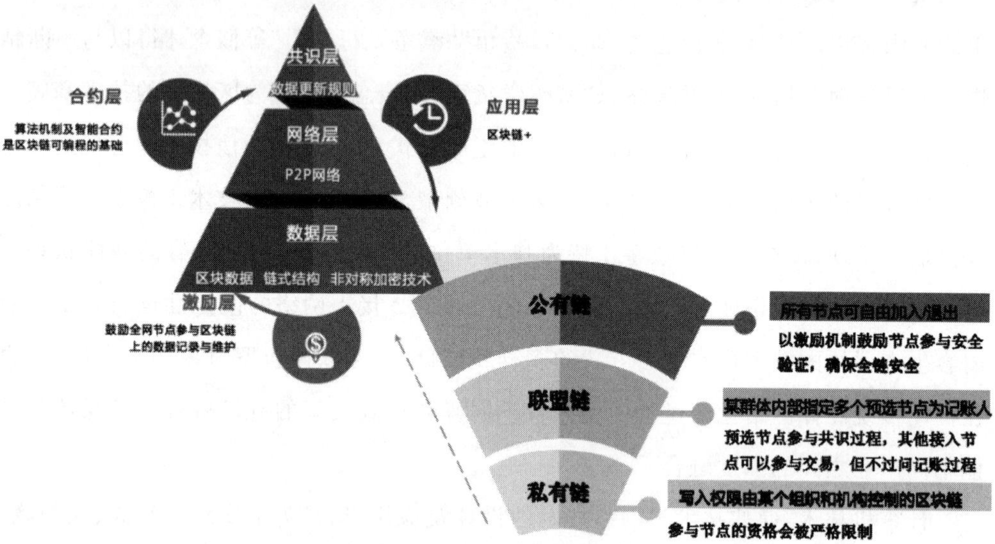

图 3 区块链层级结构示意图

2. 传播环境的分层结构

梳理清楚区块链技术的层级结构后，可以发现，其由数据层、网络层、共识层组成的核心层级与当前的传播环境极为相似：

互联网为信息内容传播提供了极大的便利，也成为当前信息内容传播的主要渠道。当来自不同媒介的信息内容汇入互联网之后，其基本单位均变成了二进制编码 0 与 1 组成的数据，这构成了传播领域的数据层；信息数据汇集之后，通过不同个体/群体/群落/圈层交织而成的传播网络进行传播，继而织就了传播网络；在传播过程中，则需要通过几轮信息认证、筛选、留存、发布，从而形成不同观点，引发舆论，或将达成对某事件基础信息的共同认知(见图4)。

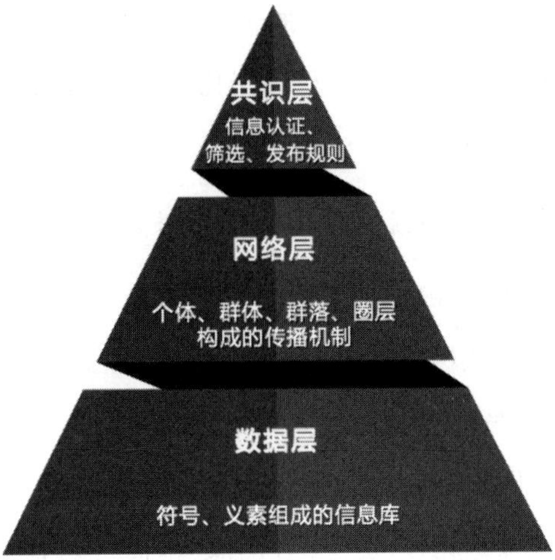

图4 互联网语境下的信息传播基层逻辑

由此可见,将区块链技术引入传播领域进行实践的另一驱动因素在于:在区块链与当前传播环境的外显模式方面,具有技术分层逻辑及层级结构之间的相似性和适配度。

(三)外驱因素的迫切性:媒体性质与传播发展的需求

区块链与传播的技术基底的一致性和外显模式的相似性可看作二者之间进行融合尝试的内驱动力,除此之外,传播领域引入区块链技术的外驱因素也不容忽视。

1. 我国传播事业性质要求强化管理

就媒介信息内容的属性而言,其因同时具备使用价值和交换价值而具有一般商品特性,同时媒介信息内容因具备意识形态传播的功能而兼具政治属性,因此媒介信息内容所属的传播事业也因其意识形态性质而具备上层建筑属性、因其商品特性而具备经济基础属性。传播事业具备上层建筑属性,则意味着"它必须在坚持党的四项基本原则的前提下从事党和政府所规定的宣传任务"①,才能为人民服务,为社会主义服务,为全党全国工作大局服务。

面对随科学技术发展而迅速迭代的媒介环境,习近平总书记强调:"全媒体不断发展,出现了全程媒体、全息媒体、全员媒体、全效媒体,信息无处不在、无所不及、无人不

① 李良荣,沈莉.试论当前我国新闻媒体的双重性[J].新闻大学,1995(2):6-8.

用,导致舆论生态、媒体格局、传播方式发生深刻变化,新闻舆论工作面临新的挑战。"①习近平总书记通过这段重要论述,强调了媒体发展的本质内涵,要求媒体工作者从"四全媒体"的规律出发,结合媒体发展变化的实际,做到因势而谋、应势而动、顺势而为,加快推动媒体融合发展。

2. 网络环境衍生问题呼唤借助技术手段开展治理

第一,网络空间放大传播噪声,呼唤真实信源求证。

网络空间的便捷性、接入网络的低门槛、移动终端的可操作性提升等因素,共同构成了当前极具开放性的互联网传播环境——人人都可发布信息,信息传播者与接受者之间的界限再不像从前那样壁垒分明,所带来的问题则是信息容量的指数级增加、传播渠道的超饱和运转,以及舆论声场中噪音的放大,而这在2019年新冠疫情暴发期间表现得尤为明显。面对突发公共事件,及时、准确、科学、有效的信息传播,对于社会秩序的稳定与大众心理的调节至关重要。事实证明,当前网络空间中越来越大的传播噪声呼唤强化对真实信源的筛选与求证。

第二,网络空间加剧代际矛盾,呼唤入网用户管理。

我们所处的时代,是一个被科技进步全面主导的全新时代。中国自封建社会迈入社会主义初级阶段后迅速完成了现代化,从农业文明瞬即进入工业时代,随后迅速遭遇互联网的冲击,经济上后发优势的势能释放出核裂变级别的威力,颠覆着我们的社会生活。主导新型话语体系的年轻人与仍然对社会丛林法则具有话语权的前辈形成了鲜明激烈的话语冲突,代际矛盾空前加剧。

同时,我国人口基数大,人们的受教育程度存在差异,媒介素养水平不一,对于媒介内容的判别能力和需求角度也不甚相同。截至2019年6月,我国初中、高中/中专/技校学历的网民占比分别为38.1%和23.8%;受过大学专科、大学本科及以上教育的网民占比分别为10.5%和9.7%(见图5)。

代际矛盾的冲突亟待缓释,相对较低的受教育程度也代表着网络使用者群体管理难度的加大,如此复杂的群体特征也意味着传统的人为管理方式很难快速、及时地适应网络环境瞬息万变的发展走向,因此,呼唤从技术流程上提升全网用户信息发布的

① 习近平主持中共中央政治局第十二次集体学习并发表重要讲话[EB/OL].(2019-01-25)[2020-06-30]. http://xinhuanet.com/politics/leaders/2019-01/25/c_1124044810.htm.

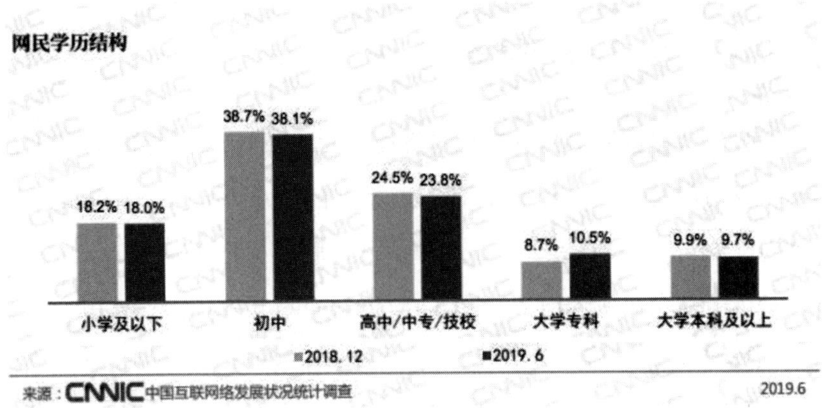

图 5　我国网民学历结构①

记录，强化信息内容的丰富性与公开性。

第三，网络空间埋藏安全隐患，呼唤技术保障攻坚。

在互联网空间中，个体已不单纯是传统意义上的自然人属性，而是不同标签汇集在一起的互联网用户，更是联结不同关系网络的万千节点。而作为与万物互联的节点，人因信息交互而每时每刻都处在快速的迭代过程中。同时，在人与万物互联的网络空间中，多样化终端也共享着智能网络和所有开源数据，并通过智能网络和机器学习在镜鉴中持续迭代。

在这种环境下，现实空间中借由不同传播渠道而形成的社交群体，以及虚拟空间中聚合的圈层都是跨地域且泛在的，虽然释放出更多的传播潜能，却也使得传播安全性隐患随之增加。由于不同圈层内部自成体系的内容不断深化发展，个体在社交媒体上追求个性、独立思辨的特征日趋明显，但也因信息选择的自主性而难以避免信息获取覆盖面的收窄，导致越来越多的个体只关心自身圈层的内容和讨论，久而久之，则容易在圈层内部形成被小部分人所主导的集体无意识，从而引发群体极化的现象，影响网络空间秩序的和谐运转。

以 5G 通信技术为主导的万物互联时代即将到来，我国“新型基础设施建设”的总体布局也在顶层设计的利好政策引导下全面铺开，技术的作用被突出强调。这要求我们在传统的治理方式基础上依靠高新科技来进行管理体制与传播运行机制的梳理、调整，进而保障传播环境的安全和有序。

① CNNIC.中国互联网络发展状况统计报告[EB/OL].(2019-08-30)[2020-06-30].http://www.cnnic.net.cn/hlwfzyj/hlwxzbg/hlwtjbg/201908/P020190830356787490958.pdf.

三、区块链技术的引入对传播领域的影响

一段时间以来,在传播工具革新与网络技术发展的双重加持下,传播的门槛逐步降低,入网用户均可成为信息发布者,而不断丰富的信息内容生产者也逐渐按属性被划分为 OGC(Occupationally-generated Content,职业生产内容)、PGC(Professional Generated Content,专业生产内容)、UGC(User Generated Content,用户生产内容)。不论是哪种类型的信息内容生产者,他们首先都越来越倾向于使用多样且丰富的内容生产工具和信息传播介质。在此基础上,信息内容的呈现形式、体裁类型也不一而足。其后,随着工具使用、传播渠道及内容形式的融合,为了达到传播效果,专业程度、话语体系及信息准入机制并不相同的 OGC、PGC、UGC 也逐渐展开不同形式的合作,甚至在不同的传播活动中凸显出越发明显的合流趋势。而在顶层设计方面,自 2014 年 8 月 18 日中央全面深化改革领导小组第四次会议审议通过了《关于推动传统媒体和新兴媒体融合发展的指导意见》以来,媒体融合一直被作为国家发展战略进行布局,现已步入纵深发展阶段。但需要注意的是,当前媒介融合的实践中也呈现出三个无法回避的困境。

一是结构性困境,它根源于我国媒介管理体制。自新中国成立至改革开放前,我国媒体始终秉承“不搞经营、专事宣传”①的宗旨,后随经济体制改革而转变为“事业性质,企业管理”②,而在“审批制度、主管主办制度、行业管理制、属地管理制”③的长期统摄下,媒体虽获益良多,却也因被过度保护而无法适应互联网时代的媒介竞合格局。

二是理念困境,它根源于我们所拘泥的思维定式。具体表现为,人类面对新媒介技术时所本能表现出的抗拒,以及简单地以“传统媒介转型”来理解“媒介融合”,因而忽视了“作为一种‘内容’,旧媒介是被化入了新媒介之中,而且属于其不能分割的有机部分,好似旧零件组装出了一部新的机器”④。

三是前两个困境所同构的技术窠臼,它表现为拿来主义支配下对新媒介技术的单向度工具化运用,即仅从技术手段、媒介所有权、信息采集方式与传播渠道等角度进行不同媒介技术的结构性整合,而鲜少凭借内容效果这一长远、纵深视角来宏观布局议

① 李良荣.新闻学概论[M].上海:复旦大学出版社,2001:98.

② 李良荣.论中国新闻媒体的双轨制——再论中国新闻媒体的双重性[J].现代传播,2003(4):1-4.

③ 朱鸿军.媒体融合的关键:传媒制度的现代化[J].现代传播,2015(5):6-11.

④ 托马塞洛.人类沟通的起源[M].蔡雅菁,译.北京:商务印书馆,2018:252.

程设置，以真正实现媒介之间的有机融合。

事实上，如前所述，区块链之所以能够被引入传播领域，是因为作为互联网基因驱动下的技术体系，其技术逻辑方面的层级结构与互联网语境下信息传播底层逻辑具有相似性，也因此，它更易通过技术思维协助传媒学界与业界调整思路以面对当前纷繁复杂的传播环境。

(一)区块链技术视角下的新传播逻辑

当我们以区块链的技术逻辑透视当前的传播环境时，我们可以根据区块链的私有链、联盟链、公有链的层级特征、准入机制与信息管理等特点，梳理当前媒介融合进程中的传播新逻辑。

区块链的私有链、联盟链、公有链的相互嵌套的网络层级分布特点、准入机制、节点选择及链内管理，与当前传播领域中的 OGC、PGC、UGC 三种信息内容生产方式各自代表的平台之间的传播专业度等级划分、信息准入机制、传播节点选择、平台内部管理等特征十分贴近。

从层级特征看，区块链的公有链完全向所有用户公开，不必注册即可匿名查看，无须授权就能访问和交易，节点可自由出入网络并随时记录任意交易信息；与公有链相似，传播领域中 UGC 平台上的信息内容生产与传播是完全开放的，普通入网用户即可成为信息的传播者且能与各类传播节点互联互通。联盟链中，各个节点对应着可进行交易的不同实体，且节点只有通过授权才能加入/退出网络，同时，各交易实体可组成利益相关的联盟，共同维护链的运转；而 PGC 平台代表内容生产的专业水平，相当于传媒领域的职业联盟，会因不同传播目的而展开互利合作，这与联盟链相似。私有链中各个节点的写入权限往往由某一组织掌控，读取权限可视需求有选择性地对外开放；与私有链相对应，OGC 平台因掌握国内外独家信源渠道、机构体量庞大、专业化程度最高而代表职业权威，同时其信息传播的过程自成闭环、自有一套话语体系。

从准入机制、传播节点选择与平台内部管理等特征看，交易信息与传播节点在不同层级的区块链中“去中心化”的程度不同：公有链呈现出完全去中心化的特质，能够共享经过确权后上链的任何交易信息；联盟链挑选公有链中的哈希值上链；私有链再从联盟链中挑选哈希值上链，以上过程不可逆且每一步均被记录、可追溯。公有链、联盟链、私有链的去中心化程度依次降低，而交易确认速度与安全性则依次升高。

在传播领域中，三类内容生产与传播方式也呈现出与区块链相似的准入机制、传播节点选择与平台内部管理特征。与公有链相似，UGC 聚合而成的信息内容生产与传播平台是最为开放的，用户均可发布信息，同时也在激励机制的保障之下，参与信息传播的记录与监督，共同维护良好的传播环境。PGC 聚合而成的职业联盟作为平台，可在信息内容的传播过程中通过 KOL(Key Opinion Leader，关键意见领袖)进行有意识的议程设置，这与联盟链相似。与私有链相对应，OGC 平台代表职业权威，是宏观层面的传播规则代言人，信息采集的准入水平高，传播节点的引入则需要经过层层筛选，信息内容也需经由专业“把关人”过滤后进行发布。同时，PGC 可通过挑选 UGC 所生产的内容进行传播而为其赋能，OGC 亦可以通过挑选 PGC 内容而为其赋能；这种内容的挑选与传播若逆向进行，则多为解构性的内容二次创作，大部分情况下，很难达到与前者同等量级的传播效果。

综合 OGC、PGC、UGC 三类内容生产传播平台与区块链的私有链、联盟链、公有链之间在层级特征、准入机制、传播节点选择，以及平台内部管理等方面的相似性，可将 OGC、PGC、UGC 三类内容生产传播平台类比为传播领域的私有链、联盟链、公有链。

如此，私有链、联盟链、公有链层层嵌套而形成的数据层(即所有符号与义素所组成的信息数据库)，则具备了激励全网用户参与且能够由技术追踪信源的特质；网络层(即不同个体、群体、部落、圈层所组成的传播机制)，则在层算法机制与智能合约组成的监督链条中实现了信息传播、舆论引导与版权保护等体系的自主、自动、有序运转；共识层(以真实信源为传播源头、遵守共同发布规则的传播环境)，则形成了万众与万物互联的各类传播场景(见图 6)。

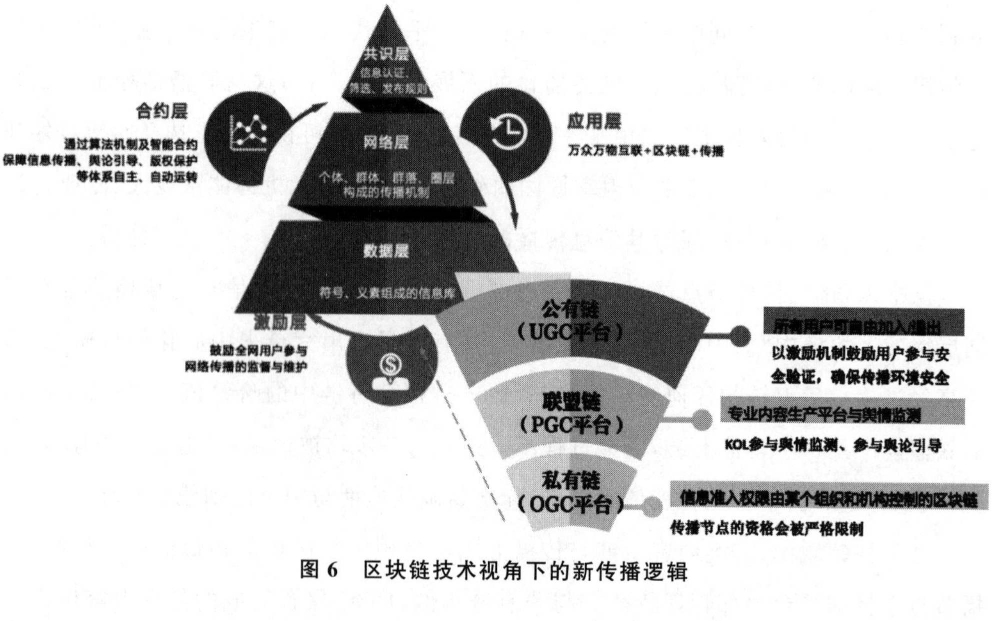

图 6 区块链技术视角下的新传播逻辑

事实上,“数字技术是一种元技术,它不仅具有复制先前所有交流媒介的特征,并且可以将所有,包括之前的面对面交往和以复制扩散为特征的大众媒介重新整合,并在一个统一的软硬件物理平台上展开”[①],也正因此,技术哲学的思辨对传播领域的影响显得尤为重要,这也是区块链技术可协助梳理数字时代传播逻辑的原因所在。

(二)新技术催生传播理念新转向

新技术的引入会直接导致传播环境的改变,在新技术辅助盘梳传播新逻辑的基础上,新技术特性引发的传播环境改变反馈到学理思考层面,将逐渐引导传播理论产生转向。区块链拥有去中心化及去中介化、防篡改、可追溯的技术特性,这些特性相互嵌套、互相制约,形成了技术逻辑上的闭环(见图7)。当这些技术特性投射到传播领域,也随之成为区块链技术视角下传播新逻辑体系中的技术特性,促使传播理论有新的转向。

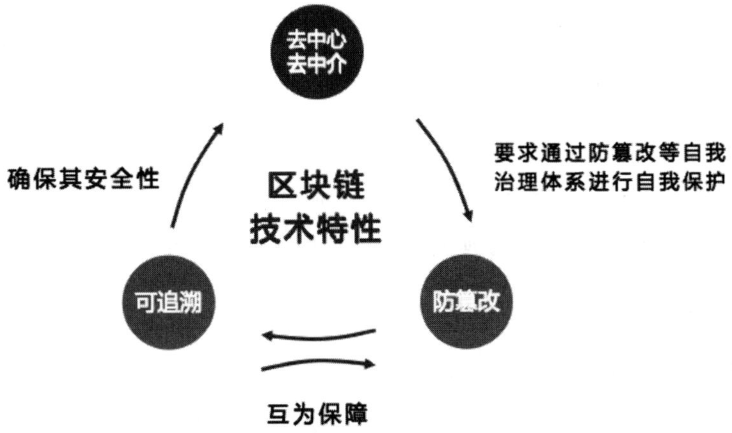

图7 区块链技术特性逻辑闭环

1.“可追溯”技术特性纠正传播偏向

哈罗德·伊尼斯认为,传播媒介的性质往往在文明中产生一种偏向,“媒介或倚重时间,或倚重空间,如此,对于其所在文化而言,它的重要性也有所偏向——例如,口头传播受时间束缚而书面传播受空间束缚”[②]。尼尔·波兹曼对技术的理解则是:“任何技术的用途多半是由技术的结构决定的,也就是说,技术的功能是技术形式的自然产

① 延森.媒介融合:网络传播、大众传播和人际传播的三重维度[M].刘君,译.上海:复旦大学出版社,2014:17.

② 伊尼斯.传播的偏向[M].何道宽,译.北京:中国人民大学出版社,2003:4.

物。……一旦被人接受,技术就会坚持不懈,就会按照它设计的目标前进。"[①]以上传播学经典观点的共识在于,媒介技术会因其自有逻辑而使传播行为发生不受控的偏向并最终无法达到编码过程中所期待达成的议程设置效果。

传播领域引入区块链技术后,不同媒介形态所产生的媒介内容均可以汇入互联网这一公共场域之中并且都能被传播区块链一一记录和追踪,不同阶段、不同类型、不同题材和体裁的传播内容均可以在传播区块链上得到呈现,且能够得到时间上的延续和空间上的拓展。正因如此,因媒介技术差异而导致的传播介质的时空偏向被互联网的视听兼容性所抚平。

马克思曾指出:"只要报刊有机地运动着,全部事实就会完整地被揭示出来。""报刊就是这样通过分工……一步一步地弄清全部事实的。"[②]马克思 1843 年提出的"报刊有机运动"理论在社会主义新闻事业的发展和研究过程中逐渐演化为"新闻的有机运动",即"通过不同媒体、不同媒介、不同记者的组合性、连续性的报道,总体性地揭示新闻事实的过程"[③]。"真实性"始终是新闻学的根本问题,而传播领域引入区块链技术,因为区块链的可追溯性和互联网传播的广泛性,任何信息内容的传播路径均可以得到动态的全景式展现,这对于新闻传播达到宏观真实与微观真实、本质真实与现象真实的统一或有裨益。

因此,区块链技术在互联网时代被引入传播领域,有助于纠正传播偏向,使得信息内容的发展动向能够在时空动态延展过程中得到全方位的呈现。

2."去中心化"技术特点催化权力的解构、权利的回归

卢梭通过《社会契约论》论述了国家的权力来源于人们自然权利的让渡。正如我们通过社会契约将不稳定的自然权利让渡给国家并由此形成对社会进行制约的权力,因媒介技术发展程度不同而造成的"信息落差"使普通民众在媒介使用方面的差异越来越大,其结果则是传播权利自然分配的不平衡。因此,民众不得不让渡媒介使用的自然权利来获得更为公平的信息传播权利的分配。国家则随着所富集权利的增多、社会契约的形成及管理体制的构建而逐渐具备了能够对社会运转进行有效规制的权力,具体到传播领域,则集中体现为国家在掌握媒介渠道与传播管理权力后所体现出来的议程设置、舆论引导与思想宣教能力。

① 波兹曼.技术垄断:文化向技术投降[M].何道宽,译.北京:北京大学出版社,2007:3.

② 马克思,恩格斯.马克思恩格斯全集[M].北京:人民出版社,1956:211.

③ 叶俊.新闻的有机运动:新闻真实的概念与实现方法[J].编辑之友,2016(4):48-51.

纵观媒介发展的历程，技术的迭代主导着媒介和传播形态的发展，而随着互联网技术的普及和各类自媒体工具的广泛使用，人人都可以通过媒介渠道进行信息传播，这种自然权利的增持从根本上对“传播权力”进行了解构。

此外，对于传播活动而言，区块链的去中心化技术特性或许提供了一种全中心化的可能——在各种权利都能够平等保障的环境中，每个用户只要与外部产生信息的互动，他就会成为信息传播的一个中心，唯一的区别在于，中心有大小之分。而且去中心化或者全中心化是一个动态的过程，在这个过程中不断有中心被消除，又不断有新的中心产生。将区块链技术引入当前的传播系统，其借助点对点网络支撑起的去中心、去中介化系统，则能够确保链上信息通过激励机制自动维护、永不停止地进行信息写入、传播，也将“促使媒介权力回归大众，从而‘进一步提高全体公民的传播权’，带来社会‘公共领域’的扩大与转型，进而构建全新的社会传播生态”①。

3.“防篡改”技术特性保护内容版权、保障用户权益

如前所述，长久以来，媒体都是作为一个由权力决定的社会空间而存在，当互联网语境下的传播系统促使大众所持有的自然媒介权利增多，随之而来的则是个体用户/群体/圈层的媒介权力不断提升，其相应需要承担的责任也越发显著。

面对技术突变，受惯性思维影响较多的群体往往无法及时做出行之有效的管理体系调整。进入互联网传播时代的很长一段时间内，“以讹传讹”的现象频频发生，例如2019年新冠肺炎疫情暴发期间，通过智能移动终端链接的人际传播网络使得不实消息的传播速度、范围与影响力远远超出人们的反应与控制能力。由此可见，“以讹传讹”现象在互联网时代的影响力不容忽视，作为普通用户的任何一个转发行为都有可能导致社会及个人而言均无法挽回的损失。区块链技术的引入则凭借其“防篡改”的技术特性，一方面可以在动态全景式展现事件传播过程的基础上帮助入网用户更为全面地理解事情的全貌，以避免对不实信息的不负责任传播；另一方面，也可以通过记录与追踪每一个传播节点的方式，展现传播路径的变化，该技术特性与大数据挖掘及学习等技术结合，可帮助我们在一定程度上提前预判传播路径，或及时锁定不利于议程设置和健康舆论的传播节点。

此外，媒介内容的版权保护问题也一直困扰着信息内容生产者。在顶层设计立法与监管部门管理机制的合力下，当前，对于媒介机构的版权内容保护已大有进步，但在互联网传播空间中，作为普通用户所生产的信息内容产品则极容易被盗用。将区块链

① 彭祝斌，李成家，朱金平.“传播权”溯源与再定义[J].湖南大学学报(社会科学版)，2019(1)：155-160.

技术引入版权保护领域,可通过其“防篡改”特性对每一个在链用户的发布行为进行锁定与记录,继而进一步保护普通用户生产信息内容的版权,这也是当前技术引领下最先被尝试的、为用户权益提供保障的新途径。

〔李岭涛,北京体育大学新闻与传播学院院长、教授、博士生导师;徐笑菡,北京体育大学新闻与传播学院博士研究生〕

〔特约编辑:曹晚红〕

新冠疫情记忆

理性与科学：突发公共卫生事件信息传播的基本态度

——基于2019年“新冠肺炎”疫情报道的冷思考　　赵淑萍　李超鹏

疫情下的天津：媒介记忆功能视角下的城市形象建构　　陈　娜　张　涛

理性与科学:突发公共卫生事件信息传播的基本态度*

——基于2019年"新冠肺炎"疫情报道的冷思考

Rationality and Science: The Basic Attitude in the Information Dissemination of the Public Health Emergency

—Based on Calm Thinking about the COVID-19 Epidemic Reports in 2019

◎ 赵淑萍　李超鹏

Zhao Shuping　Li Chaopeng

摘要:在2019年新冠肺炎疫情暴发期间,我国各类媒体对疫情动态信息、政府采取措施、医院救治工作、基层积极防控、民众主动配合等进行了多维度的全面报道,满足了公众的信息需求,营造了良好的舆论氛围,鼓舞了全国人民抗击疫情的信心,发挥出媒体的信息传播作用与功能。但是,面对突如其来的疫情,个别媒体上也出现了违反新闻道德和报道原则的报道,给当事人带来情感伤害,误导了公众的认知。本文针对疫情初期出现的有悖于新闻道德的典型案例及现象进行冷思考,分析其产生的原因,希望以此为镜鉴,吸取经验和教训。

关键词:英雄;城市物质结构;城市品格

Abstract: During the COVID-19 epidemic spreading in 2019, Chinese media reported different kinds of news about the epidemic situation, such as daily updated data about infectious and cured patients, researches on the COVID-19 epidemic, preventive measures taken by the government, prevention and control at the community level, etc. Most of these reports played an important role in inspiring Chinese people to prevail over the epidemic, which is the one of the basic function of media. However, some reports misled and hurt people because of the inaccuracy and immorality in these reports. So, it is necessary to rethink these inappropriate reports and explore the root causes. This paper analyzed the

* 本文是国家社科基金重大项目《媒体深度融合发展与新时代社会治理模式创新研究》阶段性成果,项目编号:19@ZH043。

typical COVID-19 Epidemic reports in order to offer useful lessons for the future reports of public health emergencies.

Keywords: public health events, dissemination of information, basic attitude

2019 年新冠肺炎疫情的暴发不禁让人们想起 2003 年的“非典”事件，相比之下，新冠肺炎疫情在传播速度、感染范围、防控难度方面都更为严峻，它既是对国家治理体系和医疗体系的检验，也是对新闻媒体的考验。2020 年 2 月 3 日，习近平总书记在中央政治局常委会研究应对疫情工作会议上明确指出，“当前疫情防控形势严峻复杂，一些群众存在焦虑、恐惧心理，宣传舆论工作要加大力度，统筹网上网下、国内国际、大事小事，更好强信心、暖人心、聚民心，更好维护社会大局稳定。”[①]习总书记的这番讲话对宣传舆论工作提出了非常具体明确的要求。在社会发生公共卫生事件的危急时刻，公众更加依赖权威媒体发布的信息。

一、反思:新冠疫情报道中出现的非理性问题

作为“社会公器”的新闻媒体应该及时准确地报道疫情，正确引导社会舆论，增强人民群众抗击疫情的信心。然而，在全媒体环境中，海量的信息往往裹挟着非理性的各种声音，特别是一些违背新闻真实性、客观性原则的报道，它们不但削减了媒介公信力，有的甚至还引爆成社会舆论事件。

(一)缺乏科学性导致违背新闻真实性

在一定程度上，突发公共卫生事件的新闻报道是最牵动社会神经的信息传播。2019 年新冠疫情初期，面对突发的传染性疾病，每个人的神经都特别紧张，前所未有的紧张情绪充斥在社会各个角落。在这种气氛中，公众更加依赖具有权威性的媒体，更加相信主流媒体的报道。因此，主流媒体发布任何一条信息都要更加慎重，如果发布非理性的信息则很容易引发新的社会风潮。今天回头再来审视非理性信息传播引发的“双黄连事件”“疫苗已经研制成功”“茶水可以抑制病毒”等没有科学依据的报道，带给我们的反思是深刻的。

2020 年 1 月 31 日晚，新华社官方微博@新华视点首发信息《上海药物所、武汉病毒所联合发现中成药双黄连口服液可抑制新型冠状病毒》,《人民日报》等主流媒体接

① 习近平.在中央政治局常委会会议研究应对新型冠状病毒肺炎疫情工作时的讲话[J].求是，2020(4).

连转发，随即，“双黄连可抑制新型冠状病毒”的话题迅速登顶微博热搜排行榜，引发全社会关注和抢购热潮。一时间，各大电商平台的双黄连口服液、双黄莲蓉月饼、兽药双黄连制品均被一扫而空，人们甚至不顾疫情危险昼夜排队买药，疯狂抢购“双黄连”。次日，《人民日报》发出微博“抑制并不等于预防和救治！特别提醒：请勿抢购自行服用双黄连口服液”。由于《人民日报》及时发出提醒，在一定程度上阻止了市场的盲目抢购风潮。那么，双黄连到底能否抑制新型冠状病毒？事实上，这一问题仍然需要科学的论证。这一典型案例的教训是：报道突发公共卫生事件必须要有清醒理智的头脑，特别是当涉及医学领域时要谨慎，确保报道真实性的前提是科学性。

2020 年 2 月 25 日，天津云新闻登出《重磅！天大实验室宣布已经研发出新冠病毒口服疫苗》，一些媒体在转载这一消息时甚至将标题改为“疫苗已经研制成功”，一时间“疫苗研制成功”的话题接踵而至。现在，时间过去了一年有余，有关“天大实验室疫苗研制成功”的信息到底是虚还是实？权威机构有没有进一步确认？面对这样重要的信息，发布的渠道应该是国家有关权威机构，媒体抢发缺少科学论证和权威证实的信息的结果是造成被动。这一信息发布迎合了当时公众期待“好消息”的焦急心理，由于官方媒体的背书，提升了报道可信度，对于误导舆论起到了推波助澜的作用。

2020 年 2 月 26 日，《杭州日报》微信公众号发布了信息《浙江省疾控：喝茶水或有益于预防新冠肺炎！茶水可杀灭并有效抑制细胞内病毒复制》。这则信息引起了各种反应，人们不禁要问：茶水可以替代疫苗吗？随后，媒体迅速删除了这则信息，发出报道有误的更正。由于媒体发布信息的来源是浙江省的疾控部门，加大了对社会公众的误导。直到今天，这则信息似乎有些像民间散发的“小药方”一样，仍然在社会流传。中国原本是一个茶文化的国度，新媒体平台上的广告推送五花八门，喝茶的益处与方法比比皆是，这则信息甚至成为茶叶推送的一个新发现。其实，只要认真地思考一下，这样的信息是典型违反科学常识的。媒体十分草率地发布，回头再进行删除，给媒体的声誉造成了严重损害。

突发公共卫生事件报道涉及医疗专业知识，对媒体报道提出不但要及时而且要科学的更高要求。我们看到，在疫情暴发阶段，公众对疫情暴发原因、传播途径、治疗情况、感染人数、防控措施等信息产生了极大的需求。随着疫情的不断蔓延，公众的紧张情绪激增，对相关信息的需求持续上升，公众尤其关切有关预防、控制以及治疗药物的信息。上述三个典型案例的盲目草率、缺少基本科学态度，需要我们引以为戒。特别要引起重视的是，如果是来自主流媒体的缺少科学性的报道，往往因其权威性而被新媒体平台大量转发，容易非常迅速地扩散负面影响。马克思主义新闻观认为，事实是第一性的,是新闻的本源;新闻是第二性的,是对客观事实的报道。作为具有权威性的主流媒体,更应该严守新闻职业道德和报道原则,尽量避免违背科学规律,提高主流媒体的公信力。

(二)非理性的情感介入导致舆论导向的偏离

一般来说,传染性的公共卫生事件由于不可避免地出现灾难,往往比较容易引起公众恐慌。疫情初期,面对突如其来的灾难,舆论的声音交杂混乱,公众情绪十分脆弱。在此情况下,媒体应该报道真实情况,秉承人文关怀,抚慰公众情绪。但是,一些报道出现非理性的情感介入,追求"轰动效应",消费受害者的情感,物化女性,造成精神层面的"二次伤害",导致舆论导向的偏离。

2020年2月7日,公众号@北青深发文《送别李文亮医生:愿天堂不再有病毒》,文中用"插管呼吸,无法说话","他表情痛苦,上气不接下气,面色紫绀"等词句描述李文亮医生的临终前状态,加剧了家人和公众的痛苦感。李文亮医生去世后,许多媒体轰炸式采访其父母及怀孕妻子,没有顾及家属的痛苦情绪,在精神层面造成了二次伤害。事实上,李文亮医生的去世,留给世人太多的遗憾和惋惜,最痛苦的莫过于他怀孕的妻子和亲人,语言无法形容。然而,有些媒体却花大量的篇幅和笔墨对逝者和亲属进行深度采访报道,一时成为全社会话题。值得注意的是,由于非理性的情感介入,引发出各种各样的声音,有些人埋怨医院的救治、政府的重视程度不够,等等,更有甚者,质疑李文亮医生的言行。在这样特殊的背景下,李文亮医生的离去无论从哪个角度看都是悲剧,如果媒体过度渲染气氛和拓展报道层面,在一定程度上会让公众失去战胜灾难的信心,进而失去对政府的信任。这个例证带给我们的思考是:非理性的情感介入并不是人文关怀,实质是缺少理性的人文关怀。

2020年2月3日,@四川观察推出《攀枝花8岁儿童如何看待"父母一线战疫"》短视频新闻,画面中的小男孩数次流泪、强忍痛苦,颤抖地说"感觉很不好,因为家里一个人,感觉很孤独"。看到这样的画面,人们不禁要问:父母到一线抗疫,把年龄只有8岁的儿童一个人放在家中这样的做法是否值得提倡?媒体把一个儿童的难过情绪拍下来传播,到底想说明什么?是对父母的赞扬还是批评?是怜惜小孩独自一人的苦楚还是希望小孩要坚强?或是希望引起全社会的关爱?仔细推敲,似乎什么也说明不了。这个例证告诫我们,过分渲染受访者的个人情感,消费其痛苦的情绪,往往会使当事人承受精神上的二次伤害,同时也会引起社会普罗大众的反对。

2020年2月17日,@每日甘肃网发布视频《剪去秀发,她们整装出征》,视频中14

名女护士集体被剃成光头，眼角含泪，引发社会热议。此外，一些对怀孕女性和断奶妈妈的报道更是不近人情。例如《张家界怀孕35周孕妈坚守抗疫一线》《抗疫一线：怀孕8个月的她仍坚持在岗》《武汉宝妈强行给半岁孩子断奶，奋战在抗疫一线》，等等，此类报道不但没有获得公众认可，反而引起公众的反感和嘲讽。一段时间内，参与一线抗疫的女医务工作者也成为网民讨论的话题。将女性物化成渲染对象，有悖于新闻伦理道德。媒体秉持人文关怀，而不是寻找报道噱头，忽视“人同此心”的社会共识，将不符合基本人性的事情放大，造成舆论导向的偏离。

在突发性公共卫生事件报道中，媒体应站在国家与大众的立场上，全面考虑问题，理性思维，报道真实而有温度的新闻，秉承人文关怀，抚慰公众情绪，正确引导舆论。坚持为人民服务、为社会主义服务、为党和国家工作大局服务，是新闻工作必须长期坚持的基本方针。新闻事业坚持为人民服务的工作导向，就是坚持以人为本，就是要把广大人民的根本利益作为全部新闻传播活动的出发点和落脚点。这些指导思想和基本方针不是口号，而要体现在媒体具体的信息传播活动中。

（三）过度渲染悲情引发社会质疑

传播力源于共情力。2019年底爆发的新冠疫情是一场全人类的灾难。疫情之下，媒体记者发挥出重要的作用。主流媒体的全方位报道助力提升公众信心，凝聚舆论向心力。但是，也出现一些不容忽视的问题，一些过度煽情报道造成公众认知偏差，产生负面效应。面对突发的疫情，公众急需情感抚慰，煽情往往能瞬间激发公众的情感共鸣，引起社会共情效应。一些报道为了扩大传播力，渲染“灾难悲情”“极端个例”，其结果适得其反，产生社会负面效应。

2020年2月17日，《长江日报》刊发《歪歪扭扭七字遗书让人泪奔》一文，引起轩然大波。这篇报道讲述了新冠肺炎重症患者肖贤友在病危时写下歪歪扭扭的七字遗书“我的遗体捐国家”，文中写道：“歪歪扭扭的七字遗书让人泪奔”“好正能量好感人”。经核实，这七字后面还有一句话“我老婆呢？”但《长江日报》对此却只字未提。这四个字其实表达了危重患者渴望见到亲人的愿望，如果不作删减丝毫也不会影响人物的境界，情感传达更为真实。这个报道对细节进行裁剪，客观上造成了新闻的失真，反而引发了社会的质疑。

疫情暴发初期，媒体上不断出现“贫困老人捐家底”的新闻报道，例如，《87岁独居老人捐出毕生积蓄20万元》《这笔钱她攒了30多年，而看了她的家让人心酸》《退休环卫工人捐出了自己10万积蓄，卡里只剩下13.78元……》，等等。这类报道大多以“高龄”“多年积蓄”“生活贫困”为报道切入点，刻画老人舍己为人的形象。然而，由于刻意渲染悲情故事，引起社会舆论的哗然。2020 年 2 月 13 日，“不要宣传老人捐款”的微博话题成为社会关注焦点，热度持续升高。很多网民认为，此类宣传报道误导公众价值观，错误理解公益内涵。在灾难报道中，媒体挖掘感人故事、英雄事迹无可厚非，但应该把握好尺度和方式，既要温暖人心，又要符合情理，令人置信才能传递正能量。

(四)泛娱乐与标签化消解新闻严肃性

在一些报道中，以泛娱乐化手法报道严肃的新闻，以所谓吸引眼球的标题误导受众，不仅消解了疫情的紧迫性，模糊了议题焦点，而且容易引发舆论对新闻导向和价值的质疑。

2020 年 1 月 27 日，央视频道“疫情 24 小时”栏目直播武汉雷神山、火神山医院建设现场，吸引近 7,000 万人观看。一些网友为现场的机器设备取昵称——“叉酱”“小小黄”“蓝忘机”，等等。为此，央视频道还专门开设了“挖掘机助力榜”，让网友为挖掘机实时加油打气。面对如此严峻的疫情，设置这样的榜单十分不严肃，引起网民争议。1 月 31 日下午，仅上线 2 天的“挖掘机助力榜”下线。在一定意义上，“慢直播＋云监工”的不间断传播方式具有持续引发受众关注的优势，放慢节奏也可以缓解公众情绪。但是，过度迎合网间拟人化的起昵称的心理，偏离灾难报道应秉持的客观、克制、严肃态度，不但容易引发公众的反感情绪，而且是对媒体责任的扭曲。

泛娱乐化传播消解了新闻的严重性，标签化传播则加深了公众的负面情绪。例如，以“毒王”“投毒”为标题的报道屡屡出现。2020 年 3 月 12 日晚，一些新媒体平台发布了一组数据，报道病毒感染者郭某某密切接触人数达 39,373 人，被冠以“毒王”称号。20 日，一则“广州女毒王境外返回确诊，4 天坐遍 14 条地铁”的视频、图片在网络上热传，并迅速登上微博热搜。21 日，《南方日报》“南方探针”开始辟谣，证实网传的图片为盗图。3 月 16 日，“拉萨融媒”发布《家乡建设你不在，万里投毒你最快》的新闻报道，批评回国人员。一些新媒体平台也以“万里投毒”为标题，对海外回国人员加以指责，形成负面的舆论氛围。之后，《人民日报》发表评论“说他们‘千里投毒第一名’很不合适”。由于《人民日报》及时地引导，这场沸沸扬扬的风波终于得到了平息。由此可见，对新闻简单“标签化”处理，融入个人偏见色彩，往往会造成对报道主题的污名化，违背了新闻客观、真实、准确、公正的原则。

二、缘由:造成非理性信息传播的多重原因分析

新冠肺炎疫情的全球大暴发,引起了人类对现代社会风险的重新审视。从全球范围看,有关疫情的新闻传播十分复杂多变,以美国为代表的一些西方国家的媒体报道甚至十分混乱,特别是对中国的指责、甩锅,等等,完全没有新闻道德而言。相比之下,我国的新闻报道在整体上坚守了新闻道德的底线。客观来看,问题的出现虽然有很多不可避免的缘由,但是教训与经验仍然值得认真总结汲取。

(一)现代社会风险认知的局限与困惑

新冠疫情的暴发让人类又一次清醒地认识到现代社会依然存在风险,特别是公共卫生事件往往会加剧社会风险的程度,影响社会生态。新冠疫情暴发后,社会各阶层利益群体分化,冲突不断增加,公共卫生风险衍生为生活保障风险、经济安全风险、社会秩序风险,等等。由此涉及的新闻传播复杂烦琐,盘根错节,往往"牵一发而动全身",对媒体进行准确的动态传播造成一定程度的困难。

首先,对现代社会风险认识不足。进入 21 世纪以来,人类文明进步的速度加快,互联网将世界更紧密地连接在一起,科学技术推动社会各领域的发展。在这样的背景下,面对突如其来的疫情大暴发,人们难以置信。人们想得最多的是:这是为什么?到底怎么了?在疫情暴发初期,新闻媒体记者也很少从社会风险角度进行深层思考和报道。

此次疫情是新中国成立以来涉及范围最大、传播速度最快、影响层面最深的突发公共卫生事件。新冠疫情加剧了社会风险的严重性、全球事态发展的不确定性,加之公众信息需求的激增,这一切形成了多重压力,增加了新闻媒体的报道难度,一些媒体人甚至陷入盲目报道的境地,为追求时效、吸引眼球,违背新闻道德。

(二)公共卫生报道领域专业记者的缺乏

进入互联网时代以来,新媒体平台对新闻传播人才的需求量激增,由于媒体发展速度过快,各媒体只能放低门槛,招收大量非专业人员,导致新闻采编队伍良莠不齐。其中,大部分从业者缺乏系统培训与专业教育,对新闻道德规范缺少认识,甚至不清楚坚守职业道德对新闻传播的重要性。此外,在新媒体产业化发展的驱动下,新闻媒体管理机制存在单一的"工分"考核方式,致使部分记者将自身利益置于首位,为绩效而

抢独家、博眼球、抢时效，成为“冷血的第三者”。我国早期著名报人王韬在《论日报渐行于中土》一文中指出，记者应品德高尚，“其立论一秉公正，其居心务期诚正”。今天，作为“社会公器”的新闻媒体，在社会发展中占据重要地位，新闻从业者是否具有道德观念往往直接对社会产生影响。

疫情暴发后，医疗卫生报道的专家型记者成为媒体急需，但现实情况却不容乐观。一方面，在市场经济环境下，媒体行业人心浮躁，许多成熟记者频频跳槽，新闻记者队伍呈现出年轻化、流动快的特点，新闻从业者缺乏沉淀与成长经历。年轻的新闻记者对专业性问题了解肤浅，盲目转发权威媒体的新闻与观点。另一方面，媒体缺少专家型记者培养机制，新闻事件报道数量众多，但内容深耕程度较低。此外，对医疗领域的报道审核不严格，结果在复杂多变的疫情报道中暴露出问题。这些问题如果不引起重视，不能从中吸取教训，则会形成“羊群效应”，造成新闻从业者道德水平与专业能力的下降。

就公共卫生领域的报道来说，这类报道不但专业性强，而且涉及人的健康和生命。因此，媒体对专家型记者的培养迫在眉睫。媒体应该形成培养机制，鼓励记者长期坚守在专业领域，不断积累专业知识，培养专业思维和研究能力，使其成长为专家型新闻人才。专家型记者往往能够准确把握报道方向，凭借对科学信息的敏感度与把控力，架起专家与公众之间的沟通桥梁。

近些年来，我国新闻传播领域对于全媒体记者的需求呼声越来越强烈，对于培养专家型记者的呼声趋于淡薄，媒体忽视了对专业报道领域记者的培养，新媒体平台更加缺乏这种意识。新冠肺炎疫情信息传播过程中暴露出的违背专业常识问题、违背科学论证问题等，反映出的是专业人才培养问题。新闻传播是带有激烈竞争色彩的行业，人才竞争是竞争的制高点。因此，人才培养和队伍建设是根本。

（三）行业自律与他律体系不够完善

全媒体时代，舆论生态、媒体格局、传播方式发生了深刻变革。在变革过程中，媒体发展良莠不齐，自律与他律体系不够健全。一方面，公众的信息获取方式正在由“大众媒体”转向“社交媒体”，而社交媒体新闻往往以符合用户偏好和“新闻馈送算法”的逻辑进行生产，以“用户为主”，以“流量为王”进行标签化、娱乐化报道。另一方面，在传统媒体融合转型、布局新媒体矩阵的过程中，话语表达转化能力不足，盲目追赶新媒体语态表达风潮，导致新闻道德失范事件屡屡发生。

当下，新媒体平台新闻自律与他律体系尚不完善。传统媒体新闻生产具有严格的报道流程，严格把关信息生产，“把关人”角色十分重要。而新媒体的新闻生产方式十分灵活，低门槛、匿名性，缺乏自律与审查制度，缺少“把关人”，导致信息内容随意化、个性化、娱乐化。我们知道，道德具有约束力，但不具有强制力；只有加强社会道德建设，完善新闻自律与他律体系，才能为新闻道德建设营造良好的环境。

新冠肺炎疫情报道涉及医疗、政治、社会、经济等多个方面，信息海量杂糅，若缺乏审核把关机制，则会造成失实报道，误导公众。作为“社会公器”的新闻媒体，应强化新闻“把关人”机制，认真核实新闻来源，确保信息真实、准确，树立媒体的公信力和权威性。对于涉及科学专业知识的有争议问题，应该深入医疗疾控机构过滤信息，及时对各类失实、不实的信息进行澄清公布，以减轻社会焦虑情绪、凝聚人心。同时，应对舆论场中的各类谣言进行核实，深入了解谣言背后的公众诉求，对症下药。在突发公共卫生事件的特殊环境下，信息复杂混乱，是非容易混淆。媒体应加强行业自律机制，恪守新闻报道准则，自觉落实主体责任，完善内容审核把关、监督检查机制。具体来说，媒体应针对网络空间中的匿名信源、多元信源的特点，加强内容监控，及时依法清理网络谣言和各类有害信息。

（四）遵守职业道德的自觉性不够

新闻职业道德，是指新闻工作者的行为规范与准则。2019 年修订的《新闻职业道德准则》对新闻工作者职业道德提出具体规范，其指导思想是：全心全意为人民服务、坚持正确舆论导向、坚持新闻真实性原则、发扬优良作风、坚持改革创新、遵纪守法、促进国际新闻同行的交流与合作。分析疫情报道中比较典型的非理性信息传播的现象，还应该从采访报道记者身上探讨主观原因。

在一定意义上，具备良好的职业道德是成为一名合格新闻从业者的先决条件。职业道德的内容规范包括指导思想、品格修养、立场态度、工作作风、事业心、责任感等。具体到记者的新闻活动，职业道德的核心要义是尊重事实。尊重事实贯穿于记者全部的新闻活动之中，记者的立场态度、思想作风、事业心、责任感、报道原则都围绕这个核心而发挥作用。离开了这个核心，职业道德就没有了着眼点，就失去了基本的态度。这是因为：尊重事实就要真实、客观、公正、全面地报道新闻；而要做到真实、客观、公正、全面则必须坚持正义，追求真理，百折不挠，献身事业，对历史负责，对公众负责。

事实上，职业道德体现在记者全部的新闻活动之中，从各个环节都可以检验。本文所分析的非理性信息传播的典型例证，无论是缺少科学认知态度，还是渲染悲剧事件，无论是盲目传递不实信息，还是刻意煽情，其根源都是没有遵守新闻道德。面对疫情的动态，新闻记者应该保持冷静的头脑，核实信源、深入采访、实事求是；面对悲剧事件，应换位思考、尊重生命，避免精神伤害；面对专业信息，应该寻找科学依据，进行权威求证。

新闻传播每时每刻都在反映不断运动变化的世界，影响着社会各个不同阶层的人，享有“社会道德天平”之称。故此，只有提高新闻从业者遵守职业道德的自觉性，才能发挥出新闻报道主体的积极作用，从根本上解决指导思想问题。

(五)受众对信息的辨别与责任意识淡薄

媒介与受众的关系是相互影响、互为因果的。尼葛洛庞帝认为，“在网络中每个人都可以是一个没有执照的电视台”①。在互联网语境下，用户身份是虚拟模态，隐藏性强。如果用户的社会责任意识淡薄，一旦出现问题，公众则会凭借主观意志妄加揣测，发表极端言论，经过网络的发酵传播后，转化为现实中的极端行动，对现实社会造成不可估量的负面影响，进而反过来影响媒体的判断。在全媒体时代，媒介将不断赋权，用户根据自己的喜好搜索信息，同时将对信息的取舍数据传递给媒体。媒体的赋权对新闻生产具有直接影响，一些新媒体平台往往盲目追求点击率，出现严重的跟风追风现象，导致违反新闻道德规范。媒体的跟风追风一方面助推了社会上的不实信息与不当言论进一步扩散，另一方面则进一步激化了社会负面情绪和矛盾，形成一种惯性的、非理性的循环。

我们看到，新冠肺炎疫情暴发后，“信息疫情”随之而来，鱼龙混杂的信息十分容易导致集体恐慌，激化公众的负面情绪。由于公众的线下活动受到限制，人们十分积极地参与线上话题讨论，发表带有一定情绪的言论，情绪不断被“感染”，激荡成声音的巨浪。公众的非理性声音与情绪感染，为媒体的非理性信息传播营造了氛围，这是虚假新闻不断滋生又不断被社会热炒的原因所在。

从世界范围看，突发公共卫生事件牵动全球关注。由于关乎人类的健康和生命，各种信息的传播非常迅速。面对纷繁复杂的信息海洋，公众需要提高媒介素养水平，增强信息辨别能力。媒介素养是指人们面对媒介传播的各种信息时的选择能力、理解能力、质疑能力、评估能力、创造和生产能力以及思辨的反应能力。首先，公众要学会理性分析，理智思考。在没有确认信息准确性的前提下，不轻易相信非主流媒体传播的信息。其次，一分为二，辩证思维。面对舆情事件，不要轻易被网络情绪所感染，不

---

① 尼葛洛庞帝.数字化生存[M].胡泳，范海燕，译.海口：海南出版社，1997.

要随波逐流，发表不当言论。最后，自觉行使公民社会责任与权利。面对“娱乐化”“标题党”的负面信息传播，不进行传播扩散，自觉抵制，必要时进行举报，避免为谣言推波助澜。在全媒体时代，受众从媒介旁观者转变为媒介行动者，其媒介素养的提升将有助于社会舆论环境的构建，减少新闻伦理失范现象的产生。

三、结语

毋庸置疑，针对突发性公共卫生事件，舆论监督和正面宣传是统一的。灾难报道应以正面宣传为主，同时要避免夸大夸张，非理性的煽情渲染只会偏离正确的舆论导向。媒体应该遵循传播规律，直面工作中出现的问题，不仅要及时纠错，还要防微杜渐。我们注意到，疫情初期出现的一些非理性信息传播已经成为笑柄，一些媒体也将其作为笑谈，这种现象在媒体圈层似乎习以为常。事实上，这是对违背新闻报道原则、违背新闻职业道德的行为的一种姑息，如果不在思想上和行动上特别重视，无论对于犯错的个人还是媒介机构来说，其危害都是致命的。主流媒体更应该明确自身的使命担当，发挥“社会公器”与“瞭望塔”的作用，正确引导舆论，服务人民大众。因此，我们需要对新冠肺炎疫情信息传播的非理性问题进行冷思考，坚持理性与科学的态度，这是新闻传播的基本前提。

〔赵淑萍，中国传媒大学教授，电视学院学术委员会主任；李超鹏，中国传媒大学广播电视专业硕士研究生〕

〔特约编辑：曹晚红〕

疫情下的天津:媒介记忆功能视角下的城市形象建构*

Tianjin under the Pandemic: City image Construction from the Perspective of Media Memory Function

◎ 陈 娜 张 涛

Chen Na Zhang Tao

摘要:媒介记忆分为功能性记忆和存储性记忆。本文认为,不同的媒介内容有着功能性记忆和存储性记忆的不同侧重,且功能性记忆和存储性记忆并非二元对立,而是辩证统一的。基于此视角,本文对新冠肺炎疫情期间天津主流媒体的媒介记忆实践展开研究,基于天津主流媒体对于城市形象的媒介记忆建构,试图探讨在疫情之下的天津城市形象建构路径及其启示。

关键词:媒介记忆;新冠疫情;天津;城市形象

Abstract:Media memory is divided into functional memory and stored memory. This article believes that different media content has different emphasis on functional memory and stored memory, and functional memory and stored memory are not binary oppositions, but dialectically unified. Based on this perspective, this article conducts research on the media memory practice of Tianjin mainstream media during the COVID-19 pandemic. Based on the media memory construction of the city's image by the Tianjin mainstream media, this article attempts to explore the construction path of the city's image under the pandemic and its enlightenment.

Keywords: media memory, COVID-19 pandemic, Tianjin, the image of the city

"媒介记忆"最早是由美国学者卡罗琳·基奇(Carolyn Kitch)提出的概念,试图以此来探讨媒介如何通过扮演记忆代理人的角色来完成与社会其他领域的互动。

* 本文系天津市哲学社会科学规划课题青年项目"建国以来天津城市记忆的媒介表达研究"(TJXCQN17-001)的阶段性成果。

2019年年底，新冠肺炎疫情成为世界性突发公共卫生事件，引发了全球生命健康安全和经济社会秩序的重大危机。新冠肺炎疫情发生以来，天津主流媒体坚持正确的舆论导向，及时、准确地发布疫情信息，努力消除社会恐慌，推出了一系列有感染力、有影响力的抗疫报道。通过多媒体平台，天津的经验做法、感人事迹得到宣传，释放出战时状态下高质高效的疫情防控新闻工作的强大舆论力量，展现了天津人民打赢疫情防控阻击战的必胜信念，体现了疫情报道中媒体的社会责任担当，塑造了良好的天津城市形象。本文通过对天津主流媒体自2020年1月23日（武汉封城，全国各省陆续启动一级响应）至3月31日（中央指导组宣布全国本土疫情传播已基本阻断，疫情防控取得阶段性重要成效）期间，针对新冠肺炎疫情的媒介记忆梳理，试图勾勒出新冠疫情期间的天津城市形象与媒介记忆建构之间的深刻关联。

一、从记忆到媒介记忆

关于记忆，涂尔干、韦伯、马克思等经典的思想家们不乏关注却又限于点到为止。[①]《辞海》中将其定义为“人脑对经验过的事物的识记、保持、再现或再认”[②]。人类对记忆的深入了解得益于19世纪以来心理学的快速发展，对记忆的关注，可以追溯到英国心理学家弗雷德里克·巴特莱特对记忆的社会属性的相关研究。[③] 法国社会学家莫里斯·哈布瓦赫现在被认为是现代记忆研究的开创者，基于涂尔干所提出的“集体意识”，1925年他在《论集体记忆》一文中提出了“集体记忆” 概念，认为纯粹的个体记忆是不存在的，集体记忆用于研究在家庭、宗教群体和社会阶级的环境中，过去是如何被记住的。[④]

所谓媒介记忆，是指媒介保留某些信息的能力和属性，人类通过媒介可以将过去的事件和信息一如既往地在现实中再现和还原，并以此影响人类的个人记忆、集体记忆与社会记忆。[⑤] “媒介记忆”是起源于20世纪20年代、兴盛于20世纪80年代的记忆研究发展至今的一个分支，是由媒介研究与记忆研究的交叉领域而引出的概念，最早由卡罗琳·凯奇提出，她认为媒介在记忆的建构过程中承担了记忆代理的责任，用

---

① 郑广怀.社会记忆理论和研究述评——自哈布瓦奇以来[EB/OL].(2007-04-23)[2019-09-30].http://www.douban.com/note/56013548/? type=like.

② 辞海[M].上海：上海辞书出版社，1999：870.

③ 孙德忠.社会记忆论[M].武汉：湖北人民出版社，2006：7.

④ 哈布瓦赫.论集体记忆[M].毕然，郭金华，译.上海：上海人民出版社，2002.

⑤ 邵鹏. 媒介作为人类记忆的研究[D].杭州：浙江大学，2014.

自身记忆的建构,实现与社会其他领域的互动。奈格(Neiger)、迈耶斯(Meyers)与扎德伯格(Zandberg)在论文集《论媒介记忆:新媒体时代的集体记忆》的“导言”中开宗明义地指出,不应该将“媒介记忆”仅仅视为一种“渠道”或“过程”,而应该把它作为一个自成一体的现象来对待。他们认为,媒体记忆研究应该系统地考察如下几个方面:由媒体所叙述的集体过去、借助于媒体来叙述的集体过去,以及叙述关于媒体的集体过去。[①] 这个界定将“媒介记忆”的范围极大延伸,也为媒介记忆的后续研究拓宽了思路。

媒介记忆可分为功能性记忆和存储性记忆。“功能性记忆常常和政治与官方诉求有关,本质是利用过去来实现合法化、非合法化或致敬;而存储性记忆是无组织的、未被驯服的记忆,因其功能性记忆修正器的身份而往往不为政治所欢迎。”[②]与此同时,功能性记忆和存储性记忆同为媒介记忆功能的构成部分且运作机制相同——作为现代社会大众媒介对于社会历史事件的一种独特的记忆方式,采用媒介对于信息的惯有模式,通过专业化的采集、编辑和报道手段对社会事件或历史事件进行记忆。

二、天津主流媒体新冠疫情媒介记忆概述

新冠肺炎疫情发生以来,天津市主流媒体高质量、高标准做好宣传和舆论引导工作,各家媒体均配置了精良的采编队伍深入疫情防控一线采访报道。一线新闻工作者积极参与到这场抗疫斗争中,深情讴歌抗疫的逆行者、奋斗的前行者、社会的引领者,生产出了一大批优质的报道。他们聚焦防控一线,聚焦重点行业领域,护航企业有序复工。他们记录着天津人民抗击新冠疫情的风采。他们从一线传来的报道不断产生强烈的社会反响,凝聚起全社会抗击疫情的强大合力,为最终打赢疫情防控阻击战提供了强有力的舆论支持。

(一)报道主题与倾向:集中突出抗疫重心

疫情就是命令,防控就是责任。新冠肺炎疫情发生以来,天津市主流媒体秉承媒体重任,投身于这场“战争”之中,通过纸媒、PC 网站、移动手机终端等多渠道全方位报

---

① On media memory: editors' introduction[M]//NEIGER M, MEYERS O, ZANDBERG E. On media memory. New York: Palgrave Macmillan, 2011.

② 方惠.昨日重现:媒介变迁中的记忆研究进路[C]//中华新闻传播学术联盟第六届研究生学术研讨会论文集,2014:366-378.

道抗疫消息，实时更新新冠肺炎疫情最新动态，通报疫情相关情况，提供疫情知识普及和防控建议，报道企业发挥各自优势助力抗疫的故事，采取多项举措为一线抗疫战士呐喊助威，为广大群众排疑解惑，为保障民生抗击疫情助力。

在新冠肺炎疫情的报道中，天津的主流媒体注重报道的集中性与倾向性，报道的内容主要集中在：疫情相关情况通报；知识普及和防控建议；津企发挥优势助力抗疫；疫情下的天津融入京津冀协同发展；天津医疗队驰援武汉、对口支援湖北恩施；天津文艺界以文艺的形式抗疫；天津出台禁止食用野生动物《决定》；新时代最可爱的人；科技助力战疫；央媒视角看天津；天津复工复产等方面。报道力图全方位立体化地展示出新冠疫情面前天津的魄力、担当和作为，展现一个疫情下依然有活力的天津城市形象。

(二)媒介平台类型：多平台互补联动

疫情当前，天津主流媒体多平台联动发声共克时艰。

新冠疫情发生初期，《天津日报》数字报刊平台及时调整版面设置，增设“疫情快报”“疫情发布”等版块播报疫情进展，并在官方微信公众号、官方微博等平台发布疫情权威信息，报道战时状态的天津推出的战时机制和战时方法，如建立发热门诊候诊人数定时发布机制、实行疫情防控期间有奖举报制度、实行分级诊疗制度等。

天津广播播报天津快板《做好防疫筑平安》：“新型冠状病毒肺炎肆虐，全国多省区市都出现感染病例，疫情升级，民众担忧……病毒来了怎么防？这些事情您得记牢！”用天津独特的幽默元素化解苦难。

天津广播电视台推出六集系列视频报道《谁是新时代最可爱的人：白衣英雄张伯礼》，讲述72岁中医内科专家张伯礼面对疫情力推新冠肺炎中医疗法，坚守抗疫一线，诠释医者仁心的事迹。

《今晚报》推出来自武汉抗疫一线的报道，记录天津医疗队在武汉的支援细节，讲述天津医疗队队员——天津中医一附院呼吸感染科护师刘明珠、天津医大总医院空港医院老年医学科护师张硕等普通医护人员在一线的抗疫故事。

津云新媒体集团联合共青团天津市委员会和滨海新区等16区融媒体中心及天津市文化传媒商会共同发起“防控疫情，从我做起”线上互动承诺书，形成刷屏式传播。这其中，“戴口罩、勤洗手、常通风、外地抵津自我隔离14天”等温馨提示在承诺书上一一展现，为做好疫情防控起到了积极作用。

(三)媒介内容产品形态:百花齐放,多元共生

充分利用多终端、多渠道传播优势向公众及时发布疫情信息、普及防疫知识、宣传抗疫部署、辨明谣言与真相、有效引导舆论,是这次天津主流媒体抗击疫情交出的集体答卷。在此过程中,除了传统形态的媒介产品之外,天津还陆续推出了与抗疫相关的纪录片、短视频、漫画、Vlog、H5、相声快板等抗“疫”作品,较具代表性的内容如下:

以纪录片类作品为例,市委宣传部、海河传媒中心联合出品的六集电视专题纪录片《大考》,采集了大量天津疫情防控阻击战的第一手鲜活素材,通过“讲故事”对标志性的现实题材进行重新挖掘,翔实记录了面对突如其来的新冠肺炎疫情,广大干部群众运用战时思维和战时方法交出了合格答卷。

以短视频类作品为例,北方网报道天津市委网信办、天津市网络社会组织联合会、天津市短视频协会联合抖音快手短视频平台发起的“#防控疫情天津在行动#”超级话题,该话题邀请社会各界上传短视频作品,以小切口展示大主题,展现了津城上下“守一线、筑防线、共战‘疫’”的生动场景。

以图文类作品为例,《天津日报》发表评论员文章《坚决扛起疫情防控应尽之责》。文章称:“目前,我市公务人员已提前结束假期,返回工作岗位,全力投入疫情防控工作,坚决打赢这场特殊战役。”

以新媒体作品为例,津云新媒体开展“天津战‘疫’中的感动”主题宣传作品征集活动,搜集整理了一批一线图文影像档案,如津云H5、津云漫画等,生动形象地宣传了疫情期间的抗疫建议,并展现出了天津应对新冠疫情的行动。此外,津云微视还推出Vlog作品《疫情下,天津有三座透明的楼》,翔实记录了天津动车客车段聚集性疫情得到有效控制的历程。

以相声快板类作品为例,据北方网报道,截至2020年2月3日,天津曲艺界就已创作了50多个作品并通过大众媒介传播出去。天津的广播电台一打开,人们随时都能听到抗击疫情的快板书、大鼓书、相声……著名相声演员冯巩还专门为家乡录制了快板书,“市委市政府,那是真抓实干,天津粮菜供应齐全,咱心里不慌乱”,表达出广大市民群众的共同心声,为战“疫”加油。

三、天津主流媒体媒介记忆功能对城市形象的建构路径

文字建构起社会后,出现了无限制的信息堆积,产生了功能性记忆和存储性记忆。

功能性记忆作为官方历史的选择性记忆，政治色彩鲜明，表达官方态度的诉求强烈，常常表现为一些硬新闻的报道，其本质是利用过去来实现合法化或某种层面的致敬。在当代中国的语境下，主流媒体掌握着信息循环的权力，组织着交际社会里的知识，建构着城市记忆的合法性。它们通过对某一事物或事件的表征，把握着时代的脉搏，为记忆赋予独特的价值和正统的地位，形塑着独一无二的城市形象。而存储性记忆则是媒介记忆中另一个不可缺少的部分，它在疫情期间天津城市形象的记忆建构中虽是作为补充性角色存在，但也同样不可或缺。

(一)通过双重叙事角度，建构城市形象

城市形象建构是一项复杂的系统工程，在城市化进程日益加速的今天，一个城市要想获得长足的可持续发展，必须重视自身形象塑造，既要立足发展实际，又要充分借鉴其他城市的成功经验，同时也要考虑自身城市的特殊性和城市未来的发展需求。而在城市形象的建构过程中，主流媒体一直是不可或缺的主导存在。

地方主流媒体代表着权威性和公信力，打造具有地方独特魅力的城市形象，一直是媒体报道的重要议题之一。新冠疫情期间，天津市的主流媒体发挥功能性媒介记忆功能，持续聚焦、集中报道防控疫情、复工复产、基层一线故事等新闻，通过媒体平台将天津市的经验做法、感人事迹宣传出去。报道通过对疫情本身与疫情之下鲜活的人物形象刻画来强化城市感召力，规范市民行为，提高市民精神文明水平，增强市民认同感，塑造出疫情下依然热情且充满活力的立体化城市形象。

作为媒介记忆另一个不可缺少的部分，存储性记忆则更偏软性。与功能性记忆由官方主导、具有浓厚意识形态色彩不同，存储性记忆因其功能性记忆修正器的定位而更接地气、更富人情味，这也使其具有了独一无二的存在价值。存储性记忆从另一个侧面反映了新时代公民个体自觉意识的不断增强，也增添了主流媒体观照普通个体的必要性，主流媒体对于存储性记忆的关注，既丰富了疫情期间媒介记忆建构的内容，也活跃了历史记忆的形式。

在传统意义上，主流媒体为表达官方意志，传播主流意识形态，往往倾向于采用宏大叙事的记忆建构方式，以这种宏大叙事构建出来的报道直接影响着民众的向心力和凝聚力。然而，新冠疫情期间的天津主流媒体并没有仅仅采用宏大叙事的传统模式，而是采用了一种独特的疫情讲述方式，即宏大叙事中穿插对个体命运进行追寻的平凡细节，展现出一条疫情之下普通天津人的日常脉络。正因为增添了平凡个体的叙事，关注了社会变迁中人的命运和人的生命权益，使个人在时代中得到表达甚至成为时代

的传感器,才让疫情期间的天津城市形象显得更为丰满鲜活,也更真实感人。

总而言之,新冠肺炎疫情期间,天津主流媒体的疫情报道在充分发挥宏大叙事以积极利用功能性媒介记忆的同时,也通过对出租车司机、环卫工人等基层普通民众疫情生活状态的聚焦,充实了存储性媒介记忆的内容,塑造出了一个立体生动又富有社会温情的城市形象。

(二)通过刻画城市精神,展现城市担当

新冠肺炎疫情发生初期,天津市第一批支援武汉医疗队便踏上了驰援武汉的抗疫之路,2020 年 1 月 26 日抵达武汉,1 月 28 日清晨首战进入"红区"——武汉钢铁集团公司第二职工医院,截至 2 月 27 日上午完成交接工作,通过 33 天的救治工作,天津医疗队已治愈新冠肺炎患者超过 100 人。在天津全力驰援湖北的过程中,《天津日报》、津云客户端,北方网,以及天津市各政务网络平台、各区县融媒体中心,均在各自媒体平台中及时跟进报道,抢占信息发布和舆论引导制高点,向全国展示出天津的城市实力及正面形象。

在天津对口支援湖北恩施期间,北方网报道了天津医疗队紧紧围绕"两提高、两降低"目标,探索实施"救危重、控轻症、抓阻隔、慰民众"的疫情综合防控模式,同时间赛跑、与病魔较量,为打赢疫情防控阻击战贡献了天津力量。

《今晚报》持续解读天津出台的《关于禁止食用野生动物的决定》(简称《决定》),并通过全平台、多维度宣传,让政策在全国范围内被了解。作为省级人大首部专项规定禁止食用野生动物的地方性法规,该《决定》基于地方立法权限对禁止食用野生动物范围做了最全面的规定,不仅体现了天津在抗击疫情中的坚定信念,在全国范围内树立了一个导向示范作用,而且全面提升了天津城市形象,使天津的城市软实力得以彰显。

除此之外,《天津日报》每天开设一个版面,报道天津文艺界的抗疫事迹,以文艺的形式反映天津各条战线抗击疫情的感人故事,为抗击疫情注入新形式。北方网开设的"中央媒体上的天津"专栏,持续关注多家中央主要媒体对天津在抗击疫情中的作为和担当的报道。津云客户端则策划制作了原创短视频、长图漫画、H5 等新媒体产品,如系列漫画短视频《战地日记》、"一场大考,天津这样答卷"H5 等,用网言网语的报道语态吸引了网友关注,用信息化和大数据支撑服务疫情防控。

春节过后,天津市宝坻区百货大楼内先后确诊了多例新冠肺炎病例,形成了由公共场所蔓延到家庭内部的多起聚集性疫情,引发了社会关注。发布会上,市疾病预防控制中心副主任张颖对这起疫情病毒溯源做了一场犹如教科书式的讲解,把疫情发布

变成了破案推理，变成了防控知识的普及课程，她也因此被网友称为“天津福尔摩斯”。一场场发布会下来，张颖成为疫情防控的网红专家，甚至成为疫情下的天津城市形象新名片。该报道经津云媒体平台播发后，迅即走红网络，当日升至新浪微博热搜榜第一名，2月2日至4日，全网阅读量超过5.8亿。

为了应对新冠肺炎疫情这场大战大考，天津主流媒体及时报道天津应对危机的各项举措，报道天津应战的顶层设计和科学规划，展现应对疫情建立健全化解各类风险、管控各类危机的城市运作体系，从而呈现出一个疫情面前统筹驾驭、风险把控和区域治理能力均可圈可点的天津城市形象，也展现出了兼容并包、创新进取的城市“抗疫精神”。

（三）通过塑造文化认同，增强相似性感知

媒介一直是城市形象传者（政府）与受众之间的沟通中介，媒介的报道对城市形象的建构与传播意义非凡。面对新冠疫情，天津主流媒体充分发挥融媒体优势，多形式、多角度、立体化开展新闻策划宣传，通过塑造文化认同，增强相似性感知，提升城市形象的共识与认可度。

疫情发生以来，天津各战线群体，包括天津的普通市民都在用各自的行动为抗击疫情助力，他们形成一个集体团结在一起，为战胜疫情的最终目标而努力。《天津日报》报道天津“希望24”热线接入武汉人民社区服务平台，开通武汉抗疫心理咨询专线，用专业知识为武汉人民提供心理支持与帮助；报道环卫工人早上不到6点准时出门开始一天的工作，坚守在维护城市环境卫生的最前线；报道古稀老人派出所扔下万元现金捐武汉，以义举体现天津人民的情怀，以无私彰显天津人民的担当。“人无精神不立，国无精神不强”，这次疫情防控斗争，磨炼了天津全城人民的意志，激发了天津全城人民的精神。天津主流媒体聚焦不同个体和群体在这次疫情中表现出的闪光点，并及时给予良好的引导和宣传，增强了群体的相似性感知，鼓励他们为城市建设发挥出更大的作用。

此外，《天津日报》头版还报道了由天津创新推出的“市委办局＋各区＋企业＋专家＋一线代表”的新闻发布形式，即围绕同一主题、同一政策措施，把政策制定者、执行者、受益者、监督者都请到一起现场讲解讲述。为展现各条战线在阻击疫情中的英勇作为，新闻发布会先后邀请社区工作者、铁路工作者、医护人员、快递小哥、“90后”青年等社会群体参与其中，有力地搭建起了党和政府与人民群众之间的连心桥，真正做到了向群众汇报，与群众心心相印。该新闻发布形式一经主流媒体报道，便成为各地

新闻发布的参照样例，不仅体现出天津面对疫情灵活创新的执行力，而且增强了普通民众的群体认同感，进而激发个体发挥自身的正能量，为社会做出更多贡献。

疫情期间，天津主流媒体还持续报道了多部门出台的保民生战疫情等多项举措。例如，报道国网天津市电力公司落实供电服务措施，保障全市电力供应；报道天津税务部门创新纳税服务举措，提振企业的信心和勇气；报道天津各条战线复工复产，助力经济社会发展等工作，为天津市民群众注入了做好疫情防控常态化的强心针。

除此之外，天津主流媒体还对疫情发生后天津的快速反应做了较多报道。例如，疫情发生后，天津很快建立起了相对完善的信息公开发布制度，1 月 24 日零时，天津启动一级响应机制，成为最早一批启动最高等级响应的省市。天津战“疫”有何最新进展？怎样做好应急物资和市民就医保障？如何守好百姓的“菜篮子”“米袋子”？“延迟复工怎么发工资？”——针对百姓关心的这些热点问题，天津以新闻例行发布常态化机制来及时邀请官员、专家为群众解疑释惑。

在社会各界以实际行动为津城抗疫胜利贡献力量之时，天津主流媒体始终在场，持续引领新闻舆论，积极处理突发公共事件常态治理与非常态治理的媒体报道工作关系，及时传播各部门的完善保障举措和疫情最新信息，让市民群众及时了解全国和全市疫情防控的最新动态，不仅展现出困难时期不屈不挠、齐心协力向上的天津城市精神，也坚定了全体民众共同打赢这场抗击疫情人民战争的信心，塑造了更有利于健康生活的城市空间和城市形象。

四、天津主流媒体城市形象媒介记忆建构的启示

媒介记忆在媒介化社会阶段发展起来，将媒介作为媒介化社会集体记忆表征与建构的主要场所。[①] 新冠疫情期间，天津主流媒体依托于自身权威性和影响力，成为天津新冠疫情媒介记忆的重要场所，也提供了建构城市形象的空间。在建构天津城市形象的过程中，天津主流媒体不仅为新冠疫情的媒介记忆提供了丰富的建构素材，也为其他城市形象的媒介记忆建构带来了一定启示。

（一）善用素材多层次构建城市形象

媒介通过自己的方式和方法，关注和记录着人类社会的变化。面对突如其来的疫

① 余霞.全球传播语境中的国家创伤与媒介记忆——中、日、美、英“南京大屠杀”相关报道（1949—2014 年）的内容分析[J].华中师范大学学报（人文社会科学版），2016(5)：129-137.

情，当大多数人都还没有意识到严重性的时候，天津市政府就已迅速展开行动。2020年1月22日，天津市委常委会会议提出“战时机制”，启动天津市重大突发公共卫生事件一级响应，做好应急管理处置工作。天津主流媒体主动出击，用专业的眼光和冷静的头脑跟进报道，积累了大量素材。疫情公开、驰援湖北、保民生战新冠、辟谣言正视听、科技助力战疫、“小汤山”建设、复工复产等方面的媒介记忆，为勾勒一个疫情期间依然充满活力的天津城市形象奠定了基础。

同时，天津主流媒体改变原有单向传播的思维定式，创新疫情讲述方法。除了用传统文字稿记录疫情外，还通过纪录片、短视频、漫画、H5等新媒体手段多层次构建疫情期间的天津城市形象。如津云客户端推出的系列漫画短视频《战地日记》、抗疫津云H5，大考|新冠肺炎疫情阻击战天津纪实；北方网梳理的专题“谁是新时代最可爱的人”，报道了在抗击疫情阻击战中涌现的典型人物和突出事迹，记录下平凡个体在一线的抗疫点滴，这些记录让我们看到了天津在抗击疫情中的真实举措和坚毅力量，也塑造了多层次的城市形象。

(二)创新表达语态，强化媒介记忆价值认同

媒介记忆是社会发展的推动力。媒介在记录和报道社会现状的同时，还能够从众多的媒介记忆中获取有用信息，学习经验、吸取教训，由此引导人类前进，促进社会革新，朝着良好的局面发展。

新冠疫情发生以来，天津主流媒体迅速展开行动，从一线源源不断传来的报道持续产生强烈的社会反响，不仅记录了许多记者拍摄的一线疫情作品，而且主动转变表达方式，软化叙述语态，与自媒体和头部社交媒体平台合作，广泛征集一线网友的疫情记录作品，努力拓展创作来源，形成全民记录天津疫情的氛围。不同于传统新闻的权威严肃，这种方式综合了个性化的语言和对公共议题的关切，创新了新闻的表达语态，增加了城市形象塑造的灵活性和叙事张力，凝聚起了全社会抗击疫情的强大合力，为最终打赢疫情防控阻击战提供了强有力的舆论支持。

在防控疫情报道中，只有与医护人员保持同步同距，才能完整记录。天津主流媒体翔实记录了一线医务工作者抢救人民群众生命的大无畏精神，为津城民众带来战胜疫情的正能量，并传递了一种记忆价值认同——不论你是哪里人，只要你身处天津这座城市，你就是天津人，你就会看到天津的担当、天津的作为，你就会感受到无数天津人的背影，在那看不见的硝烟中，不忘初心，砥砺前行，只为迎来抗击疫情胜利的喜讯。

天津主流媒体报道新冠肺炎疫情的阶段性胜利是这座城市和全市人民共同努力的结果,众志成城的全民抗疫阻击战在全社会塑造了独有的城市认同感,也折射出一个城市的凝聚力。而在此过程中,天津主流媒体始终掌握着战“疫”报道的主导权,持续输出权威信息,通过多种形式的战“疫”报道,展现了天津的担当作为,展现了社会温情、工业实力和治理能力,并为建设出拥有现代化治理体系与治理能力的韧性城市作出了积极贡献。

〔陈娜,复旦大学新闻学博士,中央党校(国家行政学院)博士后,天津师范大学新闻传播学院副院长、副教授;张涛,天津师范大学新闻传播学院硕士研究生〕

〔特约编辑:曹晚红〕

新闻生产研究

智能媒体时代的新闻策展：基于对传统媒体新闻记者把关实践的观察与访谈
赵如涵　白顺阶

智能媒体时代的新闻策展：基于对传统媒体新闻记者把关实践的观察与访谈

Collaborative News Curation in the Age of Intelligent Media: Based on the Observation and Interview of Traditional Journalists

◎ 赵如涵　白顺阶

Zhao Ruhan　Bai Shunjie

摘要：智能媒体的迅猛发展为新闻业创新实践注入动力，新闻信息形态得以拓展，新闻传播主体持续更新，传统媒体的新闻记者从“把关人”到“策展者”，在不断转型职业角色的过程中适应新型媒体生态下的新闻生产。本文即基于对传统媒体新闻记者把关实践的观察与访谈，以传统媒体的新闻记者为阐释主体，以智媒时代的新闻策展实践为特定主题，聚焦技术因素进入新闻业后的新闻实践创新，在新闻生产包括职业记者和普通公众乃至人造物等多重主体的情态下，分析作为专业行动者的职业记者，在多重主体共同参与连接形成的新新闻生产网络下，其角色定位的转变、业务技能的升级以及价值伦理的反思，以期为未来智能媒体时代下的新闻生产提供有益参考。

关键词：智能媒体；新闻协作式策展；新闻记者；把关人

Abstract: The rapid development of artificial intelligence in the media field has injected power into the innovation practice of journalism. Artificial intelligence has not only changed the way of news production, the form of news also has been updated, collaborative news curation has emerged as the times require which brings challenges and opportunities to journalists. And the journalists of traditional media have adapted to the news production under the new media ecology from “gatekeeper” to “curator” in the process of constantly transformation. This article is based on the observation and interview of the traditional media journalists who work with the general public and even man-made objects, with the collaborative news curation as the specific theme, focusing on the technical factors into the innovation of journalism. The professional journalists who play vital roles are analyzed under the new news production network which is connected with multiple subjects, in order to provide a useful reference for the future news production in the intelligent media era.

Keywords: artificial intelligence, collaborative news curation, journalists, gatekeeper

人工智能技术的迅速发展和应用，不仅为构建数据驱动、人机协同、跨界融合、共创分享的智能经济形态的目标提供支持，[①]也积极参与并塑造着新闻业的新闻生产实践。传统采、写、编、评的新闻生产流程在智能化传播、感官与视觉呈现及强互动场景中被重建再造。2020 年，尽管新型冠状病毒性肺炎疫情给社会正常运转带来诸多挑战，但《人民日报》、新华社等主流媒体和新浪网等网络平台积极通过数据可视化、虚拟主播、智能短视频生产等方式不断创新着新闻报道生产。这些实践表明，伴随 5G 时代的全面到来，人工智能技术将进一步革新我们对新闻生产的认知与想象。面对更迭更快的技术与更高的受众需求，作为传统新闻生产环节中最重要的“把关人”(gatekeeper)，新闻记者的角色和实践方式正经受着重要挑战。他们如何适应新的媒介生态？对信息加工过滤的把关行为发生了何种变化？这种角色变化如何影响智能媒体时代的新闻生产？为回答以上问题，本研究以社会学研究路径切入，引入“新闻策展”(news curation)概念，通过对《人民日报》新媒体与新华社北京分社的编辑部进行实地调研及与记者进行深度访谈，实地观察了智能媒体环境新闻生产流程再造中的实践者行为，尝试理解其中的生产逻辑和新闻理念。

一、智媒时代下的新闻业

自 20 世纪 60 年代数字技术进入新闻业以来，至今已有近 60 年历史。在此时期，新闻业生产主体与传播对象既被技术带来的进步赋予更多权利，也被技术的快速发展掣肘，生产机制正在与社会整体的信息和舆论环境进行博弈与调试。“在具有中国特色社会主义发展的广播电视系统中，‘数字化’代表了一种现代化进程，这个过程包含了技术、国家与资本在转型中国中复杂的互动。”[②]进入 21 世纪后，智能媒体技术开始

① 习近平主持中共中央政治局第九次集体学习并讲话[EB/OL].(2018-10-31)[2019-09-30].http://www.gov.cn/xinwen/2018-10/31/content_5336251.htm? cid=303.

② 赵如涵，吴心悦.我国数字新闻研究的历史考察与话语变迁(1961-2019)[J].新闻与写作，2020(6).

进入快速发展期，并与新闻业产生了更复杂的交融。“近两年，以人工智能技术为内核的机器人写作、算法新闻推荐、自动化事实核查、智能广告等得到十分广泛的应用，使新闻业与人工智能的结合成为新常态。”[①]传媒的智能化表现为用户行为智能化、新闻内容智能化、传播平台智能化等，而新闻的智能化表现为新闻采集、新闻编辑、新闻分发与新闻阅读/消费的智能化。

2020年全国“两会”期间，多家主流媒体积极探索新闻智能化的路径。例如，通过“云对话”打破距离限制，“5G＋VR”直播成为各大媒体新闻业务创新的关键，记者们利用安装在人民大会堂“部长通道”的“5G＋VR”摄像头，经由全息投影技术记录并再现物体的真实影像，身临其境720°实时观看对部长们的采访直播，真人大小的“全息记者”和“全息代表委员”在不同空间里对谈。不难看出，技术赋权与赋能正在推动新闻从业者尝试新的报道方向，“融合媒体”逐渐向“智能媒体”过渡。这标志着AI(Artificial Intelligence)全面介入传媒内容生产，智能媒体正在依托AGC(Artificial Intelligence generated content)对PGC(Professional generated content)和UGC(User generated content)进行整合，全面介入传媒内容生产，形成崭新的内容生产格局，整个媒体产业链条将实现全面智能化。[②] 成立于2019年9月19日的人民日报智慧媒体研究院，结合百度大脑AI开放平台的视觉、自然语言处理、深度学习等AI技术，在“两会”期间，其Media智能媒资系统、Monitor传播力分析以及iNews智慧新闻大数据引擎均投入使用，可对视频画面进行人像识别、文字识别和语音识别，迅速生成视频并自动匹配字幕，并根据传播力模型计算传播力指数，分析稿件传播路径、传播趋势，提升了内容收集、筛选和分发效率。[③]

进入5G时代后，智能化生产的传输端效能大幅提高，支持接收端愈加丰富的应用场景，在传感器、大数据与云计算等基础层架构之上，借由语音识别、知识图谱、机器学习等具体技术全链条改造媒体领域新闻信息的流通与分享，贯通信息采集、内容生产、内容分发、媒资管理、内容风控、效果检测、媒体经营、舆情检测、版权保护等环节，带来了新闻业的多维度创新实践。

自21世纪初，新闻研究即开始关注智能媒体技术对新闻业的渗透。智能媒体与新闻业互动的效果与意义是新闻研究关注的重要议题之一。在智能媒体发展初期，学

① 师文，陈昌凤.驯化、人机传播与算法善用：2019年智能媒体研究[J].新闻界，2020(1)：19-24，45.

② 廖祥忠.从媒体融合到融合媒体：电视人的抉择与进路[J].现代传播，2020(1)：1-7.

③ 人民日报两会黑科技，5G＋AI打造新型智能媒体平台[OL].(2020-05-23)[2020-08-16].https://baijiahao.baidu.com/s?id=1667412817066244318&wfr=spider&for=pc.

者们对传媒的智能化趋势较为乐观，多以技术为线索，以业态重塑、发展前景、伦理规制为主题进行解读①；智能媒体之于新闻记者研究，则多从行业角度，对智媒化趋势下新闻记者提出业务指导类论述，并关注技术伦理与人文精神，但综合来看，缺乏对智能化实践中的新闻生产模式的进一步了解。但伴随假新闻频发现象，反思媒介技术、算法与智能媒体的思辨性研究成果有所增加。智能化新闻核查技术与人工智能环境中的受众行为是这一时期的研究重点。② 近些年，学者们对智能媒体的数字伦理问题、传播的公共性等问题展开了讨论。另外，学者们也对数据与算法导向在日常新闻实践中的意义建构进行了深入思考。

二、新闻从业者的角色转型："把关人""守望者""策展人"的三次转换

新兴媒体平台的不断涌现，推动了媒体融合进程。在新闻生产领域出现了以"中央厨房"为代表的"新新闻编辑部(New Newsroom)"③这种集电视/视频演播室、互联网制作设施、广播/音频设备、图形工作站以及电脑终端于一体的技术空间，力图节省信息时代新闻生产的成本，一次采集多屏使用。而全新的工作空间，使新闻记者的角色与意义生成也随之变化。为了更好地理解这一变化，我们认为，需要将新闻从业者的角色历史化，置于新闻业的现代化、数字化与智能化的进程之中，其转型则可大体归为以下三个阶段：

(一)传统媒体的"把关人"

"把关人"的概念最初出自卢因于1943年在"渠道理论"中描述的有食物选择权的家庭主妇，她们实际是家庭餐食的"把关人"，后此概念被怀特开创性地引入新闻学研究。④ 怀特发现，在传统报刊的新闻生产中，大多数信息被过滤丢弃，只有少部分信息被加工成为新闻报道。在这个过程中，新闻编辑即是重要的"把关人"。麦克内利则认为，新闻生产中的把关人不仅仅是编辑，还涉及挑选、写作、定位、安排调度、重复或者修改等多个把关角色。巴斯将这样的复杂流程分为两个阶段，并指出，虽然新闻生产环节众多，但只有新闻记者与新闻编辑实质承担了把关任务。目前，尽管"新新闻编辑

① 王茜.算法技术的盲区与智媒时代的数据伦理困境[M]//新媒体与社会(第22辑).北京：社会科学文献出版社，2018.

② 方师师.算法如何重塑新闻业：现状、问题与规制[J].新闻与写作，2018(9)：11-19.

③ 陆晔，周睿鸣."液态"的新闻业：新传播形态与新闻专业主义再思考——以澎湃新闻"东方之星"长江沉船事故报道为个案[J].新闻与传播研究，2016(7)：24-46.

④ WHITE D M. The gate keeper：a case study in the selection of news [J]. Journalism quarterly，1950，27(4).

部”在空间和时间上对新闻生产进行重组,但因新闻作为一种特殊的“产品”,其生产环节中的把关工作依然无法被智能媒体替代。本研究中的《人民日报》、新华社,其新媒体编辑与传统媒体编辑空间分离运行,信息的流动已经脱离原有的媒体限制,但把关环节并未消失。

(二)社交媒体的“守望者”(gate-watcher)

社交媒体的出现使新闻信息的传播发生了结构性变化,信息的分享方式、信息发布的时效性、新闻价值的判定、用户结点式连接方式都受到了影响。澳大利亚学者亚历克斯·布朗斯(Axel Bruns)认为,新媒体带来的用户参与能力提升使把关人失去了原本的新闻生产控制权,其角色转变为“守望”(gate-watching),即记者的主要职能是关注、辅助用户参与新闻生产。①与传统新闻生产中的“把关”的主要区别是,“守望”是积极主动地将部分信息的采集、选择和加工权利让渡给用户,从而共同完成新闻产品的生产。社交媒体的出现以及信息环境的海量化、碎片化,使得新闻机构不必再因版面所限,用“把关”来“剔除次重要的内容”,反而要用“守望”来从海量信息中“强调更重要的内容”,信息的重新整理与传播构成新闻生产;其次,大众基于社交平台发掘、排序、分享、评论新闻,这一与传统新闻生产不同的过程,与其说是刊出(publish)新闻,不如说是在公开(publicize)新闻。②

(三)智能媒体的“新闻策展人”(curator)

智能媒体的发展和视觉化媒体时代开启了新闻记者角色的第三阶段:智能媒体的“新闻策展人”。“策展”一词初始来源于艺术领域,意指在艺术展览中通过对展品的收藏管理、组织维护、编排架构,以此实现展品的艺术价值,多用于艺术馆、美术馆和博物馆等。新闻策展人运用多种内容整合技术支持,依据时间成果、因果逻辑等碎片化信息形成新闻“故事包”。新闻事件中的细节与现场语境是“新闻策展”的重点。智媒时代的策展人即以“(数据)导引+(算法)集成+(平台)分发=新闻策展”代替“(人工)筛选+(渠道)分发+(新闻专业主义)常规=新闻把关”,通常的策展工作即分为主题企划、选材精炼、组织加值、分享发布及后续发展五个阶段。③ 因此,从功能角度来看,

①② BRUNS A. Gatekeeping, gatewatching, real-time feedback: new challenges for journalism[J]. Brazilian journalism research, 2011, 7(11).

③ 谢佑欣.从数位内容策展观点探讨懒人包制作[D].台北:台湾师范大学图书资讯研究所,2013.

"策展"通常被理解为是一种对各种围绕中心主题的"人工制品"的评价、挑选与呈现,新闻工作者则早已担当起"策展"的角色。[①]新闻生产从封闭式筛选走向开放式呈现,新闻记者的视角在不断转换,"新闻策展"(news curation)也成为职业新闻从业者的角色转型方向。[②]

三、新闻协作式策展:一场技术变革下的新闻创新实践

在智能媒体时代,技术创新成为"新闻策展"概念发展的重要驱动力。最初在新闻领域,布展被用来强调新闻的专业筛选和视觉化呈现,着眼于记者编辑对不同新闻来源信息进行的阅读、选择、排除、组织和集中呈现,早期的报纸文摘便是贴近策展的一种呈现形式,专业记者的主体性得到显著发挥。后期,随着数字媒体技术的发展,布朗斯·亚历克斯(Bruns Alex)在"守望"模式的基础上,与蒂姆·海菲尔德(Tim Highfield)提出"协作性新闻策展"(collaborative news curation)的概念,认为媒体记者或有影响力的博主等多元传播者在社交媒体平台上发表言论、分享新闻链接等,跨平台地参与新闻生产。[③] 这里的协作性新闻策展意指通过数据创造者、提供者、存档者、消费者共同参与的标注、评价、选择、转换数据的行为,令数据增殖、广泛共享和再利用,概括职业新闻人、消息来源、公众等角色在新闻的发布、选择、排序、评价各环节即时互动的协作,实现从"讲授"到"对话",新闻"由单向度的、静态的'客观存在'转变为更符合新媒体生态的、动态的'演化过程'"。[④]基于对人民日报新媒体中心与新华社北京分社的实地调研,以及对8位记者的深度访谈,我们发现智能时代的新闻生产具有协作性新闻策展的诸多特征。

(一)智能技术作为场景:新闻生产流程的动态化

以往新闻记者与编辑的"手动"工作逐渐被智能化技术所代替。程序代码根据用户需求进行了算法推演,打造了"科学"的生产链条。通过智能化手段,新闻产品的分

---

① GUERRINI F. Newsroom curators & independent storytellers: content curation as a new form of journalism [D]. Reuters Institute Fellowship Paper, 2013: 1-62.

② BRUNS A. Gatewatching, not gatekeeping: collaborative online news [J]. Media international Australia incorporating culture and policy, 2003, 107(1).

③ AXEL B, TIM H. News Blogs to news on Twitter: gate watching and collaborative news curation [M]// Handbook of digital politics. Cheltenham: Edward Elgar Publishing, 2015: 325-339.

④ 史安斌,钱晶晶.从"客观新闻学"到"对话新闻学"——试论西方新闻理论演进的哲学与实践基础[J].国际新闻界,2011(12):67-71.

发与传播效果被优化,以“量”的形式反馈给媒体机构。新闻媒体依托 AGC 全面整合 PGC 和 UGC,运用人工智能技术聚合、筛选、呈现智媒时代新闻策展的突出特征,成为区别于融合媒体进行智能化转型的重要标志。①

尽管当下的新闻编辑部已经成为无障碍交流的空间,产业链条也连接得更为紧密,但新闻报道的生成依旧不可避免地受到几个维度的影响。学者休梅克曾对新闻报道的产生过程进行了详细说明:一则消息是否能成为新闻要经历从微观到宏观的五个维度的筛选。(1)个人层次的主观判断,这基于新闻从业者的经验与价值偏向。(2)媒介工作常规的层次,即这则消息是否满足媒体呈现的要求。(3)组织层次,作为一个开放的社会系统,组织通过边界,形成“潜网”。(4)媒介外社会团体层次,在新闻结构外,新闻源、受众、利益群体等都是影响新闻生产的要素。(5)社会制度层次,主流文化、社会结构、主体意识等对媒体生产的宏观影响。她在智能与社会化媒体出现后,指出新闻生产出现了“流新闻/信息流”(streaming news)现象,即原来由记者传递的信息,现在由现场直播、人们的评论,甚至点赞共同构成。能否把握信息在使用者网络中的流动,是能否完善新闻报道的关键。②

根据实地,我们绘制了智能新闻生产的基本流程(见图 1)。

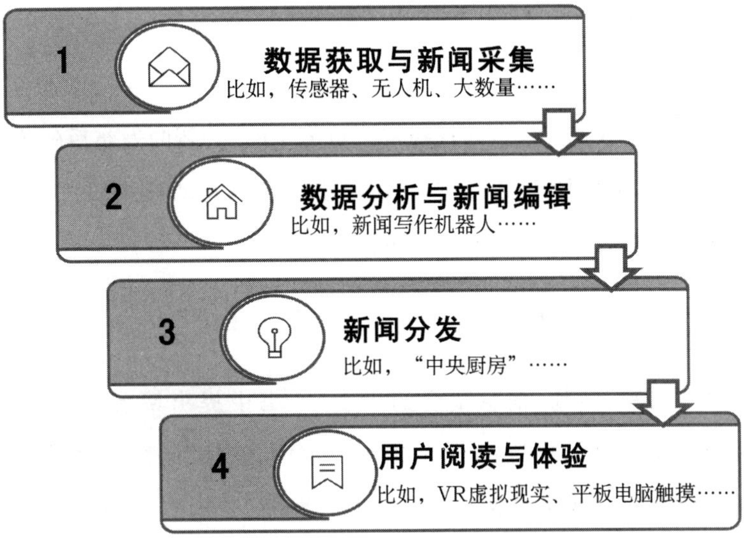

图 1　智能新闻生产的基本流程

---

① 廖祥忠.从媒体融合到融合媒体:电视人的抉择与进路[J].现代传播,2020(1):1-7.

② 休梅克.社会化媒体时代的“把关”[EB/OL].(2019-03-23)[2020-08-15].https://new.qq.com/omn/20190323/20190323A0I857.html.

1.数据获取与新闻采集

智能技术嵌入新闻业的首要表现即是对新闻生产的前端产生结构性影响。传感器、无人机、大数据分析等技术解决了以往难以获取的信息采集问题。然而,这些技术要求媒体从业者具有更复杂的能力结构,而这些要求也为新闻记者带来了巨大压力。当下,为应对虚假新闻的传播,国内外主流媒体都尝试开发新程序,用以进行信息核查。

2.数据分析与新闻编辑

数据规模的提升和分析能力的优化是智能媒体技术的核心,这为新闻编辑提供了导向。新闻编辑的主体发生了结构性变化,新闻记者、新闻编辑、用户之间的互动在不同新闻种类的生产中进行适应性调整。新闻写作机器人的出现引发了学界与业界的关注,深度学习能力使得智能化写作的发展方向更为明朗。

3.新闻分发

个性化推荐在智能媒体时代得以实现,而信息传播终端的多样化也成为新闻机构的建设方向。目前,在我国主流媒体,包括县级融媒体中心,"中央厨房"式的智能平台几乎成了新闻机构的"标配"。

4.用户阅读与体验

数字与数据技术不仅为信息的选择带来更大空间,其新闻发布后的传播效果也可以用来科学分析。VR虚拟现实、平板电脑触摸技术等互动形式的发展,迫使新闻从业者不得不思考人机交互与传播的更多可能。

(二)协作与创意工作:智能媒体环境中新闻从业者的自我定位

《策展时代:点赞、签到,信息整合的未来》一书中提出策展的过程可被理解为"curation=content+3C"[①],即在纷杂的网络内容中,筛选并挑出主要内容(content),将其赋予关系连结并形成事件情境(context),新闻记者或意见领袖给出看法或意见(comment),带领受众进入理解,最后对于内容所形成的含义给予明确的结论(conclusion),形成完整的"策展"环节。应用于新闻领域,智能媒体为新闻从业者的新闻生产实践带来新的元素,使其角色从传统"把关人",到社交媒体时代的"守望

---

① 佐佐木俊尚.策展时代:点赞、签到,信息整合的未来[M].沈泱,译.北京:中信出版社,2015:12-50.

者”，再到智能媒体时代的“策展人”。其中，情境与场景对新闻生产的潜入则是新闻从业者自我定位发生转型的重要原因。

然而，尽管“协作式新闻策展”代表了受众身份的转变，使其获得了更多的信息使用与新闻参与权，也使新闻从业者获得了更多的新闻灵感和新闻资源，但有研究指出，新闻从业者对自我角色的认知并非迎合智能媒体技术发展。例如，美国门户新闻网站的从业者认为，所谓的算法破坏了传统新闻超链接文化下的用户阐释以及探索新闻的自主性，因此对人工智能持有策略化逃避的态度。更重要的是，与认为智能媒体带来更多公共空间与民主机遇的传统观念相反，新闻编辑们认为智能技术破坏了协商性空间。专业新闻结构与智能媒体的积极联姻，也并不意味着新闻质量和多样性的提升，相反，地区报纸的个性会受到破坏。①

针对我国媒体的当下实践，我们在访谈中发现，新闻从业者的年龄与社会成长环境也是影响他们的新闻生产理念与传播理念生成的重要因素。年龄在25—35岁之间的新闻从业者普遍认为，目前的新闻生产模式与其自身的阅读习惯并不能逻辑自洽，同时与专业学习中的传统新闻业务方法具有较大差异。作为新闻策展的主力创作群体，他们对视觉化、感官化的新闻呈现比较敏感，认为“策展”是一种前置意识，是视觉图像时代对新闻信息进行呈现的最基本能力。

四、想象未来的新闻记者

新冠疫情期间，“疫情数据地图”成为众多主流媒体结合智能技术进行疫情主题报道的重要形式，它由人民日报新媒体、新华网制作推出并在疫情报道页面占据了显要位置，快速、精悍、准确，提升了疫情信息传播的效率。一方面，智媒技术完善了疫情信息的采集，加速了疫情信息的抵达；另一方面，记者与编辑们精心策划，提升了信息抵达的深度。例如《人民日报》、央视等媒体推出了战“疫”Vlog相关主题，其制作来源有疫情一线的医生、护士、志愿者，有身处疫情中的普通民众，也有与其并肩战斗的新闻记者。多视角下抗疫故事的有机结合，在共同应对疫情的语境之下，在事实信息的铺垫之后，带给了受众更为深度的情感体验。用户的新闻阅读与消费行为具有明显的时间碎片化、感官化、场景化特征，智能媒体技术既满足了这种需求，同时也强化和培养了这种需求。数据新闻、虚拟主播、机器人写作等技术的兴起即是这种需求与媒介技术共同作用下的产物。与此同时，智能媒体技术，特别是算法新闻使定制式新闻消费

① 常江.原子化未来：技术变迁对报纸编辑室文化的重塑[J].编辑之友，2018(10)：62-68.

成为可能,VR/AR技术甚至为用户建构了一个与现实世界感官相似的虚拟世界。

技术革新瞬息万变,智媒时代的新闻协作式策展正改变着我们对新闻生产流程的多重想象。尽管新技术带来诸多便利,但我们也应辩证、审慎地看待新变化与新发展,在新媒介生态中,既坚守新闻记者的职业角色与专业价值,也要在时代浪潮中不断拓展新闻从业者实践与新闻业的边界。

当新闻业的边界不断延展,公众、人造物的技术都将成为新闻生产的主体或是重要参与者,新闻记者从“把关人”到“策展者”,也应转变心态,构建起包容、开放、独立的话语空间,以利于多元观点的呈现与多样价值的传递。对于新闻理念与新闻常规,也需在实践创新中不断完善并始终秉持。

在新闻生产实践中,记者编辑既要充分尊重其他主体的角色价值,充分发挥协同合作的精神,尊重公众生产和使用新闻的权利,同时也应注意人机协同价值观的技术逻辑与伦理风险,强调自身的专业能力与独特身份,在新闻策展中提升新闻语境分析与背景解读能力,为用户提供具有深度且有温度的新闻信息。

智能媒体的发展和技术更新,始终以辅助人类的方式嵌入当下的新闻生产。机器会不可避免地遵循着特定的编程代码,尤其在涉及隐私、道德伦理的新闻事件中,不能做出完全恰当的判断,这就要求新闻记者应根据事件情境与职业素养,完成新闻价值判断与价值选择的过程,更新自身角色,做值得信任的“鉴定者”、“释义者”、“调查者”、“聪明的聚合者”以及“新闻榜样”①。

信息传播正发生着剧烈变革,媒介与社会紧密相连,新闻业的发展始终离不开对社会责任的回应与社会问题的关切。而新闻业发展演进的历程也是新闻机构和新闻从业者寻找自身角色定位、平衡媒体与公众关系的过程,②新闻记者仍需保持前瞻视野,拥抱高速移动互联的5G技术,突破业已获得认知的人工智能技术,在迎来发展机遇的同时,也应做好应对挑战的准备。

〔赵如涵,中国传媒大学国际传媒与教育学院副院长、副教授;白顺阶,中国传媒大学新闻传播学部新闻学院新闻学硕士研究生〕

〔特约编辑:付晓光〕

① 科瓦奇,罗森斯蒂尔.真相:信息超载时代如何知道该相信什么[M].陆佳怡,孙志刚,译.北京:中国人民大学出版社,2014:181-186.

② 王斌,顾天成.智媒时代新闻从业者的职业角色转型[J].新闻与写作.2019(4):29-36.

纪录片研究

动能转换与多元创新：中国纪录片发展的新图景　何苏六　韩　飞
记忆、历史与影像表达
——基于养老社区口述史纪录片创作的田野考察　夏丽丽

动能转换与多元创新:中国纪录片发展的新图景*

Mainstream Characteristics and Innovations of Chinese Documentary

◎ 何苏六　韩　飞

He Suliu　Han Fei

摘要:本文从内容生产和产业发展视角,结合相关调研、个案研究及行业负责人访谈,对中国纪录片发展现状与趋势进行把脉。当下,中国纪录片产业整体步入一个“新旧动能转换”、产业结构性调整的阶段。中国纪录片的生产创作受到产业新旧动能转换的影响,电视媒体在融合浪潮下正经历艰难变革;新媒体纪录片的全面爆发,让中国纪录片的“网生时代”真正到来;纪录电影在院线化回归方面仍然道阻且长。纪录片的主流气质更加明显,社会功能进一步释放。在互联网赋能、功能驱动、多元市场主体崛起的“公众时代”,中国纪录片产业呈现出更加活跃的革新态势。

关键词:纪录片;产业;新旧动能转换;社会功能;网生时代

Abstract: This research summarizes the development of Chinese documentary in 2019 from the perspective of content production and industrial upgradation through social research, case studies, and interviews with relevant industry leaders and managers. At present, the Chinese documentary is under industrial restructuring and its production is affected by the conversion of old and new kinetic energy of the industry. Television media has undergone reforms in content production. Also, Chinese documentary has entered the “Net Era” due to the full-scale outbreak of documentaries in new media. Yet, documentary film still remains a space to explore in commercial film industry. The mainstream characteristics of Chinese documentary are more obvious, and its

* 本文受中国传媒大学中央高校基本科研业务费专项资金资助,是“融媒体时代下纪录片产业发展和类型化研究”(项目编号:CUC2019A015)、“产业化视野下中国纪录片的国际传播与国家形象建构”(CUC200F02)的研究成果。

social function is further releasing. Overall, in the "Public Era" involved with Internet empowerment, function-driven, and the rise of multiple market players, Chinese documentary industry has seen a more active and innovative trend.

Keywords: documentary, industry, conversion of new and old kinetic energy, social function, net era

中国纪录片进入产业化发展的阶段，正处于"新旧动能转换"①的结构性调整平台期。这一特点呈现在内部是纪录片制播主体、产品类型、商业模式上的巨大变化，外部则体现为纪录片产业格局在不同动能要素重组之下的一次再建构。这种调整正在激烈进行，并且会在接下来一段时间内持续。

当下，技术革新、国家需求、传媒体制机制和产业变革中孕育的纪录片产业发展的新动能正在形成。所谓新动能，就是日益明确的国家意识形态主导的多元功能诉求、新媒体和院线平台的驱动力量、多元市场力量、新技术力量、不断扩大的公众消费和参与力量等对纪录片产业形成的新的综合驱动力。而改造旧动能，其本质就是在媒体融合、传媒体制机制变革的趋势下，对过去处于绝对主体地位的电视纪录片产业进行模式再造，从而爆发出新的生机活力。②

中国纪录片的生产创作受到产业新旧动能转换的影响，电视媒体在纪录片制播产出方面亦受传媒发展大环境波及；但媒体融合变革与政治大年下国家层面的主流意识形态建构诉求让纪录片在电视媒体的传播力、影响力逐渐提高。新媒体对纪录片领域的影响进一步凸显，几家头部网络平台基本上告别了单纯作为播出平台的历史阶段，自制出品成为核心产出方式；在文本内容上，新媒体平台积极进行类型和话语创新，纪录片的"网生化"气质更加明显，纪录片在商业模式上不断探索，变现方式更加多元，成为产业的重要探索力量。纪录电影因缺少头部作品引领而导致票房出现较大落差；与此同时，题材类型走向多元，现实关注精神增强，但纪录片的院线化进军总体依旧道阻且长。

---

① "新旧动能转换"，原作为政府官方话语，自 2015 年开始出现在中央和地方政府的各类讲话和文件中。新动能的内涵被政府官方概括为"是以技术创新为引领，以新技术、新产业、新业态、新模式为核心，以知识、技术、信息、数据等新生产要素为支撑"。它被认为是在我国经济由高速增长阶段转向高质量发展阶段中，基于经济结构优化、发展方式转变、增长动力转换的一种战略需要。中国纪录片研究中心(CDRC)"纪录片蓝皮书"课题组将其引用到纪录片产业领域，更愿意视之为一种产业发展战略和产业转型升级思路。"新旧动能转换"，其实质就是在产业发展过程中，基于优化结构和产业高质量发展的目的，有计划培育和利用新动能、改造旧动能。

② 韩飞，何苏六.新旧动能转换视野下的中国纪录片产业发展[J]. 当代电影，2019(9)：128-131.

一、电视媒体：在变革与坚守中成长

电视媒体在国家政策的直接驱动下形成了“央视＋省级卫视＋省级专业频道”的纪录片制播三驾马车格局，在传播渠道和空间上，正经历电视媒体发展颓势带来的瓶颈期。中国纪录片研究中心(CDRC)的数据显示，电视纪录片在省级以上电视机构的播出总时长在经历2012—2016年的快速增长后，开始放缓并略有回调。2019年，省级以上电视机构播出纪录片总时长5.42万小时，同比减少0.77万小时，减幅10.7%。而广告创收也从2016年开始呈现一定下滑态势，这主要是因为电视行业的整体衰落带来的对电视纪录片生存空间的挤压。

投资方面，近两三年电视纪录片开始表现疲软，增长速度减缓，但投入较大的作品却有所增加，成本也在增加。媒体纪录片领域整体的市场化、产业化程度在提高，千万级以上投资增多，在电视、电影、网络平台呈现出泛化分布态势，印证了当今中国纪录片产业的三极制播格局的形成。“二八法则”在中国纪录片产业发展进程中进一步得到验证，集中力量打造“头部”产品越来越成为行业共识。

表1　2019年千万以上级别(部分)纪录片作品投资情况①

作品名称	制片机构	制作天数	集数	每集时长（分钟）	投资金额（万元）	每分钟投资（万元）
《大河唱》	马灯电影	1,095	1	98	2,600	26.53
《影响世界的中国植物》	北京木子合成影视文化传媒有限公司	900	10	50	2,500	5.00
《丹程》	上海仁翌文化传播有限公司	120	10	30	2,000	6.67
《善良的天使》	上海东注文化发展有限公司	1,500	1	88	2,000	22.73
《一百年很长吗》	杭州潜影文化创意有限公司	800	9	28	2,000	7.94
《长江之恋》	上海广播电视台纪录片中心	180	6	45	2,000	7.41
《变化中的中国·生活因你而火热》	五洲传播中心、优酷等	1,100	1	107	1,500	14.02
《大上海》	云集将来传媒(上海)有限公司、真实传媒有限公司	1,200	8	50	1,500	3.75
《孤山路31号》	浙江广播电视集团	500	3	30	1,500	16.67

① 1,000万左右投资在所有纳入统计的1,000余部(集)纪录片作品中有20余部，在此不再单列。

续表

作品名称	制片机构	制作天数	集数	每集时长（分钟）	投资金额（万元）	每分钟投资（万元）
《激荡中国》	云集将来传媒（上海）有限公司等	700	20	30	1500	2.50
《手术两百年》	北京科学教育电影制片厂、中央新影集团	1,095	8	50	1,500	3.75
《功夫学徒》	芒果超媒、芒果 TV、Discovery 探索频道	60	10	43	1,400	3.26
《唱给你听》	中央电视台中文国际频道	300	13	55	1,400	1.96
《原声中国》	爱奇艺	807	12	25	1,400	4.67
《从中国到中国》	北京三多堂传媒股份有限公司	500	5	50	1,200	4.80
《蓝盔行动》	河南电影电视制作集团有限公司、西安识君影视文化有限公司	365	1	83	1,200	14.46
《鳗鱼的故事》	佛山电视台顺德分台	720	3	25	1,200	16.00
《做客中国——遇见美好生活》	五洲传播中心	265	3	44	1,100	8.33

（数据来源：CDRC 调研）

当前，媒体融合正告别简单的“相加”阶段，向深度相融阶段迈进。在媒体融合的国家战略指引下，中央广播电视总台机构改革在 2019 年基本落地完成。在纪录片方面，总台成立了影视剧纪录片中心，标志着纪录片的制片进一步对标影视剧的市场化与项目化运作模式，缩小两者在产业发展水平上的“落差”。从“频道制”再次转向“大中心制”，是迎合媒体融合浪潮与“三台合并”节点、完成新一轮体制机制调整的结果。

央视纪录频道 2011 年成立以来，成为中国电视纪录片专业频道的旗舰，央视基于该专业平台进行了更多社会公共性和市场化的探索，使之成为电视纪录片平台的领头羊。近来，央视纪录频道不断在内容表达和商业模式上探索媒体融合新路径，以融媒体思维重塑中国纪录片的传播力。《如果国宝会说话》等纪录片作品已经成为文化 IP，成为市场价值和社会文化价值取得双赢的融媒体纪录片“爆款”。频道也在 2019 年 10 月迎来全面改版，其中，主打微短纪实内容的《9 视频》和《微 9》时段上线，成为融媒体新纪录形态的重要传播阵地；《纪录影院》90 分钟时段，播放全球顶尖纪录电影；《活力·源》25 分钟时段，播放精品综合类纪录片，丰富了纪录片的播出形态；《寰宇视野》50 分钟时段，荟萃全球精品纪录片，与 BBC、NGC、Discovery 等机构同步播出全球顶级大片；《全景自然》50 分钟时段，播放国内自制、海外引进的自然地理类纪录片;《魅力万象》50 分钟时段,播放人文社会历史类纪录片,多角度展示社会风情和世间百态。在媒体融合语境下,央视纪录频道在播出上形成了涵盖“长、短、微”全规格的编排矩阵。正如央视纪录频道总监梁红所说:“未来的纪录片必定是具有高度媒体融合属性的,兼具社会价值、产业价值以及新型传播模式的纪录片业态。”①

随着上海纪实频道、北京纪实频道、湖南金鹰纪实频道三家省级专业频道陆续上星,纪录片专业频道形成了“一极多元”阵容。2019 年来,这几家省级媒体都迎来了自身机构调整或体制机制变革,以求在新一轮的媒体发展和业态变革中获得生存空间。2019 年 5 月 10 日,在北京冬奥会如火如荼筹备之际,作为上星卫视的北京电视台纪实频道与体育频道整合,更名为北京冬奥纪实频道。调整后的频道编排以体育节目为主,反映了纪实频道在平台内的弱势。这次频道调整压缩了纪录片宝贵的播出阵地,由此带来的是个别重要电视媒体在资源投入方面的继续减少,对纪录片行业而言不容乐观。

2019 年 4 月 15 日,上海广播电视台整合全台资源成立以纪实频道为主体的上海广播电视台纪录片中心,纪录片生产与运营管理从频道制走向大中心制。纪录片中心集项目规划、立项、创作、编播、推广、运营、版权购销等为一体,并完善工作室制、中外机构合作机制,通过纵向产业链条打通、横向全媒体渠道贯通的方式,构建新型电视纪录片生产与合作机制。2019 年新中国成立 70 周年之际,中心推出了《彩色新中国》《上海解放一年间》《大上海》《长江之恋》《代号 211》等一系列重磅纪录片,是除了纪录片“国家队”之外主流题材精品纪录片的核心供给方。

省级卫视在经历了一定时期的狂热市场化和泛娱乐化倾向后,在政策规制与引导下开始重新拾起被“冷落”了很久的纪录片。2011 年国家广电总局出台的《关于进一步加强电视上星综合频道节目管理的意见》提出,电视上星综合频道平均每天 6:00 至次日 1:00 之间至少播出 30 分钟国产纪录片。此规定在过去几年显著推动了国产纪录片在上星综合频道露面,对中国纪录片发展起到立竿见影的效果。从规定推出至 2017 年,所有卫视均能按照要求完成播出任务,但这一情况在 2018 年被打破,并在 2019 年呈现持续及轻微恶化的态势。2019 年卫视频道组的 32 个频道中有 7 个频道未达到要求,比例为 21.9%,相比 2018 年,未达标频道增加 1 个。

2018 年 6 月,国家广播电视总局官方网站发布了《国家广播电视总局关于实施“记录新时代”纪录片创作传播工程的通知》”。通知在既有规定的基础上增加了“每个电视上星综

① 梁红.以融媒体思维建构中国纪录片未来的传播力——央视纪录频道纪录片媒体融合的探索路径[J].电视研究,2019(1):11-13.

合频道全年在19:30—22:30时段播出国产纪录片总量不得低于7小时”这一规定，换算成每天的播出时长为12分钟。2019年与2018年一致，各频道并没有完成任务的压力和难度，故这一规定承担的对纪录片这一“文化精品”重视的“象征性意义”大于其实际作用。

表2 2018—2019年按地区划分的省级卫视频道纪录片播出总量情况

<table>
<tr><th rowspan="2">地区</th><th rowspan="2">频道名称</th><th colspan="2">播出总量(小时)</th><th rowspan="2">同比变化</th><th rowspan="2">06:00—01:00每天播出30分钟</th><th rowspan="2">19:30—22:30全年播出不少于7小时</th></tr>
<tr><th>2018年</th><th>2019年</th></tr>
<tr><td rowspan="6">华东地区</td><td>山东卫视</td><td>343.7</td><td>314.7</td><td>-8.4%</td><td>否</td><td rowspan="35">是</td></tr>
<tr><td>江苏卫视</td><td>1247.1</td><td>1107.7</td><td>-11.2%</td><td rowspan="2">是</td></tr>
<tr><td>安徽卫视</td><td>342.7</td><td>303.4</td><td>-11.5%</td></tr>
<tr><td>浙江卫视</td><td>1440.2</td><td>1477.6</td><td>2.6%</td><td rowspan="3">否</td></tr>
<tr><td>东南卫视</td><td>536.7</td><td>297.6</td><td>-44.6%</td></tr>
<tr><td>东方卫视</td><td>440.2</td><td>532.8</td><td>21.0%</td></tr>
<tr><td rowspan="5">华南地区</td><td>广东卫视</td><td>955.3</td><td>899.9</td><td>-5.8%</td><td rowspan="6">是</td></tr>
<tr><td>深圳卫视</td><td>565.6</td><td>600.1</td><td>6.1%</td></tr>
<tr><td>广西卫视</td><td>604.1</td><td>711.7</td><td>17.8%</td></tr>
<tr><td>旅游卫视</td><td>841.3</td><td>668.5</td><td>-20.5%</td></tr>
<tr><td>厦门卫视</td><td>743.5</td><td>853.5</td><td>14.8%</td></tr>
<tr><td rowspan="4">华中地区</td><td>湖北卫视</td><td>452.8</td><td>594.9</td><td>31.4%</td></tr>
<tr><td>湖南卫视</td><td>369.3</td><td>400.5</td><td>8.4%</td><td rowspan="2">否</td></tr>
<tr><td>河南卫视</td><td>305.9</td><td>417.9</td><td>36.6%</td></tr>
<tr><td>江西卫视</td><td>572.2</td><td>769.2</td><td>34.4%</td><td rowspan="2">是</td></tr>
<tr><td rowspan="5">华北地区</td><td>北京卫视</td><td>303.8</td><td>281.8</td><td>-7.2%</td></tr>
<tr><td>天津卫视</td><td>139.1</td><td>101.1</td><td>-27.4%</td><td>否</td></tr>
<tr><td>河北卫视</td><td>226.1</td><td>313.7</td><td>38.7%</td><td rowspan="2">是</td></tr>
<tr><td>山西卫视</td><td>261.5</td><td>282.6</td><td>8.1%</td></tr>
<tr><td>内蒙古卫视</td><td>154.2</td><td>279.2</td><td>81.0%</td><td>否</td></tr>
<tr><td rowspan="5">西北地区</td><td>宁夏卫视</td><td>651.2</td><td>517.5</td><td>-20.5%</td><td rowspan="12">是</td></tr>
<tr><td>新疆卫视</td><td>709.4</td><td>593.0</td><td>-16.4%</td></tr>
<tr><td>青海卫视</td><td>450.3</td><td>1022.9</td><td>127.1%</td></tr>
<tr><td>陕西卫视</td><td>573.2</td><td>551.1</td><td>-3.9%</td></tr>
<tr><td>甘肃卫视</td><td>431.6</td><td>371.6</td><td>-13.9%</td></tr>
<tr><td rowspan="4">西南地区</td><td>四川卫视</td><td>858.9</td><td>682.6</td><td>-20.5%</td></tr>
<tr><td>重庆卫视</td><td>666.2</td><td>518.1</td><td>-22.2%</td></tr>
<tr><td>云南卫视</td><td>729.6</td><td>835.6</td><td>14.5%</td></tr>
<tr><td>贵州卫视</td><td>319.6</td><td>407.7</td><td>27.6%</td></tr>
<tr><td rowspan="3">东北地区</td><td>辽宁卫视</td><td>291.5</td><td>374.6</td><td>28.5%</td></tr>
<tr><td>吉林卫视</td><td>137.8</td><td>215.0</td><td>56.0%</td></tr>
<tr><td>黑龙江卫视</td><td>276.6</td><td>209.8</td><td>-24.2%</td></tr>
</table>

数据资料来源：尼尔森网联海量融源收视率(全国网)

除了迎合政策导向外，将纪录片作为自身平衡市场与公共性之间的砝码以及主流文化宣传抓手，部分有能力的省级卫视开始主动从用户和商业视角探索和寻求纪录片在平台的市场化生存法则，并积极整合频道资源进行互补。东方卫视、北京卫视、浙江卫视、江苏卫视、湖南卫视、安徽卫视、广东卫视在纪录片方面的投入力度较大，是卫视综合频道纪录片当前发展的主要推动力。

二、新媒体：中国纪录片进入“网生时代”

根据中国互联网络信息中心（CNNIC）发布的第46次《中国互联网络发展状况统计报告》，截至2020年6月，我国网民规模达9.40亿，互联网普及率达67.0%；其中，手机网民规模为9.32亿，网民使用手机上网的比例达99.2%。我国网络视频用户规模达8.88亿；其中，短视频用户规模为8.18亿，占网民整体的87.0%，网络视频（含短视频）成为仅次于即时通信的第二大互联网应用类型。① 互联网基本上完成适龄人口的全民普及，智能化、移动化、视听化成为发展趋势。

当下，各大头部视频平台进一步细分内容品类，并进行专业化生产和运营，行业内容生态矩阵逐渐形成。原来以影视剧、综艺、动漫等核心产品类型为基础的内容格局，正在向纪录片、游戏、电竞、音乐等新兴产品类型拓展，并以IP（Intellectual Property）为核心，通过整合平台内外资源实现联动，形成多元协同发展的网络内容产业生态。

自2016年《我在故宫修文物》、2017年《寻找手艺》等纪录片“黑马”在电视端反响平平，在网络平台获得高曝光率和好评后，整个纪录片行业开始真正意识到互联网的巨大势能。中国纪录片逐渐呈现出产业格局上的“融媒化”、生产创作上的“网络化”、内容形态上的“网感化”和观看用户上的“年轻化”相结合的特点，进入了“网生时代”。

首先是产业格局上的“融媒化”。当前，纪录片的生产创作告别了电视一家独大的地位。在国家媒体融合战略不断走深的语境下，电视纪录片积极自我调适，在内容生产上主动迎合融媒体时代的传播和收看特点。国内的优酷、腾讯、爱奇艺、哔哩哔哩、芒果TV等各大网络视频平台争相布局新媒体纪录片版图，从版权购买到联合出品，从联合制作到实现自制，再到品牌和商业模式的探索与创新，网络视频平台已经成为除传统电视机构之外纪录片制播的又一支重要力量，不少优质网络纪录片开始返销电视媒体，两者之间的界线逐渐模糊。产业格局上的“融媒化”，本质上是一种互联网化，

---

① 中国互联网络信息中心.第46次中国互联网络发展状况统计报告[R/OL].(2020-09-30)[2020-10-30]. http://www.cac.gov.cn/2020-09/c-1602939918747816.htm.

中国纪录片产业格局在互联网浪潮下已经被重构。

从生产创作上看，新媒体纪录片占纪录片的总比例明显提升，播出量增长较快。美兰德抓取的2019年1—11月首播的近200部纪录片数据中，率先在新媒体平台推出的纪录片大幅提高，其中，腾讯39部、优酷29部、爱奇艺19部、哔哩哔哩13部；而电视平台首播数量前两位的为央视纪录频道14部、央视综合频道12部。单从数量来看，头部网络媒体已经取得领先优势。另一方面，电视纪录片在经历近几年政策加持下的渠道与播出量扩容后，进入结构性调整的平台期；纪录片的“院线化”回归之路依然没有显露出足够的可持续性。在电视、电影院线、新媒体构成的纪录片制播的三驾马车中，新媒体贡献了纪录片产业的主要增量，纪录片的网络化生存趋向基本坐实。

产业发展的过程也是新媒体纪录片重塑主体性的过程。新媒体纪录片更加贴近互联网特性进行制作与传播，甚至许多是专门为网络定制，“网生纪录片”由此应运而生。网生纪录片以网络为制播主体，以网民为主要传播对象，内容转向碎片化、轻量化、生活化，呈现出一种平民主义和“网络人文主义”特质，叙事上轻快跳跃、切口较小、多元素拼贴、高潮点密集、短小精悍，具有更加明显的“网感”。

从用户视角看，越来越多的平台数据显示，纪录片不再只受到“四高”(高学历、高阶层、高收入、高年龄)群体的偏爱，互联网带来受众年龄和基数的真正下沉。腾讯发布的数据显示，2019年腾讯纪录片频道90后用户占比为49%(2018年为46%)，00后占比为21%(2018年为17%)，80后占比24%(2018年为28%)，18—29周岁的用户成为网络纪录片受众的真正主力，用户年轻化趋势明显。纪录片用户一、二、三线城市占比分别为11.5%、22.2%、66.2%，与腾讯视频整体用户大盘相吻合，其中，50.1%的用户为本科学历，高中及以下学历占到42.6%。而纪录片原来以男性为主的受众格局正在被日益增长的女性用户群体打破。例如，优酷由于阿里生态的强电商属性，更加注重于对女性用户的培养，许多纪录片节目，女性用户占比超过了男性，并且优酷会进一步针对女性用户进行垂直布局，如2019年优酷出品的纪录片《大地私宴》和《他乡的童年》的女性用户占比分别达到65%和76%。而哔哩哔哩之所以加大自制出品纪录片的力度，主要是为了满足年轻用户的需求，“B站的用户，90后、00后是主力，一、二线城市用户多，接受过良好的教育，看到优质的内容愿意花钱，光是《人生一串》就带来了100多万元的B站大会员收入”①。互联网真正促进了纪录片用户结构的变化，这些年轻活泼、喜欢表达、注重互动体验的用户形成新的观影需求，他们正从受众端反向推动纪录

① 观点来自CDRC课题组对哔哩哔哩纪录片高级顾问朱贤亮的采访，采访时间：2020年2月24日。

片内容与产业的系统性革新,"针对年轻用户做年轻化表达,使年轻用户喜欢上纪录片,让纪录片成为年轻人的文化高地"①,正成为新媒体平台的一种商业和文化策略。

新媒体纪录片行业正在延续和深化上述趋势。以头部网络视频平台为中坚力量的新媒体纪录片产业,一方面不断突破纪录片类型边界,探索多元内容;另一方面不断完善纪录片产业链,拓展各品类纪录片的潜在商业价值。借助互联网的强大势能,新媒体纪录片呈现出产业化发展的更多可能性,"破圈"、求新、求变成为共同的行业追求。同时,国家不断加强对纪录片的扶持,强化政治导向,从主流意识形态领域形成规范引导。新媒体平台通过加强主旋律题材纪录片的制播,以寻求官方认同和政策性宽容。在2018年改革开放40周年、2019年新中国成立70周年以及2020年新冠肺炎疫情肆虐期间,各大视频平台推出了一系列自制或联合出品的主流纪录片,并通过设置专题页面、专区或在显要位置推送的形式强化内容曝光。在国家对文化生态进行制度性规制的语境下,纪录片作为"文化精品"成为互联网平台向主流文化靠拢的抓手。② 同时,在"走出去"语境下,纪录片作为国际传播的重要载体,开始了借由互联网"出海"的趋势。

互联网不仅仅是一种技术驱动力量,同时也是整个纪录片行业的基础配置,更是一种引领变革的思想意识形态。中国纪录片的"网生时代"到来,从本体创新到产业变革,乃至在互联网驱动下的公众化过程中多元功能释放,纪录片行业正在经历着互联网驱动下的根本性重构。③

三、纪录电影:院线化进军道阻且长

纪录片是电影的"长子",但自20世纪80—90年代以来在中国却逐渐沦为电影的"穷兄弟",这在很大程度上与纪录片依托主体媒介的改变,以及中国电影市场化改革以来对纪录片这类市场属性不强的"包袱"的丢弃有关。随着中国电影市场近年来的飞速跃进,其对多元产品的包容度更大,纪录片的院线化回归呈现出一定程度上的可

---

① 观点来自CDRC课题组对优酷纪录片中心总监张伟的采访,采访时间:2020年2月2日。

② CDRC课题组的采访调研中,新媒体平台负责人大多表示纪录片会成为自身平台履行文化担当和社会责任的重要抓手。如腾讯企鹅影视纪录片工作室总监朱乐贤认为:"纪录片相较其他类型的影片更需要担负起社会责任感……期待纪录片成为腾讯视频的文化担当。"优酷纪录片中心总监张伟强调:"纪录片,代表着我们的社会责任和文化价值……优酷通过打通上下游资源,以'小人物、大情怀、正能量'为内容导向,迅速扩充内容,提升平台纪录片水位,带给观众各方面的精神享受。"

③ 韩飞.中国纪录片进入"网生时代":2019年中国网络纪录片发展研究报告[J].传媒,2020(8):38-41.

行性，但尚不完全明朗。

根据国家电影局公布的数据，2019 年中国电影市场在原来庞大的体量基础上虽增速有所放缓，但依旧保持了较为可观的增长态势。全年共生产电影故事片 850 部，动画电影 51 部，科教电影 74 部，纪录电影 47 部，特种电影 15 部，总计 1,037 部，虽与上年 1,082 部相比下降了 4.16%，但全国电影总票房同比增长 5.4%，达到 642.66 亿元；其中国产电影总票房为 411.75 亿元，同比增长 8.65%，市场占比 64.07%；全年票房过亿影片有 88 部，其中国产电影 47 部，国产片继续表现突出；2019 年全国新增银幕 9,708 块，银幕总数已达到 69,787 块，位居世界第一；城市院线观影人次为 17.27 亿人次，观影市场继续下沉，三、四线城市成为电影市场的新增长点；90 后已成为我国观影主力，贡献了全年 55%的票房收入，出生于 2000 年以后的观影受众规模也在快速增长，贡献了全年票房的 7%，整体电影市场受众年轻化。中国作为世界第二大电影市场，继续助推全球电影票房增长。①

2019 年，真正进入院线票房统计系统的中外纪录电影有 26 部，首次数量超过 20 部，与 2018 年 16 部同比增长 62.5%，其中国产纪录电影（含合拍片）20 部，进口纪录电影 6 部。纪录电影总票房约为 1.5 亿元，其中进口片 9,577.2 万元，国产片 5,203 万元。在纪录电影领域，进口片近 6 年来首次票房超越国产，与国产电影整体的市场表现形成倒挂，反映出本土纪录电影产品的弱势。

表 3　2019 年国内上映纪录电影票房情况②

上映时间	片　名	票房（万元）
2019 年 1 月 4 日	《四个春天》	1,095.5
2019 年 1 月 11 日	《燃点》	839.8
2019 年 2 月 26 日	《三变 山变》	26.3
2019 年 4 月 19 日	《Hello 北京》	14.4
2019 年 5 月 1 日	《港珠澳大桥》	754.9
2019 年 5 月 24 日	《五月天人生无限公司》（中国台湾）	5,023.8
2019 年 5 月 31 日	《尺八・一声一世》	375
2019 年 5 月 31 日	《卡拉斯：为爱而声》（法国）	83

① 2019 年中国电影市场相关数据具体参考国家电影局官网。

② 数据来源：CBO 中国票房统计系统。其中，《听瓦尔达说》《时光机》《三变 山变》《坂本龙一：终曲》由于在 CBO 中国票房中无具体票房信息，采用的票房数据引自猫眼专业版。片名如不标注国别/地区，则为内地纪录电影。

续表

上映时间	片名	票房(万元)
2019 年 6 月 15 日	《时光机》	0.43
2019 年 6 月 18 日	《大河唱》	251.2
2019 年 6 月 24 日	《听瓦尔达说》(法国)	1.1
2019 年 7 月 2 日	《上海的女儿》	54.2
2019 年 7 月 2 日	《善良的天使》	27.1
2019 年 8 月 30 日	《共同命运》	194.9
2019 年 9 月 3 日	《零零后》	514.1
2019 年 9 月 6 日	《徒手攀岩》(美国)	3,632.8
2019 年 9 月 6 日	《踢球吧孩子》	2
2019 年 9 月 10 日	《爱在长征》	4.9
2019 年 9 月 21 日	《梧桐树》	14.6
2019 年 9 月 23 日	《大陈岛誓言》	13.8
2019 年 11 月 11 日	《他们已不再变老》(英国)	334.3
2019 年 11 月 15 日	《此时此刻·2019 大阅兵》	83.2
2019 年 11 月 22 日	《变化中的中国·生活因你而火热》	933.9
2019 年 12 月 16 日	《坂本龙一:终曲》(日本)	502.2
2019 年 12 月 20 日	《绝代芳华》	0.4
2019 年 12 月 27 日	《我是车手》	2.8
合计		14,780.2

综观整体,由于 2019 年没有类似《二十二》《厉害了,我的国》这样的“头部作品”,使得年度纪录电影总票房大幅缩水。但就个体影片的票房成绩而言,整体有了一定提升,影片票房过百万甚至千万的比例有所增加。中国纪录电影市场虽仍处于初级阶段,但票房梯度有所改良,市场两极化现象逐渐改善,这有利于产业的稳定和可持续发展。

纪录电影题材和美学更加多样,并深度观照社会进程的方方面面,这是电影市场内容多元化和受众垂直细分的结果,从近两年在国家电影局备案和过审的纪录电影分析来看,这一趋势会持续深化。此外,纪录电影的“主流化”特质和“分众化”特质不断凸显,这也是国家话语与市场话语共同形塑的结果。

虽然整个电影市场欣欣向荣,但绝大多数纪录电影还是一定程度上与高票房绝缘,问题多指向营销传播。纪录电影基本延续了近年来互联网赋能下的影片营销路径,利用名人推荐、话题傍焦等方式进行社交化媒体传播,通过众筹、小规模点映等方式营造口碑效应。但纪录电影依旧还是难以打破"高口碑,低票房"的困局。纪录电影产品的市场意识更加强烈,许多在选题策划或引进之初就重点考虑市场预期,但如何使市场和话题实现勾连最终成功变现是当今纪录电影所面对的困境。这其中糅合着中国观众对纪录电影的认知和观影习惯培育,产品类型的市场认可和支持度,产品本身的市场化程度,以及针对纪录片这类商业化性质不强的影片的定制化营销发行等一系列问题。

虽然目前国内纪录电影市场尚未完全打开,但越来越多的人看到了纪录电影的多元潜力。首先,纪录电影纪实的天生优势逐渐显现,中国观众越来越倾向于接受基于现实生活的温暖情怀,而纪录电影天生的因纪实迸发的人文关怀无疑将成为未来产业发展的竞争力。其次,国家对纪录片以主流意识形态建构为主导的多元功能诉求增强,这种诉求直接体现在相关的资金和政策扶持上,虽然目前国家政策更多地倾向于电视纪录片,但纪录电影同样作为纪录片产业的重要一极,相关政策可以进行借鉴。最后,国际传播将成为纪录电影未来的发展方向。在中国纪录电影"走出去"的过程中,应继续以市场化思路推进纪录电影的国际化运作,打造中国纪录电影的国际化身份,同时也通过与国际机构合作传播来"借船出海"。在内容方面,纪录电影也要尝试打破内宣外宣的壁垒,将政治色彩隐匿于个体故事和人类共同关注的命题背后,真正完成对"人类命运共同体"这一终极命题的呼应。

总体来看,中国纪录片在依托媒介上,电视、新媒体、电影院线组成的三极制播格局逐渐形成,相应纪录片的产品形态和市场路径也更加多元。在产业变革与产品革新下,纪录片的边界与类型正在进一步拓展,为构建"大纪录片产业"提供了可能性。

四、思考与展望:"公众时代"下的功能拓展与"大纪录片产业"建构

总体而言,当前中国纪录片在国家力量、市场力量的综合驱动下总体发展势头较好。纪录片的主流气质更加明显,社会功能进一步释放。从记录如火如荼的时代变革与社会发展;到服务国家战略,整合集体记忆,凝聚社会共识;再到"讲好中国故事,传播好中国声音",对外展示一个立体、全面、真实的中国,纪录片都在贡献着自己的价值和影响力。中国纪录片产业在互联网赋能、功能驱动、多元市场主体崛起的"公众时代"下呈现出更加活跃的革新态势。过去很多在影视剧、综艺这类市场化较为彻底的

产业类型上的商业和制片模式，现在也开始在纪录片领域深入实践，这标志着中国纪录片正在向市场化、产业化的纵深进一步迈进。

(一)中国纪录片的“功能学派”建构

中国素来有“文以载道”的传统。中国纪录片诞生于革命烽火年代，新中国成立后曾深受苏联创作模式和党在文艺领域的宣传观念影响，从产生到发展百余年来，国家、社会、公众对纪录片的功能性诉求，成为促进纪录片发展的重要驱动力。① 如今纪录片的这种多元功能与价值在当下得到进一步释放。

2019 年是中华人民共和国成立 70 周年。70 年筚路蓝缕，新中国建设、改革与发展取得举世瞩目的成就，创造了诸多值得记录的伟大实践。在 2019 年度，有 30 余部纪录片作为献礼作品集中推出。总体上来说，庆祝新中国 70 周年献礼纪录片既有体量庞大、高举高打的宏论史诗作品，又有风格清新、注重细节呈现的故事小品，它们大多在国庆期间集中推出，形成了传播上的规模效应，让 70 年国家发展与社会变迁以纪录影像的形式得以浓缩再现。献礼纪录片整体呈现出创作和传播上的融合化、多元化、创新化的特点。其中，主流电视媒体依然担任了挑大梁的角色，但在媒体融合时代呈现出传播上的全媒体态势。新媒体平台也自制出品或播出了一系列主旋律纪录片，并通过设置专题页面、专区或在显要位置推送的形式强化内容曝光。在国家对文化生态进行制度性规制的语境下，纪录片作为“文化精品”成为互联网平台向主流文化靠拢的抓手。

2020 年，三件大事成为社会关注焦点。一个是新年伊始，新冠疫情迅速蔓延，中华儿女众志成城，打响了疫情防控的人民战争，并最终控制住疫情在我国的蔓延。《同心战“疫”》《武汉战疫纪》《第一线》《武汉：我的战“疫”日记》《生死金银潭》《英雄之城》等纪录片陆续推出，不仅为疫情防控留下全方位的影像深描，同时借助纪录影像的力量凝聚人心，引导舆论，传播了抗疫精神。二是 2020 年是我国全面建成小康社会、决战脱贫攻坚的收官之年。《2020 我们的脱贫故事》《我的扶贫年》《中国扶贫在路上》《落地生根》等一系列扶贫、脱贫主题纪录片推出，为我国的脱贫攻坚事业提供了坚实的影像背书。三是 2020 年为中国人民志愿军抗美援朝出国作战 70 周年。《为了和平》《抗美援朝保家卫国》《英雄》《英雄儿女》《保家卫国——抗美援朝光影纪实》等影片在 10 月中下旬集中推出，以历史文献纪录片的方式重新召唤这段珍贵的国家记忆，唤

---

① 韩飞，何苏六.新旧动能转换视野下的中国纪录片产业发展[J]. 当代电影，2019(9)：128-131.

起大众的爱国情怀和民族认同，同时在中美关系面临脱钩风险的当下，鼓舞士气，凝心聚力，纪录片的社会价值得以彰显。

百余年来，中国纪录片始终与国家同行，与时代共进。中国纪录片的理论研究也应充分考虑时代语境、发展环境、历史路径、本土需求，重视纪录片的功能拓展与价值释放，积极阐释纪录片服务国家、社会、公众的重要作用。由此，中国纪录片的“功能学派”建构变得十分有必要。学界要充分与业界和官方对接，以理论创新推动中国纪录片本体价值释放与功能拓展，继而带动产业发展。

（二）抓住新旧动能转换的机遇期，构建“大纪录片产业”

当下，中国纪录片产业整体步入一个“新旧动能转换”、产业结构性调整和优化的阶段。“新旧动能转换”意味着产业发展驱动力的重构，中国纪录片产业恰逢这一大变革的战略机遇期。在迈入产业化发展的第 10 个年头，中国纪录片更不能继续因循“裹小脚”模式，自我束缚，而要在功能驱动、市场驱动、平台驱动、技术驱动、公众驱动下释放产业发展的动能与活力，全面对接国家、社会、市场需求，以与时俱进的变革心态看待纪录片当下类型与边界的延展与变化，实现以“纪实＋”为核心连接其他影视节目类型和元素，对接其他行业、领域，打造跨界合作的新商业模式，以此来拓展纪录片产业的体量和生存空间，构建起以“真实”和“记录”为基底的“大纪录片产业”。

（三）全面迈向“公众时代”

自 2012 年《舌尖上的中国》引发的“舌尖现象”推动中国纪录片迈入“公众时代”以来[①]，中国纪录片的生产、传播以及市场表现进入一个新的阶段。纪录片从庙堂之上的“小众艺术”转而成为大众精神文化消费品。

近几年，纪录片产品类型更加多元，新媒体在纪录片内容领域快速布局以及纪录电影的院线化拓展，使得纪录片的受众基数正在快速增长。尤其是新媒体纪录片在文本和话语方式上的创新，让更多的年轻网络群体热衷于观看，一度成为热门网络现象。纪录片用户朝年轻化方向发展，且一度被认为对纪录片敬而远之的女性用户也迎来了快速增长。同时，在新技术赋能下，纪录片从单纯的观众逐渐向“用户”身份转化，自主性和创造力被激发，开始主动参与到纪录片产业价值链的建构当中。“抖音”“快手”等全民短视频平台让纪实影像创作真正走向公众，并成为一种社交话语。

---

① 何苏六.中国纪录片发展报告(2013)[R].北京：社会科学文献出版社，2013：3.

随着媒介技术的飞速变革，人类书写历史、记录当下的工具已经不止于文字。美国历史学家海登·怀特1988年在《美国历史评论》上发表《书写史学和影视史学》一文，提出"影视史学"(historiophoty)的概念，意为"通过视觉影像和影片的方式，来传达历史以及我们对历史的见解"[①]。历史与现代传媒结合，有机会让历史书写由庙堂之上走向民众之中。当下，纪录影像真正成为新时代技术赋能语境下公众参与书写当下与表达自我的工具。每个手持拍摄工具的个体都是记录者和表达者，我们应该有通过非虚构的光影之笔书写新时代的文化自觉，为这段太平盛世留下备忘录和个体化的影像注脚。记录当下，就是记录明天的历史。当前，中国正在经历人类历史上最为生动的伟大实践，这必然不能缺少纪录片的见证。而纪录影像的公众参与，才是纪录片"公众时代"的最好诠释。

〔何苏六，中国传媒大学新闻传播学部副学部长、中国纪录片研究中心主任，教授、博士生导师；韩飞，中国传媒大学电视学院教师、新闻传播学博士后〕

〔特约编辑：涂凌波〕

① HAYDEN W, Historiography and historiophoty[J].American history review, 1988,93(5).

记忆、历史与影像表达*

——基于养老社区口述史纪录片创作的田野考察

Memory, History and Visual Expression: Fieldwork on the Making of Oral History Documentary in Retirement Community

◎ 夏丽丽

Xia Lili

摘要:随着媒介技术的发展,影像记录成为口述历史中普遍应用的手段。本文结合一次养老社区口述历史纪录片的创作,考察影像口述历史的制作过程,从具体的内容生产层面,探讨口述证据与影像记录、记忆与历史,以及不同的因素是如何相互影响的。回归具体的访谈、拍摄和剪辑实践环节,在细微的层面审视口述访谈中的互动对话,探寻受访者的个体记忆怎样被唤起和遮蔽,创作者对口述材料如何筛选与建构,只有把握以上几点要素,才能对多层叠加后的历史真实与历史知识生产有更深刻的认知。

关键词:口述历史;纪录片;影像呈现

Abstract: With the development of media technology, video recording has become a commonly used method in oral history. This article explores the producing of an oral history documentary in a retirement community, and discusses how oral evidence and recording practice, memory and history affect each other. Then multiple layers of the truth and knowledge of history could be understood deeply only by returning to actual practice of interviewing, filming and editing, and examining how to organize interactive conversation, how individual memories are aroused and obscured, and how the oral evidence been filtered and constructed at a subtle level.

Keywords: oral history, documentary, visual expression

* 本文系“新文科建设背景下新闻传播学科人才培养体系与模式创新研究”课题的阶段性成果,课题编号:CUC19ZD014。

一、引言

口述史在20世纪作为新史学方法出现以后，打破了单纯以文献、文字史料作为可信证据的传统，拓展了人们对史学研究范围的认知。历史研究不再只是冷冰冰的资料，生动丰富的口述访谈重回史学家的研究视野。口述历史的价值在于借由个体记忆，在更大场域内留存历史，挖掘和记录个体的记忆和经验，某个时代里人的生活方式、价值观念、婚姻家庭、人际关系、休闲方式……经历者用他们自己的声音，讲述活的历史[①]，在这些个人生活史的细节和故事里，“让历史展现出有血有肉的个性特征”[②]。

唐纳德·里奇在《大家来做口述历史》一书中，开篇就写道：“记忆是口述历史的核心，历史的意义在记忆里被提取和保存。”[③]口述历史的实践，让普通人也获得了话语表达的机会，从他们的视野回观历史现场，复活那些被遮蔽的内容、被遗忘的角落，让从属群体的历史文化从沉默中解放，大大增加了历史叙述的维度，丰富了历史书写的主体。口述历史也因此被认为是从精英史向公众史的转变，被视为一种更现代和民主的史学观。

国内的口述历史访谈，20世纪80年代中期从历史学领域开始面向特定人群，如行业专题或者女性专题的口述历史访谈较多，大都以音频记录的形式保存口述资料。随着媒介技术的发展，影像记录成为口述历史中被普遍应用的手段。摄影机（摄像机）能更准确、便利地留存口头证据，影像捕捉到的受访者的声音、形象，以及相关在场信息，不仅从个体记忆层面补充了历史的具象和细节，也提供了比文字记载更丰富多义的信息。纪录片作为一种信奉“真实”的影像创作形式，与口述历史有着天然的接近性，“口述历史”成为纪录片创作中常用的方法，进而发展成一种类型模式。

近些年，国内也出现了大量口述历史纪录片作品，有围绕某个主题或历史事件的口述，也有面向某社群的口述。其中，2010年播出的口述历史纪录片《我的抗战》属于传播范围和影响力比较广泛的。该纪录片采用口述历史方法，访谈了抗日战争中包括抗战老兵在内的普通的亲历者，其对于影像史学的表现形式，以及市场化语境下口述历史成果的营销和传播之路的探索，都有一定的借鉴意义[④]。在媒体上，也有各种以

---

①③　里奇.大家来做口述史[M].邱霞，译.北京：当代中国出版社，2019：1.

②　李小江.口述史学与口述访谈的若干问题——从“妇女口述史”说起[J].山西师大学报(社会科学版)，2017，44(6)：1-4.

④　王宇英.影像记忆：口述历史的介入与超越——崔永元《我的抗战》研究[J].现代传播(中国传媒大学学报)，2012(8)：84-87.

“口述历史”命名的节目陆续播出,类似的诸多尝试,都将口述历史这一研究方法推向大众视野,这些口述纪录片作品也为时代留下了许多视觉档案。在口述纪录片中,历史事件亲历者的个体化叙述,展示了更充盈的历史细节,提供了历史事件的不同侧面,展现了更为完整的时代记忆。虽然口述历史纪录片作品在影像表达方式上还不够丰富,但其凭借对历史叙述的多元性和差异性特征,仍然捕获到自己的观众群体。

在各类口述历史纪录片纷纷涌现的同时,创作者需要考虑作为一种研究方法的口述历史,与作为艺术创作的纪录片生产,两者的碰撞既可能产生丰富视觉的历史表达,也可能带来历史叙述的失真。口述历史作为一种方法,尚处于方兴未艾的发展阶段。如何做口述历史,仍然是需要创作者不断探索,在实践中接受检验和纠偏的过程,也是需要创作者在不断批评、反思和讨论中深化对其认知的过程。本文结合一次养老社区口述历史纪录片的创作实践,通过考察影像口述历史的制作过程,从具体的内容生产层面,探讨口述资料与影像文本、记忆与历史,不同的因素是如何相互影响与作用的,以及影像在参与历史的记录中不可避免的创作者主体意识问题。

二、历史遇见影像表达:项目介绍与研究缘起

20 世纪的中国历史可以用波澜壮阔来形容,从政治、经济、社会、文化各个层面来说,变迁都是巨大而充满标志意义的。但在数字技术使影像记录变得更便利的时代,当代历史的个人记忆书写,虽不能说是全然的匮乏,但至少是与这个信息洪流的时代不相称的。记录尚未远去的声音,为当代史留下更丰富的影像,给后人留下丰盈多元的读解空间,在这个充斥着娱乐化生产的时代,是影像工作者能够为时代严肃的历史书写做出的绵薄之力。2018 年底,中国传媒大学“影像行动力训练营”启动了一项面向养老社区居民的口述历史访谈项目,项目的初衷,就是通过采访这些老人,记录尚未远去的过去,为当代历史留下更丰富的个人化的声音。正如项目组在一次研讨会中所阐释的:“以口述影像的方式连接起国家/民族、家庭和个人这三个不同层级的社会单位之间的关系。……将那些逝去的青春、汗水甚至生命的故事再度拉回历史舞台,同时也能够在斑斓的个人记忆中窥见时代的掠影……”[①]用口述历史影像再现那些不应该被遗忘的过去,以及历史中的个人与个人中的历史相互交织的国家与民族记忆、社会记忆、时代记忆。

项目口述访谈的受访者全部是来自同一家养老连锁机构的入住居民,该养老机构

---

① 摘自 2019 年 6 月 20 日《共和国的建设者口述实录》创作研讨会项目组介绍文案。

在全国许多城市都设有分区。项目采访和拍摄分别在该机构设于北京、上海、广州和成都四地的养老社区完成，其中，北京受访者人数占到一半的比例（地域造成的人数差异与各地园区入住人数有关，北京分区开办时间最长，入住人数也最多）。在选择受访对象时，项目采用自愿报名的形式。就已完成采访的40位受访者来看，包括男性27人，女性13人，比例基本为2:1，这与该养老社区实际入住人口性别比例基本等同。

该养老机构在各地园区的宣传介绍中，强调高端养老的理念。相对大众一般印象的机构养老而言，该社区有比较好的社区环境和管理服务，特别是医疗配套设施。当然，这也意味着高额的入住费用，除了需要一次性交纳不菲的保证金外，入住还要按月交纳单独的租金。除部分老人依靠子女收入支持外，这里入住的居民普遍属于退休后仍然能保持较高收入的阶层。养老社区的高经济门槛，也让项目的40位受访对象在年龄、教育、阶层等社会人口学特征上有相近性：他们的年龄基本在70岁以上，人生的主要经历基本发生在新中国的成立、发展和繁荣阶段；多接受过高等教育，大部分受访者在20世纪50年代或者60年代接受过本科或专科教育，有几位受访者在改革开放后甚至取得硕士或者博士学历；受访者大多曾在本行业内拥有高级职称或担任管理职务，职业以学校教师、工程师、医生、公务员等为主。受访对象这种鲜明的群体共性特征——高学历阶层、多曾担任本行业要职，使得他们大都在新中国的建设和发展中属于骨干力量。因此，通过他们的口述访谈，我们能够窥见20世纪下半叶中国知识分子个人经验与思想的变化，从中映照出社会时代思潮中的群体取向。

老年人一直是口述历史项目偏爱的采访对象，“一个老人就是一部史书”[①]，他们在漫长的人生岁月中经历的变迁，可以折射出社会历史的变化，他们的回忆是口述挖掘的富矿。

从人生状态看，“他们已从职业、家庭所强加的，乃至为了在社会中积极地生活而面临的种种束缚中解脱出来”，这种脱离了快速运转社会系统的状态，让他们发展了“重返过去并在想象中重温过去的能力”[②]。相比其他年龄阶段，老年人更愿意回忆和倾诉过去的经历。在实际采访中，项目参与采访者普遍的感受是他们的采访对象都非常愿意讲述，有些受访者还准备了讲述提纲，这让项目在组织访谈的开端大都比较顺利，但同时也带来访谈中的其他问题：受访者愿意讲述什么与采访者需要什么存在差异，有些主观表达意愿非常强烈的受访者常常会控制话题走向，反而影响到访谈内容

① 李小江.口述史学与口述访谈的若干问题——从“妇女口述史”说起[J].山西师大学报（社会科学版），2017，44（6）：1-4.

② 哈布瓦赫.论集体记忆[M].毕然，郭金华，译.上海：上海人民出版社，2002：83.

的获取和实际的访谈质量。

项目的采访、拍摄和制作主要由传媒专业在校研究生和本科生完成,在组织访谈之前,参与者进行了话题提纲、采访方式、拍摄要求等方面的培训。项目最终要求完成的是口述历史纪录片作品,包括一部30分钟的长片版本,以及适应新媒体平台传播特点的5分钟短视频版本。口述历史纪录片,是影像创作遭遇历史记录的实践,是在口述历史和纪录片创作两个维度的探索。作为口述历史,影像访谈资料可以作为史料,不过就其严谨性而言,则不能完全等同于历史学的证据搜集。作为纪录片作品,它需要考虑影视美学表达以及传播效果,纪录片有追求真实性的层面,但创作者的主观意识也贯穿于创作始终。比较最终呈现的两个不同版本,我们能够更清晰地看到这种差异所在。

口述与影像的结合,经由传媒进入大众视野,在为口述史带来更广泛的影响的同时,也引发了人们对口述历史影像创作客观真实程度的质疑和反思。实际上,在口述历史产生伊始,人们对其可靠性的讨论就从没有停止过,比如个体记忆的真实性与主观性问题、口述历史访谈过程中主体性意识的影响问题等。在口述历史纪录片的创作中,从历史事件到口述历史事件,再到口述历史纪录片所经历的三个阶段都不可避免地受到人为影响。[①] 从访谈组织、个人回忆再到影像呈现的每个环节都有主观性的存在。只有回归到具体的创作实践环节,在细微的层面审视口述访谈中的互动对话、个体记忆怎样被唤起和遮蔽、创作者对口述材料如何筛选过滤与建构,才能对多层叠加后的历史知识生产有更深的认知。

三、共同完成的对话之旅:访谈实践反思

本次口述访谈的整体架构被设定为个人心灵史结合社会生活史,以个人生命历程作为访谈提问主线索,按照童年、求学、工作和老年几个大的人生阶段,从远到近的时间顺序编制采访提纲,同时把个体经历置入社会大历史框架中,通过个体生活变化透视20世纪下半叶中国社会的巨大变迁。另外,一些受访者属于行业精英或专家,他们所讲述的是自己行业领域内的话题,这也从个体视角为我们展示了如媒介、教育、军事等专业领域的历史变化细节。由于受访者行业不同会带来差异巨大的个体经历,这就要求采访者对受访者专业内的发展历史和知识具备一定的了解。

---

① 王家乾.历史在文本转译过程中的消解与重构——基于口述历史纪录片采访文本和剪辑脚本的对比研究[J].艺术评论,2018(1):76-81.

访谈是口述历史最重要的一环，如何设计问题、如何组织访谈、采访者与受访者如何对话以及对话的效果是影响访谈内容质量的重要因素。谈及如何组织口述历史访谈，相关研究者非常强调“对话”的重要性：口述历史访谈应该是采访者和受访者共同完成的。李小江认为，口述访谈不同于自述（自传），尽管后者也是记录个人记忆的重要事件和感受，但是口述史的访谈是“他人”参与的过程，对话中有一种新的话语空间，采访者的提问起到追踪和挖掘受访对象记忆的作用。访谈是一种双向的反省，采访者和受访对象双方的思维构架和认知都会被调整和校正。① 正如哈布瓦赫在他论述集体记忆的书中提到的，记忆的讲述需要谈话的刺激，大多数情况下，个体之所以回忆，是因为他人的刺激，“他人记忆帮助了我的记忆，我的记忆借助了他人的记忆”②。

在口述历史访谈中，要获得价值较高的口述历史资料，采访者要承担“唤起人”的角色，通过谈话刺激、帮助受访者挖掘已经模糊或丢失的记忆，同时还要具备打破受访者个人封闭的思维空间和话语空间的能力，能够从社会大历史角度评判访谈内容的价值高低。唤起受访者的记忆要求采访者提前做好充足的案头准备工作，包括搜集受访者的个人资料，提前了解其生平经历和主要社会关系，对其进行预采访，在正式采访前，还需要列出针对每位受访者的采访提纲。

在项目正式访谈中，出现较多的问题是采访者与受访者的对话感较弱，采访者普遍缺乏及时发现受访者讲述内容的价值，进而深度挖掘的能力。究其原因，一是由于采访者与受访者年龄、资历的差异，采访者没有把控好话题方向，一般这种情况在培训之后会逐步得到改善。还有一个现实情况是，尽管 20 世纪下半叶的历史距离现在不远，但是年轻人对共和国发展不同时期的脉络细节并不十分清晰，访谈中遇到类似具有潜在历史价值的话题线索时，常常会难以判断其意义而漏掉进一步挖掘的机会。实际上，一些有价值的个人故事，很多是受访者不经意间提到的，需要采访者当下及时捕捉和进一步挖掘。在项目采访中，笔者曾经遇到一位受访者讲述其少年时从东北回关内的经历，他只是简单地提到“从长春城里跑出来”，而从受访者的年龄和基本履历里，我们可以看到他提到的这段时期，正是解放战争长春战役期间，如果采访者不了解当年的历史背景而去进一步追问，就会漏掉一位战争亲历者讲述战争现场的机会。口述历史访谈强调对话感与信息挖掘，是因为对于受访者来说，有些事件从其个体角度来看并非是最重要和值得反复回忆的，但是作为历史资料记录的角度，却有其不可替代

① 李小江.口述史学与口述访谈的若干问题——从“妇女口述史”说起[J].山西师大学报（社会科学版），2017，44（6）：1-4.

② 哈布瓦赫.论集体记忆[M].毕然，郭金华，译.上海：上海人民出版社，2002：69.

的价值。

此外,口述历史访谈作为档案资料和个体的记忆库来留存时,研究者也强调,除了影像外,还需要文字记录的补充,采访者的手记是必需的,包括记录一些基本的采访内容,比如受访者的个人基本信息、采访的时间和地点以及采访团队成员的信息、现场工作的记录,等等①,另外,还包括对受访者的印象与评价、采访中出现的问题和对策的反思,等等。严格来讲,手记需要和采访资料一同留存。项目采访中,口述访谈内容作为历史档案资料留存,具体应该怎么操作,对于非历史专业的年轻学生来说,还有待进一步提升。

但是,本项目采访者的年轻学子身份,也带来意外的收获。受访者中,年龄最大的有 90 多岁,而采访者多是 90 后大学生。受访者的心态比较放松,跨越半个多世纪的年龄差距,也让受访者普遍有一种对年轻人"讲述过去"的强烈愿望。年轻采访者面对"陌生"而"新鲜"的过去,也产生了浓厚的好奇心进而保持一种专注倾听的态度。另外,项目采用了纪录片创作常用的陪伴采访拍摄模式:一位受访者一般采访拍摄 5 到 7 天时间,集中在养老社区完成,除了访谈本身外,还会跟踪记录受访者每天的生活,这种陪伴式的采访,容易建立起受访者对采访者的信任。有多位受访老人提到,有一些心里话,对自己的儿女也从没有说过。

长时间陪伴拍摄对象在纪录片创作中比较常见,有利于与拍摄对象建立起良好的相互信任的关系。在项目访谈执行过程中,随着采访者和受访者相处时间的增加,我们可以明显感受到采访现场氛围的变化,受访者处于越来越放松的状态,这有利于深化口述访谈话题内容,从而更进一步了解受访者对某些事件真实的想法和态度。但同时,采访者也要意识到口述访谈组织过程的客观性、严谨性,陪伴的同时不能模糊采访者的角色,偏离访谈的脉络架构。

口述历史"是一种言语活动,由采访人和受访人的对话交流和协商建构"②。专业的口述历史访谈,采访者既是真诚的倾听者,同时也是话题理性的引导者;前者常常表现在态度和行为上,后者表现在对话中能与受访者形成共振。倾听和对话犹如一体两面,高质量的口述历史访谈,是受访者和采访者在互动中共同完成的一场对话之旅。访谈技巧的把握、充分的知识储备是前提,获得受访者的信任、与之产生心灵互动是保障。口述历史访谈所获得的影像化的证言,是基于采访者和受访者在对话情境下动态

① 陈默.口述历史:个体记忆库与档案学[J].当代电影,2012(11).

② 陈默.口述史学研究:多学科视角[M].北京:人民出版社,2015:234.

选择和表达的结果,两者主体间的交互关系,影响口述历史文本最终的质量与效果。

四、记忆的遮蔽与呈现:个体记忆与集体记忆

口述历史在通过个体记忆捕捉历史细节时,要面对的现实是,记忆会因为个体自身或社会环境因素影响到历史描述的客观性和准确性。比较常见的是个体由于自身的健康或心理状况影响,产生遗忘、记忆模糊现象。特别是当受访者为老年人时,他们对自己早年经历的叙述,常常会出现由于时间久远而记忆不清的问题。项目组在访谈中,发现一些受访者讲述个体经历的时间线会发生混乱,甚至会出现前后矛盾。面对这种可能会出现的状况,采访者在前期要有充分的资料准备,包括对受访者经历的社会历史脉络的梳理,以及对其个人经历的了解;在访谈过后,要及时整理访谈内容,与已有的文献资料进行比较、核对,辨别访谈内容细节的真实性,并与受访者进一步核实确认,以保证访谈基本史实的准确。

在口述访谈中,对事实更具隐蔽性的重构,是记忆的选择性呈现。特别是当涉及一些敏感的历史记忆,受访者在叙述中会有意识或无意识地修饰、遮蔽。有一些是受访者出于社会避忌或者塑造自身形象需要,而更多则是无意识行为。哈布瓦赫指出,"人们通常在社会中才获得他们的记忆。也正是在社会中,他们才能回忆、识别和对记忆加以定位"[①]。社会中的主流意识形态、行为规范、习俗禁忌架构了记忆的框架,个体通过将自我置于不同的社会意识、约律规训和文化观念中才能回忆过去,同样的,群体记忆也是通过个体记忆来实现的。口述历史期待通过个体化的声音呈现时代的细节,亦需正视个体记忆常常会援引社会群体记忆的框架、符号和表达特征,个人经验在叙述中被加工修饰,个体的经历、态度和感受被隐藏,使得个体记忆转化为集体记忆话语模式,表达出的是集体的、具备时代主流特征而非真正个人的感受与体验这一现实。

从本项目的访谈来看,采访者对于受访者援引社会记忆,隐蔽性地重构、修饰个人经历比较难以发现。项目以个体生命历程作为访谈的基本线索,大部分受访者属于知识分子群体,他们的总体经历有某种共性。例如20世纪五六十年代的经历,大部分人都比较波折,当回顾过往经历时,有些受访者选择比较坦诚地面对,有些则比较隐晦地一带而过。个体的回忆会受到多重因素的影响,包括受访时的价值观念、个体的心理原因变化,等等,这些都可能会导致受访者夸大叙述,也可能会轻描淡写地提及,回忆中的过去和"真实"的过去是无法完全等同的。

---

① 哈布瓦赫.论集体记忆.[M].毕然,郭金华,译.上海:上海人民出版社,2002:68.

年轻的采访者如何穿透甚至打破受访者的叙述表层,挖掘到深层的事实,探寻到受访者的真实话语和表达,成为访谈中的一种挑战。毋庸置疑,口述访谈获得的多是个体的生活经历叙述。历史学家约翰·托什在《史学导论:现代历史学研究的目标、方法和新方向》一书中提出:"历史理解不仅要认识普通个体的生活过程 ,而且更重要的是要弄清大众日常生活经历背后的思想动机,尽管这些思想动机被现实生活过程所掩盖 ,但它们是现实社会的一个重要的组成部分。"①受访者在访谈中可能会出现修饰自己形象的叙述。修饰本身已经可以揭示过去,口述历史的受访者既是历史的一部分,也是现实的一部分。在距离历史事实遥远的情况下,这反倒可能更容易接近受访者的现实观念、态度。在执行访谈过程中,要获得更高质量、更真实的内容,采访者需要了解和掌握基本的历史背景,更进一步的,要把握个体记忆、集体记忆、社会记忆的关系,才能更好地捕捉到受访者微妙的话语呈现,进而探寻背后的原因,深层次地解读受访者的叙述。

在本项目访谈中,另外一个有意思的发现,是受访者性别不同带来的叙述特征差异。在所完成的40位采访者中,女性受访者占到三分之一。这些报名参与的女性受访者同男性一样,多接受过高等教育,工作中也属于本行业的中坚力量。但是,在回答访谈问题的时候,男性受访者更容易把话题转向社会政治、经济、历史大事件的叙述,尤其曾经拥有较高社会职位的男性更偏向谈论公共领域的话题;相对而言,女性更多倾向于个体经验与感受的讲述,即使是工作中曾担任较高职位或行业内有突出贡献的女性,访谈中的话题基本也都能控制在个人经历范围内。这个现象从社会性别研究里可以找到解释:女性的生命历程中私领域的话题讨论比例普遍较大。性别差异可以为访谈中的引导提供一些经验和依据。对于口述访谈来说,采访者期待获得的内容,是个体真实的生命经验,除非是历史现场的亲历者,否则受访者对时代的大历史的描述,常常会变成复述社会或者集体经验,在访谈中要尽量避免。

总的来说,面对受访者可能遮蔽过去历史和认知的状况,采访者在整个采访过程中,都要对口述内容保持一种历史理性的态度,有充足的历史知识储备和判断,只有深入了解受访者的个体经历,才能穿透受访者的主观意识捕捉到历史真实。在访谈问题设计上,除非受访者是历史大事件的亲历者,否则采访者应避免询问受访者宏观历史情况。受访者的话题从公共领域转向私人领域,叙述个人经历,才能打破主流话语模式的影响,从重复集体的叙事到讲述个体的感受,从"我们的经验"转向"我的经验",才

① 托什.史学导论:现代历史学的目标、方法和新方向[M].吴英,译.北京:北京大学出版社,2007.

能更贴近历史真实。

口述访谈“采集到的口述资料是粗矿，需要甄别、提炼和打磨”①。在口述历史访谈的具体操作过程中，有多重因素影响口述内容质量，口述历史中个体记忆的偏差是不可避免的，个体也常常会重塑过去的经验，赋予新的意义。② 在访谈方法上，设计有机系统的口述访谈提纲，选择多个采访对象，将他们之间的访谈内容进行相互印证、补充，是保证口述历史真实性的重要手段。口述历史不仅要展现普通个体的生命经验，更重要的是弄清个体经历背后的思想动机，结合社会历史框架和脉络看个体叙述什么和怎样叙述，把握个体经验和普遍知识之间的平衡。就此层面而言，影像口述历史不仅记录了个体对过去的记忆，还给未来留下了个体怎样记忆的历史。

五、再建构的影像文本：制作中的筛选与呈现

口述历史超越了早期仅作为原始资料搜集和保存的认知模式，普遍接受了主体意识存在于访谈互动、个人回忆中，是一种在动态过程中再建构的观念。除了受访者之外，以影像为主要记录手段的口述纪录片创作，从前期拍摄到后期剪辑，创作者的主观筛选和表达也贯穿始终。口述纪录片作为一种影视作品类型，除史学价值之外，还要具备传播价值或市场价值，需要考虑影像表现形式、讲述故事的技巧以及想要达到的传播效果。这些外在因素都会影像到创作者的选择。

从口述历史纪录片的拍摄环节来看，能够获取到的影像，主要包括口述访谈、受访者日常的纪实镜头，以及相关的文献、照片、历史资料等。口述访谈拍摄是最核心的部分，创作者通常会选择受访者熟悉的环境，如家庭、办公室等场景，因为人在熟悉的环境中容易放松，也更容易倾诉真实想法。本项目在执行过程中，考虑到受访者的年龄和身体状况，养老社区管理方担心频繁入户会干扰受访者及邻居的正常生活，因此在每个城市拍摄时，都在当地社区布置了一个专门的访谈房间。这种拍摄方式有其优势，首先是有利于把控影像呈现质量——口述历史访谈一般有多个访谈团队参与，固定的拍摄空间有利于总体控制画面、声音质量，保证影像效果的统一。其次，在安静封闭的空间里，受访者的叙述不像在生活环境里易受到干扰，在实际拍摄中，一些受访者刚进入访谈拍摄房间时，曾表达过“太过正式”的看法，但经过最初的适应后，安静的环

① 李小江.口述史学与口述访谈的若干问题——从“妇女口述史”说起[J].山西师大学报(社会科学版)，2017，44(6)：1-4.

② 里奇.大家来做口述史[M].邱霞，译.北京：当代中国出版社，2019：22.

境让受访者更容易进入一种深度回忆，后期访谈配合度和倾诉意愿反而会升高。

这种“类演播室”的采访环境，缺失的是日常生活环境所能提供的“场信息”。个体在回忆过往时，一些相关物象、历史现场环境等能够刺激受访者的深层记忆。比如受访者生活、工作场景内的老照片、物件摆设等，可以作为采访话题深入的由头，唤起受访者对记忆更丰富详尽的描述。从影像呈现层面考虑，生活、工作场景不仅可以提供个体身份、爱好、生活状态等信息，也能增加画面的表现力。对本项目来说，所采用的“陪伴式”的拍摄模式，可以部分弥补访谈拍摄环节“记忆场”刺激的不足。在已完成的口述访谈中，一般每位受访者的素材在三个小时以上，最长一位受访者积累了近十个小时的素材，这些纪实画面包含受访者的生活、休闲场景，受访者与养老社区内他人的互动关系等，成为正式访谈部分的有效补充。

在拍摄访谈画面效果方面，项目设定的影像呈现形式是采访者不出镜，以受访者直面镜头（观众）口述为主。至少保证两个机位：主机位是长镜头固定机位，拍摄受访者近乎直面摄像机的特写/近景；辅机位同时作为游机，捕捉受访者的神情、动作等细节。这样的景别设置呈现一种肖像档案式风格，用影像表现出历史话语的赋权转向：面对镜头/观众的口述者，是事实来源，是权威，是历史的言说者，从被拍摄的客体转换为影像文本中叙述的主体。

口述历史影像记录的视觉维度，让它具备了与其他口述历史形态不同的特点。借助摄像机的眼睛“见证”访谈现场，不仅记录下个体口述的语言，同时也捕捉到现场的非语言符号，如受访者的神情变化、动作细节、身体与环境的互动、访谈双方的关系，等等，这些非语言符号凸显出社会结构、文化符码、价值观念等深层信息。个体记忆通过体态语言表达出的情绪、态度等，有时会超越口述语言自身的叙述，提供更丰富的历史意义表达空间和解读的可能。

口述历史纪录片的再建构性，在后期制作环节表现得更为突出。纪录片作品需要考虑观赏性，为了更好地传播，创作者会强调口述历史内容的故事挖掘、适合影像表达的细节展现等。本项目打造的新媒体平台短视频版本，为了适应网络传播碎片化、快节奏的特征，以呈现主题式、片段化的内容为主，在增加了传播影响力的同时，也出现了历史叙述表面化的问题，缺乏通过个体生命历程透视文化和社会结构历史性变迁的深度思考。如何平衡影像建构与历史真实的表达，或者说如何更好地呈现一种影像化的证言，让受众接受比课堂上、书本上更生动鲜活的历史文化知识，数字时代的口述历史有待探索更丰富的表达形式和更广阔的传播空间。

六、结语

记忆的传承是维系社会认同感的重要前提。本项目通过口述历史纪录片的创作实践，用影像记录共和国半个多世纪亲历者的话语，回顾他们在时代洪流中那些必然的遭遇和突围方式、个体的抉择和生命经历，希冀为历史留下影像化的证言。这些老年人的访谈内容，虽然是有限的个体记忆，却如同一个个固定的锚点，帮助后人探知过去，为人们理解中国社会历史变迁提供多元视角和窗口。只有了解过去，了解那些塑造我们的世界与社会样貌的力量，才能帮助我们更好地去面对当下现实与未来。

口述历史纪录片，是历史与影像结合的创作类型，它对历史的影像记录方式，受到多重因素的影响：在实际的访谈组织环节，受访者的个体记忆会受到个人的生理和心理状况以及社会群体记忆框架的制约；另外，采访者对于受访者和话题的社会历史背景的了解程度、对于话题的把握和控制以及访谈双方的对话状态，都会影响到访谈内容的获取和访谈质量的高低。如何实现采访者与受访者双向度的历史叙述模式，口述历史的访谈在组织中需要考虑到由谁来做口述历史、谁来选择和取舍以及如何选择和取舍的问题。

口述历史纪录片创作和纯粹作为历史档案的记录也有差异，剪辑本身就是一种再建构，创作者的主体意识在诠释历史的过程中起到非常大的作用。不可回避的问题是，历史从来不是也不可能是过去发生事物的本原样貌。回归具体的访谈、拍摄和剪辑实践环节，在细微的层面审视口述访谈中的互动对话，探寻受访者的个体记忆怎样被唤起和遮蔽，创作者对口述材料如何筛选与建构，只有把握以上几点要素，才能对多层叠加后的历史真实与历史知识生产有更深刻的认知。如何在展现历史真相与实现传播效果中寻求平衡，从而丰富和发展口述史的影像创作空间，是值得进一步深入探讨的话题。

〔夏丽丽，中国传媒大学电视学院副研究员〕

〔特约编辑：涂凌波〕

传播学研究

重建社区：历史文化街区的“可沟通性”研究　曹培鑫　梁　轩

寻找理想的听障手语主播：探讨1978年以来中国无障碍电视及其研究之政策、实践与展望　王　彦　曹　芮

融媒体创新传播：文旅融合产品设计的场景应用及传播路径创新——以花窗书立和古田会址数字微导览融媒体文创产品为例　郑志亮　曹航宇

重建社区：历史文化街区的“可沟通性”研究

Rebuilding the Community: A Study on the Communicability of Cultural and Historical Neighborhoods

◎ 曹培鑫　梁　轩

Cao Peixin　Liang Xuan

摘要：史家胡同博物馆是北京市首家社区博物馆。运营七年来，博物馆不仅为历史文化街区的现代化提供了一种路径，也成为具有丰富意义的社区传播的考察样本。本文以史家胡同博物馆为研究对象，以参与式观察和深度访谈，分析博物馆这一媒介与史家社区“可沟通性”之间的辩证关系。研究发现，社区博物馆不仅增强了居民的社区归属感，也为责任规划师制度的落地和社会力量参与社区的营造提供了路径。同时，作为社区的“新媒介”，博物馆重建了史家社区名人文化、居民归属感和公共空间三者之间的有机联系，启动了具有当代意义的“群众路线”，创造了一种人与社区之间全新的可沟通性。借此，本文也探讨博物馆建构新型社区属性、重塑社区共同体的新的空间。

关键词：可沟通性；城市传播；社区共同体；史家胡同

Abstract: Shijia Hutong Museum is the first community museum in Beijing. Since its operation for seven years, the museum has not only provided a path for the modernization of cultural and historical neighborhoods, but also become a location of studying community communication with diversified significances. This paper takes Shijia Hutong Museum as the study object, and analyzes the dialectical relationship between the museum as a medium and the "communicability" of this historical community via participatory observation and interviews. It is found that the community museum not only enhances residents' sense of belonging to the community, but also provides a path for the implementation of Beijing's historical community reconstruction system and the participation of multiple social forces into community architecting. At the same time, as a "new medium" of the community, the museum reconstructs the organic connection among the celebrity culture, residents' sense of belonging and public space in the historical community; reenacts the "mass line" with a contemporary significance; and creates a brand-new communicability between people and their community. In this way, this paper also discusses the potential new space for the museum to construct a new community identity and reshape the community itself.

Keywords: communicability, urban communication, community, Shijia Hutong

高速推进近20年之后，中国的城市化发展逐渐由增量向存量转向。历史文化街区保护在这一趋势下得到了前所未有的重视。《北京城市总体规划(2016年—2035年)》(以下简称"新总规")提出"保护北京特有的胡同—四合院传统建筑形态，老城内不再拆除胡同四合院"，并要求"将核心区内具有历史价值的地区规划纳入历史文化街区保护名单。通过腾退、恢复性修建，做到应保尽保，最大限度留存有价值的历史信息"。这是经济社会发展新常态下老城更新从"大规模危旧房改造"转变为"循序渐进，有机更新"的体现。①

老城内不再拆除四合院已经定调，那么，如何更新北京的历史文化街区便成为一个重要的议题。北京以往的历史街区更新实践经验在应对这一问题时显得力不从心：无论是南池子大街"破旧立新"的改造②，以南锣鼓巷、前门大街为代表的商业化改造，还是东四南曾经进行过的"微循环"改造③，实质上都是以富裕阶层取代低收入阶层，重新由郊区返回内城的"绅士化"更新④。这种大规模迁走"原住民"的更新，破坏了老北京胡同的市井生活，甚至破坏了胡同这一物质空间本身，显然无法实现"有价值的历史信息"的留存。

---

① 单霁翔. 从"大规模危旧房改造"到"循序渐进，有机更新"——探讨历史城区保护的科学途径与有机秩序(下)[J]. 文物，2006(7)：26-40.

② 2002年进行的南池子改造，九百座四合院只有九座安然无恙，其他均翻修为二层仿古楼和新四合院，并以每座四合院一百万美元的价格上市出售。南池子由老北京胡同转变成了高档住宅区。麦尔. 再会，老北京[M]. 上海：译文出版社，2013.

③ 根据东四南口述史，一位资深的社区工作者对微循环的理解："微循环，大意是不做整体拆迁，而是一个院子一个院子地来做。比方说，把一个大杂院卖给一个大老板，有钱人，给他们用，环境就可以变得又安静了，又高雅了。"内务部街67号和东四南大街28号便是这种微循环的产物，但是社区工作者发现，微循环入驻的有钱人拒绝与社区发生联系，更不会承担社区的义务。

④ 朱喜钢，周强，金俭. 城市绅士化与城市更新——以南京为例[J]. 城市发展研究，2004(4)：33-37.

那么,如何让居民继续居住在胡同中,又应当如何解决满足居民现代生活的需要与前现代历史建筑的局限之间的矛盾?“有价值的历史信息”又是什么,应当如何保留?对这些问题的回答,都离不开关注文化传承、社会交往的传播学视角的观察。

“可沟通城市”是传播学参与城市研究的一个重要着力点。昆茨曼认为,可沟通城市体现为城市对于信息技术的应用,“应该从信息提供和参与机会两个方面来保障市民发起和进行围绕城市未来的重要讨论,创造地方认同感和市民自豪感以及提升在城市发展过程中的参与感与获得感”①。冈伯特、德鲁克和杰弗里也做了相关研究,认为“可沟通城市”意味着城市基础设施应为市民提供日常交往的空间和机会,并鼓励政治表达和公民参与。② 我国学者依托上海这一“全世界独一无二的异质性城市”③,对“可沟通城市”进行了本土化的阐释。复旦大学课题组认为“可沟通城市”强调各参与主体“通过信息传递、社会交往和意义生成等多种传播实践活动,实现城市的多元融合、时空平衡、虚实互嵌和内外贯通,即在人性充分实现维度上的多重‘可沟通性’”④。吴予敏则认为,“可沟通城市”本质上是一个公共性议题,是如何通过理性化的沟通过程重建社会共同体意识的问题。⑤

总的来说,现有研究中的“可沟通性”,就是城市基础设施为多元主体信息沟通提供可能,并聚焦这种沟通对于城市发展所发挥的作用。本文所论述的历史文化街区的“可沟通性”则在此基础上,推进探讨社区博物馆这一新型城市基础设施为人与人、人与社区、历史街区与现代都市之间的沟通所提供的可能,并分析这种沟通对于历史文化街区的留存和更新所发挥的作用。

① 钟怡.多元传播视角下的城市沟通:上海人民广场“可沟通性”研究[J].现代传播(中国传媒大学学报),2018(9):56-62.

②④ 复旦大学信息与传播研究中心课题组,谢静.可沟通城市:网络社会的新城市主张[J].新闻与传播研究,2015(7):16-24.

③ 熊月之.异质文化交织下的上海都市生活[M].上海:上海辞书出版社,2008.

⑤ 吴予敏.从“媒介化都市生存”到“可沟通的城市”——关于城市传播研究及其公共性问题的思考[J].新闻与传播研究,2014(3):6-19.

本文以位于史家社区，具有社区博物馆①和责任规划师基地②双重属性的史家胡同博物馆为研究对象，采用民族志方法，从"可沟通性"的角度分析博物馆这一"媒介"的运作对于游客、居民、规划师与东四南文化街区的互动沟通，以及博物馆本身与新媒体和传统媒体沟通的塑造，为历史文化街区的留存、更新增加"可沟通性"这一维度。

一、失落的居民：史家胡同的社区变迁

在北京众多历史文化街区中，史家胡同既具有典型性，又具有特殊性。

典型性在于，与北京城绝大多数胡同一样，史家胡同是以居住功能为主的胡同，面临着房屋破损③、人均居住空间不足④、公共空间匮乏⑤等问题。特殊性在于，史家胡同具有深厚的历史文化遗产和鲜明的文化名人的遗迹，人称"一条胡同，半个中国"。自民国时期到新中国成立后，凌叔华、艾青、臧克家等文人，傅作义、乔冠华、邓颖超、华国锋等政要，马英达、刘士豪等医学大家，红色资本家荣毅仁、同仁堂经理乐松生等商业大亨，以及焦菊隐、曹禺等文艺界名流，都曾在史家胡同居住或办公。新中国成立后，部分房屋陆续划归为人民美术出版社、北京人艺和外交部等单位的员工宿舍，因此史家胡同又具有了单位制社区的特性。此外，北京市著名的史家小学、中国妇女杂志社、全国妇联老年之家等机构也坐落在史家胡同。

典型性与特殊性的交织，塑造了史家胡同居民特殊的生活样态和心理风貌。一方面，史家胡同地处寸土寸金的北京二环内，距离王府井大街不到 2 公里，坐拥史家小学、北京二中、协和医院等全国顶级的教育、医疗资源，又辅以名士光环，这些都让史家

---

① 社区博物馆是一个西方概念。狭义的社区博物馆强调社区居民在博物馆运营中起主导作用，存在的目的是保护地方传统文化，凝聚居民共识；广义的社区博物馆则是指整个社区中的人、事、物均纳入博物馆展示范围，是一个活化博物馆。史家胡同博物馆，目前正处于由狭义到广义的社区博物馆的转型之中。

② 2019 年 5 月，北京正式实施责任规划师制度。责任规划师是政府聘请第三方人员为责任范围内的规划、建设、管理提供专业指导和技术服务。同时，责任规划师还可以参与责任范围内重点地段、重点项目规划设计的专家评审。简单来说，是规划师扎根基层社区，从居民的视角进行规划，并且积极引导居民参与规划。北京市责任规划师制度以东城区为试点，而东四南历史文化街区又是东城区的先行者，从 2014 年起就开始实行责任规划师制度，至今已有七年。

③ 东四南历史文化街区内，保存完好及基本完好的建筑仅占 12%，60%破损，14%严重破损。参见《东四南历史文化街区保护规划》，北京市城市规划设计研究院内部资料。

④ 东四南地区人均实际住房面积（含自建房）约 12.34 平方米，超过 2/3 居民的人均实际住房面积不足 10 平方米，更有 13%人均不足 5 平方米。来源同上。

⑤ 据笔者观察，距史家胡同最近的面积较大的公共空间是东单公园，距离为 2.2 公里。胡同内有 7 个小型居民聚集点，但面临硬件设施差，受天气影响明显，承载力低等问题。

居民觉得“胡同住着比楼房好”，住在史家胡同“是很自豪的”。而另一方面，产权的复杂以及文物保护的规定，使得居民无法任意改造老旧的房屋来适应自己现代化的生活。除此之外，单位制的解体，加剧了房屋衰败失修，也使之前形成的单位社区共同体面临重创，有居民就感慨“小时候一起玩的都搬走了”。就连居民引以为豪的史家胡同的文化底蕴，也随着时光的流逝、关注的缺失以及流动人口的进入而变得隐而不彰。根据2013年北京市城市规划设计研究院的调查，东四南地区竟然有三分之一的居民不知道东四南是历史文化街区。凡此种种，都逐渐消磨着居民的社区认同感和归属感。史家社区的居民也在这种矛盾的心理下，逐渐成为“失落的居民”。这种失落的背后，是人与社区的“不可沟通”，即人与社区缺乏沟通，表现为居民对于所居住的社区了解甚少，居民无力对居住空间进行改造，也无法决定社区发展的方向和各种现实问题。本质上，居民缺乏了解社区、参与社区发展、与社区实现沟通的媒介。

二、史家胡同博物馆：沟通人与社区的“新媒介”

本文将史家胡同博物馆视为出现在东四南历史文化街区的“新媒介”，即“处于中间介入两者之间的、使两者发生关系的第三者”[①]。以媒介视角观察史家胡同博物馆的传播实践，能够聚焦博物馆运营的传播维度，把握博物馆的传播实践如何重塑人与社区之间的关系，从而与“可沟通性”理论形成对话。

（一）重塑地方感：居民的日常生活实践

史家胡同博物馆由著名作家凌叔华之女陈小滢捐赠的祖屋改造而成，于2013年正式免费对外开放，拥有八个展厅、一个多功能厅以及前后两个庭院。八年来，博物馆渐渐成为社区居民日常生活的一部分，也在一定意义上重塑了社区居民的“地方感”。所谓地方感，是一种经过文化与社会特征改造的特殊的人地关系，体现的是人在情感上与地方之间的一种深切的联结。[②] 对于东四南居民而言，这种地方感包括地方依附和地方精神两个层面。

1.地方依附：融入社区的“新居民”

东四南社区的居民大致可以划分为“新居民”和“原住民”。所谓“新居民”，既包括

① 德布雷.媒介学引论[M].刘文玲，译.北京：中国传媒大学出版社，2014：122.

② 朱竑，刘博.地方感、地方依恋与地方认同等概念的辨析及研究启示[J].华南师范大学学报（自然科学版），2011(1)：1-8.

常住在此的外来人口，也包括社区内各种机构的工作人员；而“原住民”则是指从单位制时代至今一直在此居住的居民。作为社区公共空间，博物馆对于“新居民”的意义更大，这与史家社区公共空间的特点密切相关。对于史家社区而言，主要的公共空间包括社区居委会活动空间和胡同中居民自发形成的聚集点。“新居民”的外来身份使得他们很难融入社区既有的人际关系网络之中，因此他们也不愿意进入社区活动室参与互动，或者闯入“熟人圈子”的居民聚集点。而博物馆对所有公众免费开放，使得“新居民”可以放下“半个社区人”的尴尬身份自由出入；相较于游客而言，地理上的接近性也使得“新居民”能够将博物馆纳入自己日常的活动空间。

博物馆保安称，隔壁妇女杂志社等单位的人“每天中午吃完饭，都过来晒会儿太阳”。博物馆后院的紫藤架下和院子里面的石凳，都是机构工作人员偏爱驻足之地。而后院地上的塑料草皮，则是儿童玩耍的空间。有些保姆就经常带孩子过来玩，“很干净……我们出了门就能在这儿玩”。对于史家小学的学生而言，他们活动的范围更广，前院、后院和博物馆内，都是他们放学后玩耍的空间。尤其是每周二下午史家小学会提前放学，这为小学生们提供了足够的时间来到博物馆，调查中，一位史家小学的学生表示每周都会来博物馆玩，已经在这里“认识了十个朋友”。家长们也得以在这个时间互相交流孩子的学业，逐渐熟识。

由此可见，在使用博物馆空间的过程中，“新居民”不断建立着新型人际关系。正如段义孚所说，“地方的价值是基于属于特定人际关系的亲切感的，在人际关系之外，地方本身几乎不能提供什么”①。空间意味着开放、自由和陌生，而地方则意味着安全和熟悉。史家胡同博物馆作为社区的公共空间，为“新居民”建立新型人际关系提供了可能。而在“新居民”日积月累的日常实践中，随着人际关系的逐渐建立，博物馆本身也发生了变化，由最初陌生的、与居民生活无关的空间，转变为“新居民”熟悉的、感到安全的地方。人与人之间的情感联结也逐渐拓展为人与地方的情感联结，“新居民”的地方感悄然形成，也因此形成对社区的情感归属与认同，即地方依附。②

“新居民”对社区所形成的地方依附，对于常住外来人口占比近四分之一的东四南地区而言，是至关重要的。改革开放后，随着单位制的解体，以单位共同体为依托的社区共同体逐渐衰落。流动人口不断增加，进一步冲击了胡同中的“熟人社会”，社区居民之间逐渐陌生。这种疏离，使得居民个人主义膨胀，极力追求个人利益，漠视社区集

---

① 段义孚. 空间与地方：经验的视角[M]. 北京：中国人民大学出版社，2017：114.

② 张中华，张沛，王兴中.地方理论应用社区研究的思考——以阳朔西街旅游社区为例[J]. 地理科学，2009(1)：141-146.

体利益,从而导致社区公共性受损,社区问题难以得到有效解决。此时博物馆作为公共空间,使“新居民”之间建立了联系,居民与社区也逐渐建立了情感联结。这对于居民重新形成社区共同体,重建社区公共性,解决社区问题,具有重要意义。

2.地方精神:打捞流散的胡同记忆

地方精神是指一系列特征的集中表现,这些特征为某些地方赋予了某种特定的情感或个性。史家胡同博物馆的七个固定展厅,全面地展现了史家胡同的历史底蕴和名人文化。博物馆作为史家胡同记忆的载体,使逐渐流散的史家胡同的辉煌历史得以凝聚起来,展示给每一位参观博物馆的居民。那些已经逝去的名人和不断淡化的文化氛围,都通过博物馆的展览得以存证。正如两位物理学家关于克龙贝格城堡的讨论:“如果只是因为哈姆雷特曾经住在此地,那么本来不应该有什么改变,可是事实上它已经被彻头彻尾地改变了”①。而史家胡同博物馆的展览,则使得这种改变可见且持续存留。

这种蕴含城市记忆的“大历史”,还实现了与个人生命历程“小叙事”的勾连。在居民参观博物馆的过程中,那些承载地方集体记忆的媒介,往往会勾起居民个体的记忆。一位居民就曾在博物馆展出的一张史家小学的老照片中找到了小时候的自己。各种老物件儿,以及按照20世纪50年代和80年代老百姓房屋布局的两个展厅,则将时间压缩在了博物馆的空间之中,让居民得以回溯自己生命历程中所使用过的物品:“那个组合柜原来你姥姥家有一个”;“我爷爷原来就骑这么个带横梁的自行车,不过前面没灯”。人与物的关系,在这种回忆之中,也暂时脱离了使用者与被使用者的冷漠,有了温情脉脉的色彩。

除了大历史、大人物外,史家胡同博物馆也进行了对普通居民记忆的打捞。依托博物馆,东四南口述历史工作坊得以建立,普通居民的记忆,也得以通过口述历史的方式结集成册,进一步丰富了史家胡同的地方精神。而居民接受访谈,回忆自己在胡同里的点点滴滴,其实也是不断加强自身社区认同的过程。

可见,随着地方依附的形成和对地方精神的打捞,社区居民的地方感也逐渐被重塑。除了形成社区认同感和归属感外,史家社区地方感的形成,说明了在这个“流动的地方”时代,人与社区之间的联系仍需要得到强调,地方作为“自我的一个有机组成部

① HEISENBERG W. Physics and beyond: encounters and conversations[M]. New York: Harper Torchbook, 1972:51.

分”的意义并未消失，而是更为重要。[①] 正如有居民回忆人艺大院儿和章含之的文雅举止对自己的熏陶，让自己喜欢文化和艺术一样[②]，通过史家胡同博物馆的实践，社区对居民的影响重新得以彰显。

(二)创造可见性：虚实相生的博物馆媒介呈现

作为社区博物馆，同时也作为文化机构，史家胡同博物馆也应该起到服务社会的作用。作为“媒介”的博物馆，其范畴远不止1,000平方米的实体空间。史家胡同博物馆的微信公众号、微博，博物馆的各种微信群，以及新老媒体对博物馆的媒介呈现，都使得博物馆的传播范畴跨越了实体空间。在这种虚实相生的传播图景中，作为大众点评5.0分(满分)、拥有660条好评的景点，博物馆得到了新媒体所赋予的可见性；作为积极举办各种文化活动的文化机构，博物馆也得到了传统媒体所赋予的可见性。

1.发现胡同：作为“流量入口”的新媒体

所谓可见性，是指能否被他人看见、能否获得他人的注意力。当获得的注意力达到了一定规模，即产生了可见性。[③] 游客了解到史家胡同博物馆的渠道五花八门，大众点评、马蜂窝、快手直播、抖音、微博、微信朋友圈、微信公众号文章，等等，不一而足，但无一例外，都是从新媒体渠道了解到的。在接受访谈的19位游客中，只有3位老北京人知道史家胡同，剩下16位游客在来博物馆之前，则从未听说过史家胡同，有的游客甚至从未走进过胡同，对胡同的知识完全空白。而新媒体平台对史家胡同博物馆的展现，使得博物馆被更多的人看见，提高了可见性，也起到了为博物馆“引流”的作用。

博物馆可见性的提升，使得居住在现代城市空间中的游客走入胡同，体会胡同文化的独特魅力，实现对胡同这种前现代居住空间的“扫盲”。“来之前一直以为胡同只是普通百姓住，没想到还住过这么多名人。”在一些游客的眼中，胡同就是北京城的棚户区，“不是城市”，是破败的、应该被拆除的空间，而史家胡同博物馆的展览，则让游客看到了胡同“贵气、整洁、干净”的一面。

另外，博物馆还展现了胡同这种空间独有的生活节奏。不同于快节奏的现代生活，游客进入博物馆的四合院中，会“感觉特别安静”，“节奏很慢”。在这里，游客感受

---

① 朱竑，刘博. 地方感、地方依恋与地方认同等概念的辨析及研究启示[J]. 华南师范大学学报(自然科学版)，2011(1)：1-8.

② 详见纪录片《史家胡同》居民牛响玲的口述内容。

③ 孙玮，李梦颖. “可见性”：社会化媒体与公共领域——以占海特“异地高考”事件为例[J]. 西北师大学报(社会科学版)，2014(2)：37-44.

到了胡同这种空间所带来的独特的感官体验，并将这种感受转变成各种新媒体的内容，“坐在那里休息片刻特别惬意，享受那份宁静”①，“一踏进院门就能感受到古朴宁静”②，“里面特别安静”③。在这一过程中，博物馆、史家胡同，乃至老北京胡同，都被社会个体赋予了安静的特征。在这种虚实结合的媒介展演中，胡同空间的可见性也被生产出来。

2.新闻价值：作为活动举办地的博物馆

除去新兴媒体的关注外，对于传统媒体而言，史家胡同博物馆也具有很高的新闻价值。究其原因，第一，博物馆扎根、名人辈出，一直以来颇受关注的史家胡同，文化底蕴深厚；第二，史家胡同博物馆是北京市最早运行的责任规划师基地和第一家社区博物馆，具有先行区和实验田的性质；第三，依托博物馆的历史文化街区更新成效显著，东四南历史文化街区获得中国人居环境奖；第四，博物馆拥有朝阳门街道和北京市城市规划设计研究院两个运营主体，这两家运营主体持续开展与传统文化保护、城市规划相关的重要活动，具有特殊性。史家胡同博物馆的这些特征，都使其具有独特的新闻价值。

截至目前，报纸、网络媒体对史家胡同博物馆的新闻报道共有 42 篇，可分为以下四类。第一类是文化活动报道，共 14 篇，数量最多；第二类是规划活动报道，共 6 篇；第三类是其他活动报道，共 11 篇；第四类是对博物馆的介绍性报道，共 11 篇。对这些报道进行分析后我们发现，博物馆举办的与历史文化保护相关的展览最受媒体青睐；依托博物馆展开的责任规划师实践是媒体报道的另一个焦点；英国威廉王子来博物馆参观，则是博物馆开馆以来的高光时刻，备受媒体关注。电视新闻对于史家胡同博物馆的相关报道集中于北京国际设计周、纪念抗战胜利、迎新春等大型活动。

综合来看，围绕史家胡同博物馆的新闻报道，以博物馆不断开展的各种活动为主要内容。这些活动基本上都是面向社会免费开放的，任何人都可以通过“史家胡同博物馆”微信公众号的报名链接参与这些线下活动。具有新闻价值的活动会得到媒体的报道，其他活动则会反映在参与者的朋友圈和博物馆的微博、微信公众号上。因此，活动从报名到报道，本身就是一个虚实相生的过程。在这一过程中，博物馆的“可见性”

---

① 来源于大众点评用户“雨点的雨”对博物馆的评价。

② 来源于大众点评用户“nuancha”对博物馆的评价。

③ 来源于大众点评用户“——程程——”对博物馆的评价。

也随着媒体的新闻报道被制造出来。与之相伴的,是史家胡同乃至北京胡同文化“可见性”的提升。

总之,无论是新媒体所赋予的可见性,还是传统媒体机构所赋予的可见性,都使得更多的人进入史家胡同博物馆,增进了对胡同文化的了解。依托史家胡同博物馆这一“媒介”,史家社区乃至整个老北京胡同的可见性就这样被生产出来。除了吸引游客,获得更多的媒体曝光外,这种可见性更为重要的意义在于,为历史文化街区“造成了一种有意识的和持续的可见状态,从而确保权力自动地发挥作用”。[①] 而“通过透明度达成权力,通过照明来实现压制”的监视与空间规训,恰恰是政府、社区居民与社会力量共同凝结的对于历史文化街区的保护。[②]

21 世纪初,紧邻东四南历史文化街区的大片四合院被以“危房改造”的名义拆除,建设了豪华的金宝街,部分原因是当时的胡同处于“黑暗”之中,被“居住条件差”“房屋破败”等刻板印象所定义,胡同真正的多元面向和文化价值被遮蔽了。而依托博物馆持续的传播实践和媒体曝光,胡同对于普通市民而言,不再是遥远的、埋在历史尘埃中的、与己无关的甚至带有负面色彩的抽象概念,而是一个个具体可感的空间。通过阅读新闻报道和到博物馆参加文化活动,人们得以理解胡同作为历史文化的物质性留存所具有的深厚的文化底蕴和不可替代的价值,了解到通过社区更新,胡同这一空间也能够满足居民现代生活的需要,而并非注定被时代淘汰。

(三)依靠群众:社区公共空间的生产与再造

可见性的提升,与社区公共空间的营造相辅相成。由于可见性提升,更多的社会力量开始关注社区的建设与更新,并且参与到物质层面的空间改造之中,同时也在象征层面增加了社区的社会资本。同时,空间改造的实施,也常常让社区成为具有新闻价值的报道对象,见诸媒体,可见性得以进一步提升。而史家社区公共空间的改造实践,很大程度上依赖于以史家胡同博物馆作为扎根社区基地的责任规划师制度。

1.社区博物馆的建立:激发居民公共性的开端

作为一个社区博物馆,史家胡同博物馆从建立到运营,“始终将居民的福祉放置在最重要的位置”。博物馆原为民国才女凌叔华的故居。凌叔华去世后,其女陈小滢将

①② 刘涛.社会化媒体与空间的社会化生产——列斐伏尔和福柯“空间思想”的批判与对话机制研究[J].新闻与传播研究,2015(5):73-92.

院子产权转让给国家，并提出唯一要求：院子要用于公益事业，不能做商业，也不能盈利。[①] 因此，街道专门召开座谈会，探讨该空间的使用方案，并最终在街道、社区居民和专业人士的共同参与下，决定将其辟为社区博物馆。可见，从博物馆建立之初，居民就发挥了重要作用。

在博物馆修建的过程中，由于种种原因，部分居民还曾存在过排斥心理，甚至出现将菜刀砍在博物馆门上的事件。博物馆修建的过程本身成为社区不断与居民互动、调和矛盾的过程。在这一过程中，居民对博物馆的理解和认同逐渐建立起来。博物馆建成后，大部分展品均为社区居民捐赠。不仅如此，社区居民还被邀请参与到博物馆的运营之中。无论是大型活动，还是日常讲解，很多社区居民都积极担任了志愿者的角色，一位居民甚至利用博物馆空间，自主举办了史家小学的同学聚会。这种参与，还体现在笔者的调研工作之中。笔者在以志愿者身份参与观察的过程中，应博物馆请求，调查了社区居民对博物馆的建议，并以调研报告的形式反馈给博物馆，以帮助博物馆调整发展方向，进一步满足社区居民的需要。

史家胡同博物馆作为社区的公共空间，从建立到运营的每一个环节，都在与社区居民进行交流互动，逐渐赢得了社区居民的支持，得以融入社区生活之中。在这种频繁互动的过程中，居民积极参与到社区事务之中，自身的公共性也得到了重塑。

2.责任规划师制度："群众路线"的制度化实践

责任规划师制度的核心在于规划师扎根基层社区，以在地视角发现社区问题，改进相关规划，并积极收集民众对社区营造的建议，引导民众参与到城市规划之中。这与"两个人骑着自行车，两三个小时就能扫完一个街区，决定拔哪个楼"的"鸟瞰视角"的传统城市规划大不相同。作为责任规划师基地，史家胡同博物馆为规划师对接居民诉求、深度参与社区营造提供了空间支持。

从 2014 年起，北京市城市规划设计研究院的规划师就在东四南地区进行了一系列公共空间的营造，其中包括改造朝内南小街菜市场、建造胡同微花园、协助居民制定自己的《小院公约》、开展"我们的院子"改造项目、进行儿童友好社区探索等。

这些项目的共同点，一言以蔽之，都是在实践"从群众中来，到群众中去"的群众路线。[②] 胡同微花园的改造便是在这一原则指导下的典型案例。胡同微花园改造的源起，是规划师扎根社区，发现了社区居民爱养花的特点。项目选择的五个改造点，全部

---

① 刘路，黄锦荣.史家胡同循迹[M].北京：台海出版社，2016.

② 毛泽东选集：第 3 卷[M].北京：人民出版社，1991：899.

是居民自主申报的结果。在申报的过程中,居民提出了很多“分散的无系统的意见”,构想了自己认为满意的微花园。规划师收集这些意见后,通过与专业院校的合作,将这些意见转变为“集中的系统的意见”,形成可以落地的改造方案。方案形成后,规划师与居民再次进行解释和沟通,实现居民对改造方案的理解与认同,并积极引导居民亲自动手,参与建造微花园。例如,在史家胡同44号院的微花园改造中,居民秦大爷就自己画了设计图,并亲自参与到改造过程之中。

因此,责任规划师制度本身,可视为吴冠军所言“群众路线的制度化实践”。规划师扎根社区,引导居民参与到城市规划和社区营造之中,本身就是利用距离上的接近性,以“反复逼近”的方式,来确保城市规划和社区营造从群众中来,并回到群众中去验证与修正,建立城市规划与在地实践贯通的一种尝试,从而实现一种具有社会主义特色的公共空间生产。①

由此可见,无论是博物馆本身作为一个公共空间被生产出来,还是博物馆作为责任规划师基地,对史家社区公共空间改造的推动,都是一种全新的空间生产。这种公共空间生产,既不同于资本逻辑下的空间生产,也不同于西方国家社区居民进行自治、主动开展的空间生产,更不同于新中国成立后前三十年的具有鲜明单位制特色的、自上而下的空间生产。这种空间生产,不是被动地等待居民反映城市空间问题,而是拥有城市规划权力的规划师主动深入社区,通过与居民直接互动,将居民纳入城市规划的系统之中,并通过这个实践与居民之间建立吴冠军所言的“共同的表面”,即将零碎个体凝结为一个整体,从而凝铸社区共同体,保障居民对自己居住空间改造的话语权。

3.重新审视城市社区的“可沟通性”

对于城市社区的“可沟通性”,谢静依托上海市的社区做了相关研究,将“沟通性”作为衡量什么可以称之为社区的尺度②,认为传播构成社区,是否是社区,不在于是否具有共同地域,而在于能否有效互动交流,形成特定的认同与归属,社区是体现出较高沟通性的地方。这一论断,将“沟通性”作为判断社区的唯一标准,与既有社会学“地域性生活共同体”③的社区概念存在割裂,绝对强调实体空间传播的同时反而忽视了社区更根本的地域属性,也与中国以居民委员会为依托的既有社区机构不相适应,面临着理论与实践的双重挑战。因此,“可沟通性”对于中国社区而言,沟通什么、怎样沟

---

① 吴冠军.重新激活“群众路线”的两个关键问题:为什么与如何[J].政治学研究,2016(6):26-39.

② 谢静.城市社区的沟通性[J].学术研究,2019(3):38-42.

③ 肖林.“‘社区’研究”与“社区研究”——近年来我国城市社区研究述评[J].社会学研究,2011(4):185-208.

通、为何沟通，都可以重新讨论。

本研究即依托对史家社区的“可沟通性”研究，尝试与中国语境下的“可沟通性”进行理论对话。尽管新媒体时代，社区的“可沟通”呈现出虚实相生的传播图景，但是从居民“地方感”的形成与加强，到社区“可见性”的提升，再到营造公共空间的责任规划师制度的设立，共同地域仍然是判断社区的重要依据，社区是共同地域内社会互动的产物。“可沟通性”对于社区的意义，不应只作为判断社区属性的唯一标准，而应将其置于社区的多重属性框架下重新定位。

对于史家社区而言，史家胡同博物馆这一“新媒介”的意义在于，通过博物馆的运作，史家胡同的名人文化、居民的认同感和归属感，以及社区公共空间三种社区属性得以“沟通”，从而建构了史家社区新的“可沟通性”。这种新的“可沟通性”，既实现了社区居民之间、居民与社区、规划师与社区之间的“可沟通”，也使得居民能够与规划师“可沟通”，参与到自己居住社区的规划、更新之中。

在新的“可沟通性”形成的过程中，“有价值的历史信息”也渐渐浮现。对于北京的胡同来说，具有历史价值的文物固然重要，但我们也应认识到，依托胡同空间形成的社区精神、具有地方烙印的社区共同体，以及胡同创造出的安静、缓慢的传统生活节奏，也同样具有价值，应该得到同等重视与保护。建立史家胡同博物馆这样的具有公益性质的文化机构，提高历史文化街区的“可沟通性”，正是保护这些“有价值的历史信息”的有效途径。而践行“群众路线”、依托在地机构的责任规划师制度，则可视为解决满足居民现代生活的需要与前现代历史建筑之间的矛盾的一条有效路径。

同时，我们也应该看到，这种新的“可沟通性”以及责任规划师制度的实践是以公共空间和半公共空间为依托的，并不能从根本上解决满足居民个人现代生活的需要与前现代历史建筑之间的矛盾。由于产权、资金、制度等各个方面的制约，规划师、街道、社区，以及作为产权持有者的房管所、单位和个人，都无力对居民的私人空间进行修缮和改造。这个问题，实际上是降低居民生活质量、削弱居民社区认同感和归属感的根本原因。

尽管新的“可沟通性”并非全能，但它仍可视为城市更新的一种路径创新。值得注意的是，这种新的“可沟通性”，并非依靠居民自治实现，而是依托街道与第三方机构合作，以“反复逼近”的方式得以完成。建设者实质上重启了“群众路线”，从与每位居民生活休戚相关的公共空间入手，重新整合单位制解体后日益原子化的居民，以不同于单位制的、有机的、全新的形式，重塑“共同的表面”，在这个意义上进行社区的重建。

史家胡同博物馆七年来的实践,展现了一条依托"可沟通性"进行城市更新和社区建设的全新路径,不啻为一种由"国家—单位—个人"社会模型转化为"国家—中间组织—个人"结构的有效尝试。

〔曹培鑫,中国传媒大学新闻学院教授;梁轩,中国传媒大学电视学院硕士研究生〕

〔特约编辑:涂凌波〕

寻找理想的听障手语主播：探讨1978年以来中国无障碍电视及其研究之政策、实践与展望*

In Pursuit of Ideal Deaf Sign Language Anchors: On Policy, Practice, and Prospect of Chinese Barrier-free Television Since 1978

◎王 彦 曹 芮

Wang Yan Cao Rui

摘要：自1978年首个电视手语节目录播至今，以手语播报为主要表现形式的中国无障碍电视已走过四十年发展历程，与改革开放同步。同时空的核心历史文献聚焦于政策环境、节目质量、手语主播三个视角。总体而言，中国已初步建立具有中国特色社会主义的无障碍传播政策体系且彰显了其优越性，相应的手语节目及人才培养实践发展迅速。电视媒体已成为视听障碍受众最倚重的专业信源，同时在内容供给、概念厘清、播报语境等方面多有努力空间。理想的手语节目的制胜关键在于寻找集职业性、规范性、可接近性于一身的聋人手语主播，相应的理论建构也可依此范式进行整合。

关键词：听障手语主播；手语电视节目；手语研究；中国无障碍电视

Abstract: This study summarizes the reality, predicament, and prospect of Chinese sign language television via valid literature covering the years 1978-2018. Three historic perspectives, including policy environment, program quality and sign language anchors, have been taken into consideration. It is found that during the past 40 years of reform and opening, there has been certain gaps between the TV development and audience's demands based on the

* 本文系浙江省哲学社会科学规划“之江青年课题”(19ZJQN11YB)、浙江省社会科学联合会重点研究项目(Z20130113)、浙江工业大学人文社科类基本科研业务费项目“优秀青年学者”专项(2020)的阶段性成果。本文也曾宣读于“改革开放声屏40年”首届“播音主持·媒体语言”西湖论坛(杭州，2018.09)，作者感谢论坛与会者和本刊匿名评审及编辑的宝贵意见。

contexts of information equality, audiovisual accessibility and barrier-free communication advocated by international society, which addressed following topics: 1. the narrowing social and market participation embedded in the pure public welfare mode; 2. the insufficient supply of barrier-free media products; 3. the confused concepts and usages of sign language anchor and interpreters; 4. the rare employment opportunities of deaf anchors; and 5. healthy anchors and sign language interpreters are often lacking characters due to the single broadcasting context. As such, a significant observation from this review is that ideal anchors for sign language TV should be unified by professionalism, normativeness, and accessibility. Last but not the least, paradigm integration for theoretical construction is necessary for Chinese deaf sign language anchors and Chinese barrier-free television.

Keywords: deaf sign language anchor, sign language television, sign language research, Chinese barrier-free television

改革开放四十年来，中国经济和物质文明高速增长，精神文明和信息无障碍建设也随之蓬勃发展。第十九次全国代表大会提出，在传播中应确保“没有障碍”“不出现渠道堵塞”。① 联合国《聋盲者权利宣言》亦早在 1981 年就有明文规定，聋盲者有权通过“他们所能吸收的媒介和方式”来获得信息，为此政府和公众不仅应提供可实现无障碍传播的技术设备，而且应当“鼓励进行这方面的研究”。已有研究发现，视听障碍受众使用比例最高的传播媒介是电视，尤其偏好“以手语为主要沟通语言”“以手语主播为界面人物”的手语节目。②③④ 那么，什么是手语电视节目？谁是手语主播？其发展现状如何？我国的手语主播与其他国家地区的手语主播存在哪些差异？上述问题构成了本研究的核心。

为了使讨论更集中和精确，我们采用了历史研究法，比较不同文献中的概念定义，

---

① 习近平.决胜全面建成小康社会 夺取新时代中国特色社会主义伟大胜利——在中国共产党第十九次全国代表大会上的报告[R/OL].(2017-10-18)[2017-10-27].http://www.gov.cn/zhuanti/2017-10/27/content_5234876.htm.

② KYLE J. Sign on television: analysis of data based on projects carried out by the Deaf Studies Trust 1993—2005[M]. Bristol: Deaf Studies Trust, 2007.

③ 沈玉林.从电视手语新闻谈对受众的服务[J].新闻窗,2013(6):60-61.

④ 李东晓.我国电视媒体的无障碍发展现状、问题兼及建议[J].现代传播(中国传媒大学学报),2013,35(5):7-13.

首先界定手语主播是指在视听媒介中以手语为主要沟通语言的节目界面人物创作活动。中国最早的手语主播出现在改革开放起始年——1978 年，上海电视台二台播出了以推广手语为目的的《学一点手语》录播电视小品，这被视为现已基本"成型"的中国电视手语主持发展的"史前阶段"。① 为了解答本研究的核心问题，我们同步截取了 1978 年 1 月 1 日到 2018 年 8 月 30 日时间范围内，以"Web of Science""Wiley Online Library""Springer Link"，以及中国知网上以"手语主持""手语主播"②为关键词展开电子检索，分别得到英文文献 748 篇、中国知网文献 270 篇；再用人工逐件筛查的方式排除无关文献，遴选得到依次分布在节目研究、计算机辅助虚拟手语主播主持、播音主持业务、人才培养以及理论建构研究五个领域的有效文献 34 篇。国外没有播音主持艺术学科，也没有针对手语主持的专门研究，只有手语节目、手语翻译、计算机模拟手语技术、无障碍传播等邻近议题相关研究，相对中文文献来说，虽数量庞大但关联度不高，故以后者为主择要综述。

一、政策：中外比较视角下的中国特色法规体系之优越性

据世界卫生组织统计，全球大约有 4.66 亿人患有残疾性听力损失③。中国是世界上"残疾人最多的国家"④，也是世界上"听障人最多的国家"⑤。中国现有 2,780 万听障用户、1,300 万视障用户，其中，听障人数占全世界 1/4 强、视听障碍人数占全国身心障碍总人数 40%强⑥。据《2018 年中国残疾人事业发展统计公报(残联发〔2019〕18 号)》，截至 2017 年底，中国已有 1,074.7 万残疾儿童及持证残疾人得到基本康复服务，其中包括视力残疾人 120.5 万、听力残疾人 66.1 万、言语残疾人 7.5 万、肢体残疾人 592.3 万、智力残疾人 83.8 万、精神残疾人 150.8 万、多重残疾人 48.2 万。身心障碍导致的知沟，使得这一庞大群体成为听力世界的局外人。国内外学者对视听障碍群体的研究主要集中在"媒介使用""信息鸿沟""媒介呈现""传播无障碍的制度环境建设"等方面。⑦ 这其中，法律与政策的制定是听障群体信息平权和手语电视有序发展的首

---

① 袁伟.中国电视搜狐与主持发展 40 年[J].中国广播电视学刊，2018(12)：86-89.

② "主持"与"主播"两词在本文中视为同义，交换使用。

③ 世界卫生组织.耳聋与听障损失[EB/OL].（2018-03-05）[2018-08-05]. http://www.who.int/zh/news-room/fact-sheets/detail/deafness-and-hearing-loss.

④ 潘祥辉，李东晓.绘声绘色：中国无障碍电影的发展现状及展望[J].浙江学刊，2013(4)：188-198.

⑤ 袁伟. 电视手语主持创作研究[D]. 北京：中国传媒大学，2015.

⑥ 张淳艺. 推广手语"普通话"势在必行[N].北京青年报，2018-05-22.

⑦ 潘祥辉，李东晓.视听障碍人群信息汲取的传播环境：一个文献综述[J].重庆社会科学，2011(9)：76-81.

要保障和关键推动力,也是手语电视研究的重要议题。

(一)西方国家立法蓬勃发展

早在20世纪中期,欧美学者就已经关注到听障群体在电视媒体中获取信息的障碍,提出应立法保障听障人士平等获取电视信息的权利,并通过技术改进克服看电视所遇到的障碍。[①] 学界的呼吁推进了西方国家相关法律和政策的制定,使其有助于支持手语节目的立法走在了世界的前列。

美国于1990年颁布了《残疾人法案》,规定“广播媒体、有线电视运营商和其他多渠道视频节目运营商,必须为听力和视力残疾人提供紧急信息的无障碍获取”。在此之后的1996年颁布的《美国电信法》则将无障碍信息获取的范围扩大到“与一般受众相同的服务质量”,进一步明确了电视媒体为听障群体提供手语主持活动的责任与义务。

德国的《无障碍信息条例》、英国的《通信法》、日本的《老年人和残疾人指南:信息和通信设备、软件和服务》、澳大利亚的《残疾人歧视法案》等也都对电视媒体以手语主持的方式保障听障者无障碍信息获取的权利提出了法律的要求,而其中最具有代表性的是英国对手语电视节目法律的制定。

英国于2003年颁布的《通信法》中规定电视台须使用手语、字幕和音频描述等形式,同时规定十年内电视手语的节目应达到5%。英国通信管理局(OFCOM)制定的《电视无障碍服务法案》对《通信法》中提到的手语节目进行了更加详细的规定:先于2006年修订要求拥有英国观众收视0.05%至1%的广播电视企业一个月必须在每天晚上9点到10点期间播放30分钟的手语节目;后于2007年将手语节目从30分钟提高到了75分钟。

联合国《残疾人权利国际公约》(2007)规定,残疾人“获得以无障碍模式提供的电视节目、电影、戏剧和其他文化活动”,要求各缔约国政府“承认和推动手语的使用”,“拟订和公布无障碍使用向公众开放的最低标准,并监测其实施情况”。

(二)我国形成具有中国特色的政策体系

中国也致力于推进电视媒体手语电视、手语节目和手语主播的建设,循序渐进制

① BRAVERMAN B B, CRONIN B J. Television and the deaf[J]. Journal of educational technology systems, 1978, 7(2): 7-17.

定了一系列政策与法规，屡次将手语电视提升至全媒体时代尊重人权、促进信息平权、营造无障碍社会环境的高度，手语电视成为国家政府着力打造的公益事业，形成了具有中国特色的政策体系。

1990年颁布的《中华人民共和国残疾人保障法》中明确规定“开办电视手语节目，开办残疾人专题广播栏目，推进电视栏目、影视作品加配字幕和解说”，这是中国首次以法律的形式确立开办手语节目。

次年的《中国残疾人事业“八五”计划纲要(1991—1995年)》将“开办手语节目”首次写入国策。而在此之后的每五年一次的《中国残疾人事业发展纲要》中，则进一步对“开办电视手语节目”的数量和质量作出了更为细致的规定，如2001年颁布的《中国残疾人事业“十五”计划纲要(2001—2005年)》规定“省会级有条件的中等城市争取开办手语节目”、2006年颁布的《中国残疾人事业“十一五”发展纲要(2006—2010年)》则规定“办好手语新闻节目”。

2004年，中国与挪威共同启动开办了“中挪SigAm双语聋教育”(手语和汉语)实验项目，以促进听障人士与健听人士之间的交流学习。

2006年中国签署联合国组织的《残疾人公约》。该公约明确规定：“缔约国确认残疾人有权在与其他人平等的基础之上参与文化活动，并应该采用一切适当的措施，确保残疾人获得以无障碍模式提供的电视节目、电影、戏剧和其他文化活动。”

2008年出台的《中华人民共和国残疾人保障法》，将信息交流无障碍作为残疾人的重要权益之一正式提出。同年，《中国残疾人事业“十二五”发展纲要(2011—2015年)》(中发2008〔7〕号)提出“中央、省、设区的市电视台要积极创造条件开办手语节目，对困难地区电视台开设手语栏目给予支持”。

2009年发布的《国家人权行动计划(2009—2010年)》中，明确要求“在100个城市开展无障碍城市创建工作”“开办电视手语节目”“广播电台残疾人专题节目”“推动影视作品加配字幕工作”等。《2012年政府工作报告》《中国残疾人事业中长期人才发展规划纲要(2011—2020年)》《中国残疾人事业“十二五”发展纲要(2011—2015年)》对此亦有专门论述。

2015年底，中国残联、教育部、国家语委、国家新闻出版广电总局共同发布《国家手语和盲文规范化行动计划(2015—2020年)》，成为我国第一个针对残疾语言文字规划工作的规划，承诺未来五年将分阶段、有序推进手语和盲文规范化。

2016年4月21日，全国首档由听障群体制作播出、听障主持人播报主持的手语节目《手语新闻》在新聋网播出，突破此前仅由手语传译员挂角画面、辅助主画面的健听主播进行无障碍传播的局限。值得一提的是,该创举仅限于新媒体平台,作为传统媒体的电视仍对此持谨慎准入的态度。

截至2017年底,据《2019年中国残疾人事业发展统计公报(残联发〔2019〕18号)》发布的数据:在政策建设方面,中国的无障碍建设法规、标准进一步完善。全国共出台了475个省、地市、县级无障碍建设与管理法规、规章和规范性文件。在信息化建设方面,全国31个省、261个地市、863个县级残联开通网站。全国残疾人人口基础数据库持证残疾人3,566.2万人。智能化残疾人证试点成功,正式进入全面换发阶段。北京智能化残疾人证全面换发完成,20个省区启动第三代残疾人证的换发工作。北京和上海开展了电子证照的试点应用服务,为"互联网+残疾人服务"应用奠定了技术基础。在宣传文化方面,全国共有省级残疾人专题广播节目25个、电视手语栏目31个;地市级残疾人专题广播节目205个、电视手语栏目264个。

2018年7月1日,全国首个《国家通用手语常用词表》和《国家通用盲文方案》审定和实施,标志着改革开放四十年来中国听障者第一次拥有自己的"手语普通话"。

(三)中国特色政策体系之优越性

综合以上中外政策比较,可以看出中外政府都非常重视手语电视法律及政策的制定,不断完善相关立法以保障手语电视的有序发展,为听障受众提供更优质的手语主播节目,同时在以下优势与隐忧面向可互相为镜。

在政策的弹性上,尽管西方国家精细有余,但仍不及我国操作空间灵活。与西方国家将手语电视活动法律及政策的制定建立在调查基础之上,并精确地规定节目比例和时间等细节的做法相比,中国有关手语电视的政策和法律的制定相对宽泛,譬如对节目时长频次、对政策制定后的效益调查等问题均只提大概要求而无具体指标,以至于有学者担忧这是否导致媒介机构的对策举措也"相应随意"。[①②] 这已被四十年的实践证明系杞人忧天。相反,标准越宽泛,执行空间就越大,发展也越好。截至目前,中国电视手语主持模式"逐渐成熟",节目类型"不断丰富",手语主持语言规范程度也"不断提高",中国特色社会主义手语主持体系已"初步建立"。[③]

在手语主持教育体系上,中国已实现零的突破。一度有学者遗憾,尽管健听播音

---

① 李东晓.我国电视媒体的无障碍发展现状、问题兼及建议[J].现代传播(中国传媒大学学报),2013,35(5):7-13.

② 王彦,李东晓.从"自己人效应"到"无障碍传播"——论手语节目的创新[J].南方电视学刊,2015(2):61-65.

③ 袁伟.中国电视手语主持发展40年[J].中国广播电视学刊,2018(12):86-89.

主持教育已经超过半个世纪的历史,已经形成从本科到硕博培养的完整教育体系,但是培养出来的学生"鲜有进入电视台从事电视手语新闻传译工作"。[①] 而且,与"已经非常成熟"的健听语言播音主持教育相比,中国的手语播音主持教育在党的十八大之前都还"一直处于空白"。[②] 直到2013年7月教育部、国家语委联合建立中国第一个手语主持专业硕士研究生培养点,由江苏师范大学、南京特殊教育师范学院联合招生,终于实现零的突破。相应的专业手语主持刊物、专用系统教材等教育研究资源也正在逐步完善中。[③]

在政策执行上,中国更具优势,因该体系独创"党委领导、政府负责、社会参与、残疾人组织充分发挥作用"的工作模式。[④] 此工作模式不同于西方国家"产业化或半产业化"的资本运作模式,而是立足于中国国情由党委领导,借党委的特殊地位得以充分协调各方优势,明确各方职责,从而更好地推动法律与政策的制定和落实。

二、现实:手语主播是电视媒体对听障受众传播的制胜关键

人类汲取信息的感官渠道,"80%来自视觉,其次来自听觉"。这意味着视障者、听障者遭遇的信息传播障碍是最大的。[⑤⑥] 然而,电视(而非其他媒体)却成为视听障碍受众"最倚重的专业信源"。[⑦] 这是因为,手语主播能以无声的方式为听障受众传达和转换电视媒体中的有声信息,视障者也喜欢通过"听电视"来想象、模拟、体验常人的生活仪式,手语主播能够满足听障受众平等获取信息、相互连接、传承文化、融入主流社会的心愿。正因此,手语主播成为听障受众所倚重专业信源的传播制胜关键。

(一)理想中的手语主播挂帅

电视媒体的无障碍传播渠道,一是在电视节目中添加字幕,二是提供手语翻译(传译员),三是提供手语主播。在第二种方式中,手语传译员作为翻译者出现在屏幕的挂角画面中,通过手语解释屏幕中健听主播播报的声音信息。在第三种方式中,手语主

①③ 李祖慰.关于双语教学模式在手语主持教学中应用的思考[J].现代特殊教育,2015(8):70-72.

② 袁伟.中国电视手语主持发展40年[J].中国广播电视学刊,2018(12):86-89.

④ 中华人民共和国国务院新闻办公室.平等、参与、共享:新中国残疾人权益保障70年[N].人民日报,2019-07-26.

⑤ 麦奎尔.大众传播理论[M].崔保国,李琨,译.北京:清华大学出版社,2006:142.

⑥ GERUSCHAT D, SMITH A. Low vision and mobility[M]//BLASCH B, WINNER W, WELSH R. Foundations of orientation and mobility. American Foundation for the Blind,1997:64.

⑦ 王彦,李东晓.从"自己人效应"到"无障碍传播"——论手语节目的创新[J].南方电视学刊,2015(2):61-65.

播占据主屏画面,用手语主导节目的进展,并伴有配音和字幕。有研究调查显示,听障受众更喜欢第三种形式,第三种才是听障受众真正需求的手语节目形态。① 面向浙江省某特殊教育职业学院的调查结果显示,视听障碍学生诉求较大的建议有听障者担任手语节目主播、加强视听障碍人群主体的纪实性娱乐化传播内容、拓宽无障碍频道和手语视听节目数据库等。②

(二)现实中的健听主播与挂角传译

截至2017年底,中国已有省级残疾人专题广播节目25个、电视手语栏目31个;地市级残疾人专题广播节目198个、电视手语栏目254个(残联发〔2018〕24号)。这些手语电视节目的主流样态是:健听人员主创,每周一播,时长15分钟左右,短新闻录播。也有部分手语电视开始转型,在专题类、访谈类、娱乐类、直播类节目中引入手语,尤其在2016年有了全国首档由听障群体制作播出、听障主播播报的网络手语节目《手语新闻》,但传统电视媒体中由手语传译员挂角画面、辅助主画面的健听主播的播报组合,并未得以突破。③

这种播报组合并非中国独有。不同国家的不同手语传译员在屏幕中所占的比例不同,比如奥地利约占屏幕的1/3、英国约占屏幕的1/6,中国约占屏幕的1/12——基本上都远远小于新闻主播所占屏幕的比例,以致听障受众看不清手语传译员的表情、手型、唇动等手语副语言,进而导致"听障人看不懂听障人节目"的窘境。

健听主播和手语传译员的互为翻译、中介而产生的信息传递的间接性,限制了二者在现场主持类节目中的发挥,因此双人组合基本上只适用于新闻播报的单一节目语境。健听主播和手语传译员均被定位为文字稿有声化的"肉喇叭"和"传声筒",双双处于没有人格色彩的"失语"状态。

尽管同时出镜成像、同处"失语"状态,但二者的呈现并不对等。健听主播占据画面主要位置,掌握节目的话语权,处于强势的主导地位。手语传译员在屏幕画面中所占的比例最多只有一半,以挂角画面的形式处于被动位置,具体职责是同步传译健听主播的口语解说报道内容,处于特殊的弱势地位。④

---

① KURZ I, MIKULASEK B. Television as a source of information for the deaf and hearing impaired[J]. Captions and sign language on austrian TV, 2004, 49(1):81-88.

② 王彦,李东晓.从"自己人效应"到"无障碍传播"——论手语节目的创新[J].南方电视学刊,2015(2):61-65.

③ 袁伟.中国电视手语主持发展40年[J].中国广播电视学刊,2018(12):86-89.

④ 倪兰.论手语新闻节目中手语译员的角色定位[J].上海翻译,2015(1):46-50.

在节目制作中的被动地位难免给传译工作带来阻碍。肯尼亚四家电视台的手语传译员的压力主要来源于节目录制前缺乏与新闻主播的沟通和准备材料的时间不够长，长时间信息密集的高强度工作，致使手语传译员承担巨大的心理压力，产生疲劳感，误译、漏译不断。① 为此，有学者呼吁，“强调手语主持的主体地位（适当调大出镜画面的比例）”，“放慢手语语速以降低聋人受众因视觉疲劳而漏读或误读新闻信息”，在“在语速、服装、唇语、表情”等副语言元素上强化“主持技巧”，同时主动学习聋人文化，了解聋人心理需求和接收信息的方式与特点，做到有的放矢②。

（三）手语节目的传播效果及其可能成因

全国范围的听障受众满意度调查发现，新闻手语节目传播效果不满意率高达53.7%，造成不满意的前三个主要原因依次是：(1)听障受众看不懂；(2)传译员手势不流畅；(3) 传译员表情不到位。值得一提的是，这些令一半以上听障受众不满意的手语传译员，全部是健听者（而非听障者）。③ 只有 10%的听障受众能看懂手语节目，27%的学生听障受众和 44.9%的成年听障受众基本看不懂。央视《共同关注》节目的手语理解调查显示，被测听障受众中，有半数“完全看不懂”手语传译员的翻译，信息获取量仅有 20%到 40%。④

不仅中国听障受众对手语传译员的认可度不高，国际社会亦然。对听障受众国际非政府组织的 46 名听障受众进行手语主持满意度调查的结果显示，只有 32%的听障受众对手语主播满意，68%的听障受众对手语主播持不满意的态度。⑤

为什么不满意？这或许与目前手语节目中存在大量的手语“非通用语言”，造成手语节目的“非标准化”有关，这些“非通用语言”和“非标准化”具体表现在手语速度不同、手语不能表达专业用语、节目配乐的干扰等。⑥

手语新闻主播的语速对电视手语新闻节目质量的影响，在 26 家电视台的 6,000 分钟的语料库、5 个地区的 1,120 名听障人士和手语教师的手语主持节目理解度问卷调查研究中得到进一步证实。调查研究结果显示，听障受众对当前手语主播的语速普

---

①⑤ MARUCHA A N. Media integration of Kenya sign language during television news casts in Kenya[D]. University of Nairobi, 2016.

② 邓江爱.电视手语新闻发展的现状及对策刍议[J].新闻研究导刊，2015，6(17)：234-235.

③ 肖晓燕.欧美手语语言学研究[J].中国特殊教育，2011(8)：41-46.

④ 顾定倩，刘扬，冬雪，王娇艳.关于中国手语推广与研究情况的调查分析[J].中国特殊教育，2005(4)：3-10.

⑥ 王欢.手语电视节目“非标准化”问题研究[J].绥化学院学报，2015，35(1)：46-48.

遍持不满意态度。基于进一步分析，该项研究对手语主播的语速提出分层次、分阶级进行规范的建议。其中，分层次指针对上星电视台和地方电视台，从工具属性和文化属性两方面进行区别规范；分阶级指针对手语理解速度的不同，对以手势汉语为主和以自然手语为主的两类手语主播进行区别规范。[①]

三、展望：寻找理想的手语节目主播

为了探究听障受众需要什么样的手语节目主播，我们考察了少数由听障手语主播主导且运作成功的手语电视节目，如英国的"*See Hear*"节目、中国台湾公视的《听听看》节目，发现他们不仅没有手语传译员，有且只有手势、表情、身形并茂的听障手语主播，而且从不任用健听主播。我们还发现，理想的手语节目主播之成功模式并非不可复制，而是有一定共性可循。

（一）职业性

专业性和职业化被认为是手语节目界面人物的首要要求，也是手语主播节目质量的重要衡量标准。美国是手语职业化最早的国家。美国于1964年成立手语翻译人员的注册机构，并针对手语翻译的不同应用场景开设了不同的认证体系，其中就包含表演艺术类的专业手语翻译的认证。自20世纪80年代至今，手语已经作为一门独立语言，已被加拿大、美国、日本、英国等发达国家纳入国家教育体系。部分欧美国家还建立起一套关于培训、测试与鉴定手语翻译的完整体系，甚至有国家组建起国家级的手语翻译机构。

中国手语翻译的职业化进程相对较为落后。直到2007年，中国手语翻译才被人力资源保障部认定为一种职业。2013年，全国首个手语主持专业硕士研究生培养工作由南京特殊教育职业技术学院、江苏师范大学携手合作开展，开创了特殊教育研究人才培养新模式。截至目前，国内还没有手语翻译的相关本科专业，只有中州大学、南京特殊教育职业技术学院和辽宁营口职业技术学院开设了三年制大专手语翻译专业。

中国电视中的手语传译员大多由健听手语教师担任。然而，对手语翻译的一项调查显示，中国手语翻译的总体水平偏低，94%是在志愿者和兼职工作的基础之上从事手语翻译，40.8%的手语翻译表示接受过手语培训，只有20.4%的手语翻译获得了手语证书。与此同时，国内学术界尚未出版专业的手语主持刊物，也没有专门针对电视

① 袁伟.电视手语新闻主持语速调查及对手语主持培养的思考[J].中国特殊教育，2016(10)：14-18.

媒体手语用书的系统教材，培养出来的学生鲜有进入电视台从事电视手语新闻传译工作。可以说，电视媒体中手语主播的缺席、手语传译员岗位的稀缺和编制的饱和，以及手语传译实践水平、手语主播科研的滞后，相应制约了手语主播人才培养的职业化和专业化。①②

（二）规范性

不论在国内还是国外，听障受众"看不懂"手语的情况普遍存在，听障受众通过手语主播所获得信息的准确度远远低于健听受众。肯尼亚的一项关于手语主播理解度的调查中也出现了类似的结果，有 65％的听障受众表示难以理解手语主播所传达的信息。更有部分听障受众表示，在第二天观看报纸时，发现与之前从手语主播那里所获得的信息不同。有实验将 49 名听障受众及 20 名健听受众分为两组，向其分别播放相同内容的新闻片段，统计两组成员的信息理解度。调查结果显示，听障受众组获得的信息准确度仅为 24％，而健听受众组获得的信息准确度为 96％ ③。可见，统一和普及听障受众日常近用的、能读懂能理解的手语，提高手语主播的示范水平，是实现手语规范的第一步。

1.手语主播的规范，与听障群体的第一语言应激反应有关

奥地利广播公司在推出手语主播之前制作了一盘样本磁带来探究听障受众的偏好，磁带中包含三种形式选择，即仅手语主播、仅字幕以及手语主播和字幕相结合，大多数听障受众投票支持手语主播和字幕相结合的方式。但比起辅助手语理解、传达新词汇的字幕，听障受众更看重手语主播的存在。听障受众对手语主播的需求，实际上与听障群体渴望手语被承认为一种合法的语言有关。④ 手语本身就是一种独特的手势表达语言，有自身的语法结构。手语是先天性听障群体的母语，在电视媒体中使用手语表达更加符合听障受众的信息获取习惯。凭借计算机学者们研发的三维人脸口型库和中国手语表情库，研究者们最终研究生成了口型与表情融合、带有真实面部特

① 李祖慰.电视手语新闻节目的评价及体系构建[J].中国残疾人，2015(8)：52-53 .

② 王俊珍. 浅析影响电视手语节目质量的原因[J].福建质量管理，2017(12)：258.

③ XIAO X，CHEN X，PALMER J L. Chinese Deaf viewers' comprehension of sign language interpreting on television：an experimental study[J]. Interpreting，17(1)，2015：91-117.

④ KURZ I，MIKULASEK B. Television as a source of information for the deaf and hearing impaired[J]. Captions and sign language on Austrian TV. meta，2004，49(1)：81-88.

征的手语合成人脸动画,发现手语与汉语的共同点在于“唇动一致”。[①][②]

当前电视手语新闻中的界面人物,不论是健听受众还是听障受众,不论是主持人还是传译员,基本都是以有声汉语语法的顺序输出手语,而不是聋人手语的自然语法。这给听障受众造成了困扰,使他们面临转换两种语言的困惑,甚至产生缺乏真正意义上的尊重和平等的愤怒。[③] 足见手语主播人才的培养重点不是双语语言能力,而是“双语驾驭节目的能力”。前者是入门的条件,后者才是出口的标准。

为此,有学者倡议在手语主播教学中应用双语教学模式,提出双语教学梯级模式的设想,从简单渗透层次、整合层次、双语思维模式的不同梯级不断进阶,使学生能够越来越熟练地实现健听文化与听障文化之间的无缝对接和转译。[④] 另有学者从手语节目制作的角度出发,提议以手语为主、汉语口语和汉语字幕为辅的双语制播模式,即手语主播独立创作,同时将其创作内容转译成有声语言画外音,这样既能使看不懂手语的听障受众通过汉语手语字幕补充理解,也便于不懂手语的健听受众借有声汉语和汉语字幕学习手语,使双语相辅相成。[⑤]

2.手语主播的规范,既与通用手语的普及程度有关,也与表情和身体动作等“手语副语言”的辅助表达、与播音主持专业技巧有关

在十八大演播现场,中美两国的手语翻译的视频对比显示:一是美国手语主播的面部表情和身体动作较丰富,而中国手语主播仅靠手势传递信息;二是美国手语主播的手语标准化程度、可理解的准确度要远远高于中国手语主播。这对手语主播的启示有二:一是应注意表情和动作,重视面部表情和动作对手语传递信息的重要性;二是要加快融合自然手语和手势汉语,尊重听障受众的语言习惯。[⑥]

就手语副语言而言,手语传译员或主播的服饰选择应有别于健听主播,不能仅仅从日常审美出发选择浅色系服饰。[⑦] 因为浅色系服饰与手部皮肤颜色相近,会令受众

---

① 杨长水,王兆其,高文.基于 WEB 的手语新闻虚拟主持人的研究与实现[J].系统仿真学报,2001(S2):408-411.

② 王振.基于关键帧的三维人脸皱纹动画[J].电脑与信息技术,2010,18(5):11-12,37.

③ 季筱桅.电视手语新闻现状与对策探究[J].理论观察,2012(5):119-120.

④ 李祖慰.关于双语教学模式在手语主持教学中应用的思考[J].现代特殊教育,2015(8):70-72.

⑤ 姬祥祥.地方电视台手语新闻节目如何突围[J].青年记者,2016(20):57-58.

⑥ 林腾驹.中美电视手语翻译现状对比——从十八大手语翻译看中国电视手语翻译的不足[C]//福建省外国语文学会.福建省外国语文学会2012年会论文集.2012:20.

⑦ 曾晚晴.电视新闻节目中汉语新词语的中国手语传译研究[D].徐州:江苏师范大学,2018.

产生视觉障碍,影响手语解读。此外,不戴手套、戒指、手边、手镯等饰物,不留长指甲,不抹指甲油,以最自然、最本色、最完整的"净手"演绎手语,亦是必备的职业素养。①

从这个意义上来说,智能语音技术对真人手语主播的影响,只会发生在低端新闻播报市场的挤占。因为真人播报的"分寸感、感染力、个性化创造、艺术性"和"准确的内在语、恰切的对象感、精准的停连重音、丰富的语气节奏变化"等优势,是"气息僵滞、语言单一、停连重音不当、思想感情缺乏运动变化"的虚拟主播与智能机器人无法替代的。②

3.手语主播的规范,还与手语使用者的自然身份、手语熟练度、节目情境、传译员的主体地位等有关

北京卫视的《新闻手语》、南京栖霞电视台的《小芮说新闻》在2016年间合计有2,000分钟语料,以新闻中具有重要作用的模糊限制语(如"据不完全统计")为切入点,比较健听传译员和听障传译员的传译数量、目标语词汇选择及高频词等方面的传译情况可以发现,在语料对等的情况下,二者出现模糊限制语的总数基本不存在差异,但是健听传译员仅传译86处(14%),听障传译员则传译499处(83%),前者的漏译指标远远高于后者。这说明,健听传译员对手语中模糊限制语的掌握程度、词码转换速度均不及听障传译员熟练。③ 究其原因,可能与源语言的书面化程度、节目播出情境、新闻的信息量、手语的熟练程度,以及传译员的主体地位等,均有很大关系。

再以服务于国内听障人士和手语爱好者的非营利小众网站"手语视点"(链接:http://www.csl-press.com/)为例。在该网站的手语电视节目、手语MV作品、各国手语教学等五个手语栏目中,来自韩国、泰国、印度以及中国香港和台湾等地的海外知名听障手语主播们,他们凭借自然的面部表情和生动的手势动作,赢得了全球华人听障受众的喜爱。尽管海外地区的通用手语和自然手语对于其他华语地区的听障受众来说较为生疏,但因有中文字幕和手势等副语言表情达意,仍然取得了良好的节目传播效果和收视满意度。

(三)可接近性

国内学者调查听障受众发现,听障手语主播的赢效在于三个方面:一是权威性,听

① 张宁生.手语翻译概论[M].郑州:郑州大学出版社,2009:254.

② 翁佳.智能语音技术对播音主持专业与行业影响探究[J].电视研究,2017(12):57-59.

③ 刘思言.电视新闻节目手语传译员否定非手控特征的使用研究[D].徐州:江苏师范大学,2018.

障手语主播在手语的使用上更为准确,是听障受众心目中的权威;二是悦目性,听障手语主播相较于健听手语主播更善于使用副语言(如口型、眼神、眉毛、肢体动作等)进行表达,因此更易被理解;三是接近性,听障受众更容易信赖与自己有相同认知、阅历的听障手语主播。①

1.身份上的接近性

听障受众对手语主播的人选及手语主播的类型存在着信赖"自己人"的明确偏好。基于英国听障研究信托基金1993年至2005年项目数据的分析发现,由听障人士担任手语翻译类型的手语主播满意度要远远高于由健听人士担任的手语主播;相较于翻译类的手语传译员,听障受众更喜欢英国的"*See Hear*"节目。西方听障受众表示,如果有听障人士较多参与组织完成的节目频道,他们将愿意付费观看。②

2.心理上的接近性

听障手语主播之所以成为听障受众最喜欢的电视界面人物,不仅因为听障手语主播手语表达的专业性,更重要的是一种紧随主流文化的心理接近性。他们将听障手语主播进入电视媒体视为融入主流文化的一种途径。所以,听障群体对手语主播的需求,在某种程度上正来源于对听障文化认同的渴望。

3.文化上的接近性

手语主播应掌握听障文化的观点曾多次被提及。听障文化"一部分继承了汉文化",另一部分也形成了"独有的多地域文化"。③ 在新媒体环境下,手语主播应掌握听障群体表达信息、接收信息、理解信息的习惯,从而更好地融入听障群体中,更好地满足听障受众的需求。④ 从教学实践出发,"听障文化"课程在手语主播专业中的重要性不容忽视,只有尊重听障文化,才能真正做到信息传递的无障碍。⑤

四、结语:实践探索方兴未艾,理论建构任重道远

电视听障受众研究兴起于20世纪50年代,重点探究听障受众对电视媒体的需

---

① 王彦,李东晓.从"自己人效应"到"无障碍传播"——论手语节目的创新[J].南方电视学刊,2015(2):61-65.

② KYLE J. Sign on television: analysis of data based on projects carried out by the Deaf Studies Trust 1993—2005[M]. Bristol: Deaf Studies Trust, 2007.

③ 李祖慰.关于双语教学模式在手语主持教学中应用的思考[J].现代特殊教育,2015(8):70-72.

④ 黄晓玲.新媒体背景下如何做好手语电视新闻主持人[J].数字传媒研究,2018,35(4):28-30.

⑤ 姬祥祥.《聋人文化》课程在手语主持专业中的重要性探讨[J].现代特殊教育,2016(2):68-71.

求，到了80年代，研究重点开始转移到听障受众对字幕的需求，直至21世纪初开始聚焦于手语主播。如此焦点转移，与本研究落脚于寻找理想的手语主播的结论立意不谋而合。本研究梳理了自1978年至今的有效文献，发现中国的手语电视节目事业萌芽与改革开放同步，四十余年来已初步建立起具有中国特色社会主义的无障碍传播政策体系，相应的无障碍传播尤其是手语节目及人才培养实践发展迅速，同时结合手语节目内容供给、播报语境等现状，展望理想的手语节目的制胜关键在于寻找集职业性、规范性、可接近性于一身的听障手语主播。

理想的听障手语主播、合格的手语传译员的失踪与失语，导致相应的理论研究也处于“烟涛微茫信难求”的摸索状态。当前历史文献对微观层面的手语节目创作、手语播音主持等手语节目研究本体缺少深入系统的探讨，无法为时下的手语电视提供科学的理论指导，后者有赖于未来研究继续完善。基于本文系从职业性、规范性、可接近性三方面锚定理想的手语节目主播的素养特征，未来研究或可从媒体语言视角切入，借用“内在语”“对象感”“情景再现”等传统健听播音主持教学研究中的语用语艺概念进一步比较听障手语播报与健听播报的异同。总之，不论是实践探索还是理论研究，中国手语电视任重道远。

〔王彦，浙江工业大学人文学院副教授，台湾政治大学传播学院博士候选人，浙江省舆情研究中心特约研究员；曹芮，浙江工业大学人文学院硕士研究生〕

〔特约编辑：涂凌波〕

融媒体创新传播:文旅融合产品设计的场景应用及传播路径创新

——以花窗书立和古田会址数字微导览融媒体文创产品为例

Innovative Communication of Integrated Media:Scene Application and Communication Path Innovation of Cultural and Tourism Integrated Product Design

—Takes Lattice Window Bookend and Gutian Meeting Site Digital Micro-Guided Media Cultural and Creative Products as Examples

◎ 郑志亮　曹航宇

Zheng Zhiliang　Cao Hangyu

摘要:在当前文旅融合的浪潮下,融合创新与传播是新时代文化旅游产业业态延伸和优化升级的现实需求。灵活运用场景思维能够有效推动文旅融合产品的创新设计与传播。本文在回顾场景理论发展脉络的基础上,对文旅产品创意设计的思维方式、文本呈现及叙事结构进行了深度探究,并以中国传媒大学学生创新团队创作的花窗书立和古田会址数字微导览两款融媒体文创产品为例,从其创意构思、场景应用、叙事关系及传播路径等方面进行分析研究,同时针对媒体深度融合进程中文创产品的发展前景提出应对策略。

关键词:文旅融合;场景理论;文创设计;融媒体创新传播

Abstract: Under the context of cultural tourism intergration, integrational innovation and communication is the real demand for the extension, optimization and upgrading of cultural tourism industry in the new era. Flexible scenario thinking can effectively promote the innovative design and communication of products integrated with culture and tourism. Based on the review of the development of scene theory, this paper made a deep research on the thinking mode, text presentation and narrative structure of creative design of culture and tourism products, and takes Lattice Window Bookend i and Gutian Meeting Site Digital Micro Guide, which are created by students' creative team of Community University of China, as examples, analysis and studied their creative conception, scene application, narrative relationship and communication path.At the same time, in the process of media convergence, the paper also puts forward strategies for the development prospect of cultural and creative products.

Keywords: cultural and tourism integration, scene theory, cultural and creative design, and media innovation

深入贯彻落实党的十九大精神和习近平新时代中国特色社会主义思想,坚持用马克思主义中国化时代化的最新理论成果观察解读引领时代,用宽广视野吸收一切文明成果,鼓励优秀艺术创作,结合国家颁布的《文化部、国家旅游局关于促进文化与旅游结合发展的指导意见》中"推动文化产业与旅游产业的融合发展,并确立了'文化是灵魂,旅游是载体'的核心理念与思路"的要求,融合创新与传播是新时代文化产业业态延伸和优化升级的现实需求。作为推动文旅融合的重要抓手和新的增长点,文化旅游创意产品兼具消费功能和文化审美功能,同时也具有重要的实用价值和经济价值。为此我们应跟踪媒体融合技术前沿,运用新媒体思维"场景理论"进行设计构思,从文创产品的空间环境和社交环境角度出发,打造融媒体文创产品设计与传播的新路径。

一、设计思维转变:场景理论对文旅创意产品设计的三重作用

戈夫曼将场景(Scenes)行为区域描述为"任何在某种程度上感觉受到屏障限制的地方"。罗格·巴克(Roger Barker)认为"行为场地"是有界的、临时的有形场所。劳伦斯·佩尔温认为场景是一个"特定的地方,在大多数情况下包括特定的人、特定的时间和特定的活动"。旅游景区的实体意义是场景集合,依据传播学和社会学的理论,场景最初是指戏剧、电影之中的场面,之后逐渐演变为人在特定空间里与周围关系的总和。① 文化与旅游的关系密不可分,而在移动互联网发展的浪潮下,文旅融合文创产品应当摒弃传统的"单向"传播手段,立足以用户需求为出发点、以场景使用为切入点、以文旅融合为激发点的设计思路。其设计来源不仅仅依托于独具特色的旅游景区,更要依据用户本体的消费行为与逻辑思路。文创产品也要围绕着场景化思维,洞悉用户在特定时空、面对特定产品时的心理动机和购买需求,从而在外观呈现、实用功能上进行贴合实际场景的设计。

① 许晓婷.场景理论:移动互联网时代的连接变革[J].今传媒,2016(8):85-86.

（一）作为信息交流的场景设计

旅游景区作为景观实体，其建筑外形、植被布设、内部构造、景观布局等一系列场景要素构建了观者可行动的实际范围。以景观墙体、篱笆等为标志的有形障碍和界限，与拱门及走廊组成的通道一样确定了人们流动的方向，并在很大程度上决定了面对面交往的数量、类型与规模。以梅罗维茨在《消失的地域：电子媒介对社会行为的影响》一书中对媒介场景的梳理为例，印刷媒介的属性相比于电视媒介更容易形成知识壁垒，其对于受众文本阅读能力的需求在某种程度上加剧了社会场景之间的隔离，上层群体更多地掌握了话语权。而伴随着技术进步，电视媒介的出现与电视节目的下移，解放了普通大众，这种媒介趋势更加利于打破隔离，在消解权威的同时让大众媒介所在的公共领域与私人情景相互融合。这种融合在当下媒体融合发展的浪潮中，也逐渐演变出对于主客关系的融合，人们对于不同场景的接受方式已由“被动接受”向“主动接受”的方向转变。这种转变最直观的表现便是传播主体的多样化与垂直化、场景内容生产的平面化与立体化。尼葛洛庞帝在《数字化生存》一书中提出：“信息不再被单向推送给消费者，人们将主动获取所需要的信息并参与信息的创造。”①

（二）作为艺术审美的场景设计

斯考伯和伊斯雷尔在《即将到来的场景时代》中提出了人们在不同工作生活场景中会进行不同的场景切换。

在文旅融合创意产品的艺术设计中，综合运用自然科学、人文科学及社会科学的诸多属性特征进行创意构思，是一项跨学科的研究实践。而融媒体设计则多依托于数字技术、计算机编程及当代的信息传播技术，在受众的视觉、听觉及触觉等生理感官方面加以呈现，从而形成具有现代审美的艺术形态。

相较于传统的呈现方式，场景化的数字媒体艺术依然存在主体与客体、信息传递与接受的对应关系。而在艺术实践领域则更多侧重于审美主体与客体在创作用意、灵感、方式、情感等方面的共鸣。新兴的媒体融合编创是在艺术的载体上加以创新与变革，这一新的媒介形态将在很大程度上改变原有场景之间的界限，传统的“艺术受众”身份在新媒介的加持下会转变为艺术的参与者和创作者，人们的审美方式由传统的“静观”转变为“参与”体验，艺术鉴赏也在受众赋能下转变为具有交互性的美感体验。

---

① 尼葛洛庞帝.数字化生存［M］.胡泳，范海燕，译.北京：电子工业出版社，2017.

(三)作为社会历史学习的场景设计

场景本身是在一定时空限制下的具体行为集合。在不同的社会历史条件下,相同的场景会产生不同的行为观念。研究特定历史时空下的场景,需要基于历史学的对比考量,这亦是衡量人类文明的重要手段。

以福建古田会址景区的文创产品为例,设计者将会址的实体化场景进行了融媒体设计建构,编创的数字形象嵌套至移动端产品中,使其具有了一定的"后台"领域。原本我们对于古田会议的理解认知停留在传统的红色经典教育之中,特指 1929 年 12 月 28 日至 29 日在福建省上杭县古田村召开的中国工农红军第四方面军第九次党的代表大会,会议决议主要阐释了红四军成立以来军队建设方面的经验教训。在党史、现代史、民族志的研究中,此次会议的历史意义被高度凝练在革命史观的发展中,为我国追求民族解放与现代化发展留下了浓墨重彩的一笔。而在当下社会经济发展带来的文化旅游驱动与技术叠变中,古田会址也逐渐由观念上的存在变为了实际场景的存在。人们会到闽、赣、粤三省交界处的福建省上杭县古田村廖氏宗祠的小院中切身感受,从自身的实景体验出发增强对古田会址景区的认知,进而在具象的、历史的时空维度中对特定场景产生深刻记忆,达到其学习社会历史的目的。

二、呈现方式拓展:场景化技术驱动对文旅产品文本信息的延伸传播

场景化交互行为注重对场景空间的营造,通过调动生理感官化的艺术符号,塑造一个可以与用户互动的空间,这便要求文旅产品的实体造型与交互空间进行有机结合。尼葛洛庞帝在《数字化生存》一书中曾提出过"由原子"(Atom)向比特(Bit)变化的过程,为这种结合提供了有效注解。场景化在文旅融合产品中的应用要打破原有地域限制,从传统旅游资源中解构与重塑,进行基本的数字化与交互化实践,进而改变并丰富旅游资源,从中实现一定的经济效益与文化教育价值。

在文旅融合实践研究中,延展信息对受众的时空递达一直是传播领域中的重要问题。在有限的场景中,文创产品的文本信息往往停留在实体造型中,如何将延展信息超时空地进行表达和有效传播,中国传媒大学师生创新团队在创作实践中进行了积极的探索。创新团队在文创产品设计构思中,注重多重文本融合并拓展了文旅产品的信息容量和传播手段。

在以实体造型为核心的产品设计中,团队结合多样的文本呈现方式,运用"图、文、

声、像、影”五位一体的融合媒体技术,“联姻”社交媒体和移动端设备,将文创产品进行了“可交互、可传播、可赋能”的解构重塑,设计了宣传推介场景下的文创展示功能、实际使用场景下的文创体验功能以及学术研究场景下的文创开发模式,实现了从理论研究到实践操作的全流程参与,在保留传统视听传播特色的基础上,发挥了新媒体编辑专业的独特优势,极大地拓宽了文旅创意产品的文本信息传播路径。

以冰裂纹花窗书立为例,设计团队在阅读大量中国古代园林花窗艺术文献书籍的基础上,确立了以扬州小盘古景区的“冰裂纹”花窗纹样图案为原型,并围绕其寓意展开文本拓展,对冰裂纹进行符号化解构,将其本源线条、镂空、造型等符号特征从传统传播语境中剥离出来,将中国南方地域园林墙壁上呈现的花窗纹样巧妙地嫁接到其他附属品上,力求使冰裂纹样所具有的符号特征能够在嫁接迁移过程中获得“移情”效果,这种融媒体文创设计尝试便是基于场景化应用对符号语义的重构。对于传统纹样,观赏者从欣赏一处园艺景观转换为赏识一件文化旅游衍生品,其背后产生了伴随式的美感体验。

首先,受众的美感体验源于对中国传统文化的认知与接受。作为当下流行文本的文化载体,其衍生品的样态通常为书立、便利贴、明信片等。为了保护好传统文化的符号特征,设计者通常会从符号中提取最有效力的特征信息进行转接,而转接的首要原则是对文本的尊重性解读。即在信息传递过程中,减少对编码/解码的损耗,对转接文本实施高保真传送,对衍生文本进行创新设计。以融媒体应用技术为驱动,设计者运用电子扫描、矢量制图、三维设计等诸多编创手段,对花窗纹样进行了数字化与二次创作。其目标为将园林的场景转变为以产品为导向的使用场景。

例如,在冰裂纹花窗书立的场景构建中,纹样的符号特征在产品使用过程中实现了意义赋能。在设计书立时,设计者构建了人与物基于场景的交互契机,即将场景分为对文创产品的远观、近赏及使用三个阶段。远观阶段,外轮廓设计与基本配色能够在形意与色感上给予受众别样的体验。在书立外包装的设计上,立方体的工整与环形腰封的匀称形成了轴对称外形,这种外形特征在传统美学设计中传达了中宫端正、含蓄典雅的体验,而深棕配色与素雅腰封亦形成对撞色,易于增强符号的识别度。近赏阶段,受众可观察到各个包装要素的呈现与排列,明信片被置于镂空冰裂纹样书立的下方,尊重了传统园林的“借景”手法,将意境的整体感受转换成多种意象的呈现,从而营造出“漫步园林之中,睥睨花窗之妙”的沉浸式体验。使用阶段,书立外立面灰白相间的素雅赋彩,与镂空留白的空间经营,契合了办公场所或私宅书房的场景需求,用户由此将书立物象转换为园林花窗意象,在产品功能转换的同时,用户对书立的使用体验也间接转化成为对园林场景的美感体验。

其次，运用基于数字技术的“超文本”“超媒体”等交互手段，进行“图、文、声、像、影”多样态媒体超链接，将抽象场景进行具象表达，极大地增强了用户的多重感官体验。通过视听交互、肢体交互及逻辑交互等设计应用，在线上打造产品自身的闭环场景，但线上闭环场景并非独立于现实世界，而是依托现实场景中用户的交互节点，设置“触发式”“沉浸式”“驱动式”的热区，则是架构虚拟与现实的有效路径。例如，在花窗纹样书立的折舌处设计印制二维码，在不影响正常使用的前提下，用户可随时随地通过移动端设备扫码观看花窗纹样的短视频《花窗一梦》(见图 1 和图 2)。这种“打包式”的场景设计拓宽了用户触及的交互节点，延展了场景化技术驱动对产品文本信息的传播路径。

图 1　花窗书立及外包装展示

图 2　花窗书立折舌处二维码及超链接短视频《花窗一梦》截图

最后，文创产品的交互节点通常是以实体为中心，进行放射式交互逻辑设计，即围绕文旅产品原生设计进行补充拓展。但当下的媒体融合环境使得诸多文创产品已摆脱传统传播路径的束缚,设计者会以"理念先行"为核心,将大量文本融入原生设计,并采用 H5、小程序、App 等移动端应用进行文本的再补充和再拓展。基于 5G 移动互联网技术,融媒体文创产品打破了时空限制,用户可以从视频文本中以创作者的视角全面了解设计初衷,多节点地选择符合自身需求的信息,进而获得独特的互动美感体验。

三、叙事结构重塑:场景切分对文旅融合设计的立体化表达

文旅景区的实景体验并非局限于宏观意义上的人文及自然景观,还包含由无数微观上的单一场景构成的切身体验,其涵盖了游客对景区的信息检索、学习观摩、路线设计、购物消费、餐饮住宿、信息咨询,投诉反馈等一系列行为。因此在文创产品构思时,设计者需要关注景区文化学习与消费行为的超链接功能设置,打破场景局限,实现产品的高转换率,进而帮助用户更好地适应不同场景下的关系需求。

例如,在福建古田会址景区的文创产品中,其设计定位要符合景区的基调,来参观的游客兼具有一定的历史情怀和学习目的,因此产品设计选用了代表中国革命的"五星"元素为主脉,附带极具闽南建筑特征的马鞍墙、土楼民居、地域物产闽竹的物象元素,建立古田会址景区场景与游客们之间的互联。

伴随着场景的切分与细化,体验者对同质化单一场景的感知会逐步弱化,而对微观细节的差异化场景感知更为注重。在文创产品的细节设计中,应当从场景叙事的细节入手,遵从用户的心理动机与使用逻辑,营造更具交互性质的呈现方式。在传统叙事中,景区通常以多元的实体场景和正叙的线路布设,引导游客参观并认知其承载的文化脉络及内涵。通过实体景物与虚拟体验的相互组合,游客可以在有限的游览时间内获得长久的交互体验。不同的文本给予受众的感受是不同的,传统的文字文本信息量大,但交互方式单一、用户体验感弱;而视音频文本的交互体验性强,但受到技术的硬性要求,缺少便利的承载媒介。

随着 5G 超高速移动互联网的全覆盖及移动终端设备的不断升级,原有的信息传输速率得到了有效提升,大量可交互文本被放置在网络云端。凭借 5G 超高速、低延迟、可物联的优势,当下的文旅景区可部署更高效的数字文本,进而丰富游客与景区间"编码/解码"的信息互联。

以古田会址景区数字微导览为例,中传创新团队以数字微导览短视频的样态将景区认知、文化探知与游客须知三者的叙事关系进行了重构,对实体景观无法呈现、信息量低、信息呈现力弱的文本进行了重新编辑。游客使用移动端设备扫描景区布设的二

维码触发微导览，二维码超链接至特定情境的短视频，导览中的视音频文本信息将依据用户所处的空间位置进行呈现（见图 3）。“您面前的就是古田会议当年的会场……”微导览中，以第一人称口吻的叙事角度极大地拉近了景区与游客间的信息距离，将原本需要由游客主动“解码”的过程交予景区处理，而“解码”内容涵盖了景点信息介绍、历史典故、参观须知、方向导览、游玩建议等一系列具有整合价值的内容，这种“可参与”模式的设置，创新了游客信息选择和获取的途径，提升了信息传播的效能。

图 3　福建古田会址景区布设的数字微导览二维码

围绕数字技术的叙事结构重塑，将旅游景区中富含高语境特征的建筑、遗迹、古文物等场景进行由高语境向低语境模式的转换，有助于打破游客理解上的壁垒，拉近景区与受众间的距离，运用平民化、亲切化的叙事风格，构建更为立体的景区场景应用。

四、媒体深度融合进程中融媒体文旅创意产品设计的应对策略

场景理论诞生以来，从戏剧艺术领域延展到社会传播领域，再到当下的媒体融合领域，“场景”本身的再应用让我们不断拓宽其自身潜能，以“融合”为发展方向，兼收并蓄各学科优势，不断观照社会现实问题，从某些方面反映出人们更加关注具体化、本地化的文化问题。同时，不断创新设计智能化、情感化、个性化的文化产品，离不开今天学术空间、产业空间及公共空间的交叉融合。运用场景理论设计实践，在媒体深度融合的进程中，融媒体文旅产品设计的应对策略应当着眼于复合需求，围绕技术进步与融合思维逐步开展。

（一）场景应用的融合思维

文旅融合产品设计的核心是理念融合，即破解传统理念上的对立，正确认知文化旅游与产品之间的内在关系，让游客或用户认同产品，同时激发游客或用户了解产品

背后蕴藏的理念及文化的好奇心，甚至萌发实地游览的欲望，拓宽产品本体场景应用范围，从而使产品对文旅产业起到积极的回馈作用。

1.利用产品思维打造核心竞争力

伴随文旅融合产业的日益发展，人们会越发地热衷于旅游景区文化背后的身份认同与形象构建。原本处于景区产业末端的文创产业链也由单一具有收藏意义的旅游纪念品，转向兼具实用、审美、收藏、分享、定制等功能的融媒体创意产品。近年来，"IP（Intellectual Property）"的不断被提及，促使文旅产业需要思考和研究自身的核心竞争力。IP原意指"智慧财产所有权"，是对智力劳动成果所享有的财产权利，而旅游业中存在着大量值得发掘的IP，这些IP往往可以成为衍生型文创产品，并应用于现有市场的产品载体上。

在打造文旅产品核心竞争力的过程中，IP开发需悉知景区的文化内涵与目标定位，尤其是对于传统文化旅游景区来说，更需要对已有的文化产品进行深耕考究。由于文化普遍植根于一定的社会生产方式与生产力，不同时代形成的文化以及文化圈层具有社会历史性，因此在借鉴传统文化时，应当取其精华、弃之糟粕，发扬传承与当下社会发展相适应的文化基因，传播新时代主流价值观，从而使中国传统文化保持鲜活的生命力。以福建古田景区融媒体产品为例，其核心景区是一座建于清代的砖木结构单层四合院建筑，原为当地祭拜先祖的"万源祠"，游客对这一建筑的历史、布局等知之甚少。创作团队为了更好地提取IP，增强古田会址本身的文化传播力，首先以会址厢房中的"福"字栅窗作为切入点，选取极具中华民族源远流长历史的"福"字寓意，提升华夏儿女的文化渊源与身份认同感，同时关注到"福"字作为中国文化符号汉字在对外传播中的重要作用。其次，以建筑形态雕栏石砌呈现的古田会址"福"字文本，具有较强的观赏性。而"福"对于景区定位而言，具有"古田有福，福在古田"的寓意，象征着红色力量从古田一路走来，为中国人民带来幸福安康的深刻寓意。借"福"字以小见大，运用产品思维打造对应的文创产品与数字微导览，为文旅融合创新传播提供了新路径。

2.提升用户思维，赋能场景传播

未来的融媒体产品设计将着重于体验与场景塑造，而构建场景则需要满足用户的个性化需求。伴随移动互联网技术与用户消费需求的快速增长，注重用户体验的硬性指标正在考量着产品场景设计的功底，除了消费习惯、用户画像等既有衡量指标外，产品与消费者之间营造的互动关系也影响着场景应用。

一方面，就产品定位策略而言，运用年轻化的话语表达方式洞悉用户需求，深究产品定位，打造品牌和爆款产品，使得原本位于产业链末端的文创衍生品跃居至景区产业链的前端，消费群体亦从传统意义上的景区游客，扩展到社会生活中具有相同价值观和审美观的潜在用户，并凸显出他们对日常生活的审美化追求。近些年，市场中不断涌现出故宫文创、敦煌文创等自带IP且极具赋能潜力的文创品牌成功案例，赢得了海量用户的青睐，不断跨界的融媒体产品体现着朝气与活力。这种转变恰恰代表着文创设计场景应用也从传统的“橱窗样品”向“头牌产品”的转型，而产品化的思维离不开打造场景化、定制化、内容化、特色化的用户思维。

另一方面，就产品场景构建而言，融媒体文创产品应对应当下两种主流产品样态，即线下实体产品和线上虚拟产品。二者的载体虽有差异，但均有融媒体产品所具备的用户思维与场景传播的特点。为此应从用户切身需求出发，以场景营造为切入点，吸收线上与线下各自优势，联结现实场景与虚拟服务的纽带，将其中复合化的场景提炼重构，将部分单一化场景创新多元化，从而实现用户与产品端的有效互动，提升产品的传播效力。

（二）场景应用的技术赋能

在5G环境下，超高清、云计算、人工智能及MR混合现实等技术为数字化生产、实体化应用的模式提供了技术赋能。而技术迭代应服务于现实社会的人文需求，只有具备可参与性、强交互、人性化及友好性的文创产品，才能诱导用户的消费欲望。旅游景区对“用户思维”的转变打破了以往二元对立的“主客关系”，转向用户为文创赋能、景区为用户服务、文创为文化传承的多赢共赢关系。

1.通信技术：场景链接的基石

在新媒体技术与社会生产力的驱动下，以5G为代表的通信技术逐步成为场景融合的重要手段，其主要特点是超高速、低延迟、可物联。从当下智能城市场景建构的角度而言，通信技术运用成为不同场景数据信息联通的纽带，并为相应场景提供了多维度的信息服务。

从4G到5G，超高速与低延迟的优势已服务于如移动短视频、云直播、网络购物、移动消费等大众社会文化生活的各个领域，融媒体文旅产品的开发设计也应依托于场景间的链接转换。以福建古田会址数字微导览为例，其作为一个云端的融媒体产品，需要在有限的时长内满足用户使用的动机、时机、场合等诸多因素。过长的加载时间会对用户的交互体验产生负面影响。为减少不必要的加载时长,保证用户终端与服务器的有效通信,5G技术高可靠性、低延迟的优势便体现出来。

同时,使用5G通信技术进行数据传输,可以使场景间的切换更为流畅,场景间的融合更为紧密。在文化旅游范畴中,对于游客来说,既要满足他们"吃、住、游、购、娱"等具体的行为需求,也要满足其物质需求、精神需求及审美需求。融媒体产品应从用户需求出发,整合不同场景的"痛点"与"痒点",避免单一场景造成的同质化。在福建古田景区的融媒体设计过程中,"伴随式""分享式"的设计理念便源于5G技术的移动数据传输特点,从景区入口的停车场到中心景区的会址祠堂,用户扫描二维码进入融媒体产品界面后,便可实现"随逛随用、随用随学、随学随享、随享随购"等功能,借助全天候、实时化的数据传输,打破同一景区内不同场景间信息传输的隔阂,用技术层面的信息链接促进文旅融合的需求链接。

2.新兴技术:融媒体产品创新的翅膀

在当前的5G环境下,VR(虚拟现实)、AR(增强现实)、MR(混合现实)、CR(影像现实)等新兴媒体技术焕发了生机。在文化旅游行业,利用VR等新兴技术跨越时空将万里之外的锦绣山河、文化遗产、古迹遗址纳入眼帘,对历史事件进行还原再现,让游客以第一人称视角沉浸其中,徜徉虚拟现实技术带来的独特魅力。依托某一场景框架进行全维度还原,这种形式类似于早期的"沙盒游戏"(Sandbox Games):在一张开放式地图中,玩家扮演某一角色并在场景中进行交互式探索。"游戏思维"被运用到当下的诸多文旅产品中,如VR体验"飞夺泸定桥""红军过草地"等,让用户不再被"说教式"的形式掣肘,而是通过VR体验以视觉、听觉、触觉反馈实现对革命历史事件的深入认知。

随着媒介载体移动化及去中心化的发展,以图文声像为主要组合形式的新媒体产品将被载体与介质结合的融媒体产品所取代。通过VR、AR、MR等技术呈现的沉浸式体验完全可以摆脱移动端数据的加载限制,以云端存储及超高速传输调用方式使用户体验到低延迟的便利,进而实现新兴技术在文旅融合上的应用。

着眼当下的5G通信技术与WiFi6.0标准的推进,万物互联的物联网社会生态成为可能。而在万物互联的背后,则是"万物皆媒"的时代,传统"媒介工具"(如收音机、电视、电脑、手机等)的概念将被打破,"万物皆媒"时代将在不久的未来如约而至。可以预见,我们身边司空见惯的工具或器物将被赋能传感器和处理器,成为智能生活的一部分,人类与万物的交互联通将构建出全新的社会场景,并实现特定场景下物与物的协同链接。这一转变将更改人类感知世界的方式与路径，进而使人们获得场景化红利所带来的互动美感。

五、结论

在当下媒体深度融合的进程中，探寻文化旅游融合创意产品的场景应用与传播路径是时代发展的必然要求。在运用场景理论进行文旅产品设计的初步探索阶段，花窗书立和古田会址数字微导览融媒体文创产品便是在此进程中的全新尝试，其有效地从设计理念、文本类型、叙事模式上实现了融合创新传播，并针对未来融媒体文创产品设计提出了两大应对策略，从融合思维与应用技术两个方面对既有成果与业界生态进行了梳理分析。融媒体文创设计将成为未来文旅融合中文化“新基建”的重要抓手，并成为打造产学研相结合的项目增长点。通过融媒体创新传播的研究与应用，文旅融合产品将肩负起塑造文化价值、提升经济价值的双重使命，并在传承中国文化、彰显地域特色、发扬时代精神、滋养人文情怀、打造文化品牌、构建身份认同上具有重要的建设意义。

〔郑志亮，中国传媒大学电视学院副教授；曹航宇，中国传媒大学电视学院学生〕

〔特约编辑：付晓光〕

青年视点

新冠肺炎疫情中的情感传播研究　刘　雯

多元探索与模式创新：新冠肺炎疫情影响下的互联网视频行业透析　刘文杰　杨垒垒　周慕超

现阶段主流媒体的智能化内容生产分析　付海钲　姜　萱

多形态共存和市场化探索：网生纪录片发展现状探析　李　昉　张心洁

新冠肺炎疫情中的情感传播研究

Affective Communication During the COVID-19 Outbreak

◎刘　雯
Liu Wen

摘要：新冠肺炎疫情，导致新的新闻形态、舆论生态和传播特征在短时间内爆发式呈现并高度汇聚，情感传播模式的特点在新闻报道和舆论场中显得尤为突出。本文列举了新冠肺炎疫情中情感传播的集中表现：新浪微博上的情绪词、政府新闻发布会将情感表达作为传播工具、钟南山院士接受采访时三次落泪的传播效果，分析新冠肺炎疫情期间情感传播出现的原因，探讨情感传播的优势和潜在风险。情感传播的优点是具有贴近性、代入感，具有情感要素的信息更容易引起受众的注意；但情感传播也具有潜在风险，过度的情感渲染会对新闻的客观性造成干扰，谣言中的情感传播还会进一步促进谣言的扩散与流行。因此，情感传播得到恰当运用非常重要。

关键词：情感传播；后真相时代；新形态新闻；媒体融合

Abstract: Coronavirus epidemic has cause new news style, public opinion ecology and communication characteristics, among which affective communication is particularly prominent phenomenon. Novel coronavirus pneumonia is novel coronavirus pneumonia. This dissertation raised examples of affective communication during COVID-19 outbreak: emotional words on Sina micro-blog, emotional expression being used as a communication tool on government news conferences and the effect of Zhong Nanshan shedding tears in interviews. It also analyzes the causes of affective communication and explores the advantages as well as potential risks of affective communication. The advantages of affective communication are closeness, sense of substitution and attractiveness to the audience. However, affective communication has potential risks, which means it is very important to use affective communication properly.

Keywords: affective communication, post-truth era, new-type News, media convergence

21 世纪 20 年代伊始,一场发生在“后真相”时代以及媒介融合、智能传播语境下的波及全球的新冠肺炎疫情,导致新的新闻形态、舆论生态和传播特征在短时间内爆发式呈现并高度汇聚,亟待研究者从理论层面进行认知、梳理与分析。由于新冠肺炎疫情关乎每个人的生命安全,与疫情有关的新闻报道以及通过其他各种途径传播的信息(每日新增病例、疫情防控措施、医护人员的牺牲、复杂的国际舆论环境等),都时刻牵动着全国人民的心。疫情期间的信息传播,呈现出“后真相”时代的许多特点:事实的扭曲与碎片化、谣言与假新闻充斥、非理性情绪化内容的泛滥等。新冠肺炎疫情的突发性、重大性及其与每个人的贴近性,导致人们的情感诉求远远大于对事实与真相的需要,因而在新闻报道和舆论场中情感传播的现象显得尤为突出。

一、什么是情感传播

情感在新闻业中是个敏感又尴尬的词语,因为它与新闻的真实性、客观性和公正性等原则相悖。然而,进入“后真相”时代,真相被夹杂在网络世界的嘈杂与喧嚣中,变得越来越碎片化、越来越复杂化,也越来越扑朔迷离。媒介技术的进步,导致人们的思考方式与表达方式都发生了巨变,严肃、冷静的事实已无法持久吸引人们的注意力,“人们只看到自己希望看到的”,似乎那些带着强烈情绪的观点和能够唤起情感共鸣的内容,才能获得更好、更持久的传播效果。

情感传播,已然成为传播学的一个全新命题。它既是一种传播现象,亦是一种传播方式。正如“情感”对应的是“理性”,“情感传播”则对应着“理性传播”——从心理取向上对于传播的一种分类方法。[①] 简而言之,情感传播是传播主体以情感逻辑而非理性逻辑结构传播内容、用具有主观性和情绪化特点的语言方式进行表达、将情感作为纽带来影响受众的一种传播活动。

二、新冠疫情中情感传播的表现

新冠肺炎疫情期间,人们经历了复杂的情绪和情感:从初期由于对疫情无知而引

---

① 李建军,刘娟.辨析情感传播相关概念[N].中国社会科学报,2020-03-23.

发的恐慌，以及对政府不当应对和信息不公开的失望，到后期对战胜疫情充满信心；从对奔赴疫情前线的医护人员的敬意，到面对因感染新冠肺炎而饱受病痛折磨甚至失去生命的亲友的悲痛；从全民居家隔离的压抑，到居家隔离也能“玩出花样”的乐观；从“山川异域、风月同天”带来的感动，到对以美国为首的西方国家“甩锅”中国的愤怒…… 无处安放的情绪需要出口，跌宕起伏的情感需要宣泄，情感传播有意或无意地被运用、被利用，成为新冠肺炎疫情期间格外引人注意的传播现象。

新浪微博作为国内最大、最受欢迎的社交媒体之一，在疫情期间扮演了用户情绪的“生成器”和“麦克风”的双重角色，成为情感传播最为典型的信息平台。一方面，微博上每天都在更新和汇聚关于疫情的大量信息，超负荷的信息量非常容易使用户产生焦虑情绪，何况其中的很多信息本身就带有主观色彩；另一方面，用户的情绪由个体影响到群体，又由群体发酵感染更多个体，微博因而又成为用户表达和宣泄情绪的舞台。有研究发现，2019 年 12 月 31 日至 2020 年 1 月 22 日，新浪微博的关键词是“武汉”“肺炎”，同期新浪微博的用户情绪关键词则是“担心”。当“人传人”“戴口罩”“双黄连”登上热搜排行榜后，用户的情绪由“担心”变成了“恐慌”。“随着以央视新闻为代表的官方媒体在微博上进行权威性和公正性的一系列报道，上百个部委官微和 2.6 万余个各级政府官微发布超过 55 万条疫情相关信息，舆情开始得到控制，用户情绪开始趋于稳定。”①

如果说新浪微博平台上用户情绪的产生、聚合、表达，是一种被动的、无意识的情感传播现象，那么疫情期间各级政府的新闻发布会则开始主动地、有意识地将情感表达作为一种传播工具。例如，2020 年 2 月 20 日，国务院新闻办公室在湖北武汉举办第二场京外新闻发布会，介绍中央赴湖北指导组组织开展疫情防控工作的情况。会上，全体发布人共同起立，为英勇牺牲的医务人员和不幸去世的患者默哀。这样的仪式感，正是对民众强烈情感诉求的主动回应。在疫情最为严重的爆发期，人们不仅希望听到政府强有力的抗疫措施，更希望感受到来自党和政府对百姓的人文关怀，看到在疫情阴霾笼罩之下依然闪烁着的人性之光。因为，在疫情中，没有什么比人的生命更重要。除此之外，新闻发言人的语态变化也值得我们注意。国务院副秘书长丁向阳在 2020 年 3 月 6 日国新办的发布会上，一改以往人们对新闻发言人严肃、沉闷、打官腔说官话的刻板印象，用诗意且温暖的语言说：“早晨出门的时候，我看到门前樱花开放了。这告诉我们，冬天已经过去，春天来了。我想，大家期待的那天不会太远。”通过

---

① 曾馨然，夏琛迪.新冠肺炎疫情中新媒体平台和社会感染的关联性探究——以新浪微博为例[J].视听，2020(5).

使用“樱花”的意象,新闻发言人运用真诚、率性的话语,实现了与民众的共情,拉近了彼此的心理距离。

应该说,在疫情早期,我国的政府官员在新闻发布会上还显得比较严肃,不苟言笑,比较拘谨。不过政府官员也是人,在2020年2月7日的发布会上,国家卫健委的新闻发言人宋树立在谈到李文亮医生去世的时候声音哽咽,让人印象深刻。后期政府官员真情实意的表达就更多了。2020年9月21日,湖北省委书记应勇在湖北抗击新冠肺炎疫情表彰大会上提到付出生命的英烈时,摘下眼镜,擦了擦眼泪。之后,媒体纷纷用《应勇,哭了》作为标题进行报道,可见省委书记在新闻发布会上落泪的新闻性。实际上,应勇是省委书记,但他首先是有自己情感的个人。这样真实朴素的情感传播,自然也收获了很好的传播效果。

疫情期间另一个情感传播的典型事例,是钟南山院士在接受不同媒体采访时的三度落泪(不完全统计)。第一次是2020年1月28日接受新华社采访,在谈及武汉抗疫时,钟南山院士双眼满含泪水地说:“武汉本来就是一个很英雄的城市。”第二次是同年1月30日晚,在北京开完会后赶赴机场的路上接受采访,他哽咽着说,武汉的医务人员非常辛苦。第三次是同年2月11日接受采访谈及李文亮医生病逝,他说:“我认为大多数人,都认为他是中国的英雄,我也是。我为他骄傲,他早在12月份就把真相告诉人们。”钟南山院士眼含热泪的新闻画面很快传播开来,全国人民无不为之动容。媒体纷纷以《别再让钟南山们流泪》为题进行报道,而老百姓则半开玩笑地说:“钟南山说动咱再动。”获得共和国勋章的钟南山院士,是我们名副其实的抗疫英雄,他在接受采访时未经策划、自然流露的真情实感,不仅成就了最佳的传播效果,还在某种程度上实现了社会动员的功能。

三、疫情期间情感传播出现的原因

情感传播模式在新冠肺炎疫情期间得到较多运用的原因,主要有两个方面:一方面是疫情发生在5G技术推进智能媒体快速发展的时代背景下,媒介深度融合的传播语境导致影响力竞争格局发生了巨大变化,“新”形态新闻正在形成中;另一方面是新冠疫情本身具有的突发性、重大性、异常性、未知性、贴近性等特点,导致信息传播场域与内容呈现形态发生了显著变化。

智能媒体时代,在越来越多的新闻终端和社交媒体平台中,信息体量出现了爆炸式增长,可谓瞬息万变、无所不在、无所不包,被人们形象地比喻为“信息洪流”。传播主体增多，传播渠道多元，包括传统媒体、互联网公司、各级政府与社会机构、自媒体以及普通民众在内的几乎所有社会角色都参与到信息生产过程中，越来越庞杂的传播主体角逐于有限的受众注意力市场，激烈的竞争态势导致传播主体越来越强调内容的新奇，也越来越注重信息的传播效果和数据反馈的结果。在受众注意力日益有限、逐渐碎片化的前提下，传播者发现注入情感因素的内容更有助于吸引和留住受众的目光，因为人们更容易与情感因素产生共鸣，而不是对理念或事实做出反映。

基于此，有学者总结了“新”形态新闻的传播六要素，在传统的事实、渠道和受众三要素之外，增加了场景、情感和关系三个新的要素。场景要素，指的就是此时此刻和此情此景；关系，则是传受关系；情感，包括感情、情绪、态度、观点、理念、价值观等要素。“新”新闻，注重场景式传播，讲究“关系”优先，追求传受之间情感的高度匹配。而情感传播模式，恰好符合了“新”新闻的这些特征，将关系和情感要素纳入事实选择的过程中，其结果则是信息带有了更多的感性色彩。①

新冠肺炎疫情的发生，像是加诸原本已经开始发生裂变的传播格局和舆论生态之上的催化剂和加速器，全体社会成员都被担忧和恐惧的情绪所笼罩。心理学研究表明，当个体处于焦虑与恐惧的状态时，会更容易关注环境中的威胁性信息，放大不利因素和危险因素；越是害怕，就越关注坏消息，最终形成了一种传播的恶性循环。焦虑情绪还会带来“过度共情”，个体会因同情他人的遭遇而导致自己更加悲伤和痛苦。而对于中国民众来说，十七年前“非典”留下的痛苦记忆犹在，已然成为沉淀在社会无意识中的一种集体情感，如今再度唤起这种情感体验，无疑会产生更普遍的、更震撼的影响。

这是一场突如其来、蔓延全球的重大突发公共卫生事件，它将每个人都卷入其中，参与传播的主体也因此数量骤增、更为多元，大家对于所有与疫情相关的信息都有强烈的渴求，同时也有着复杂的情感诉求需要得到及时的回应。因此，新闻报道在疫情期间运用情感传播的方式来提升有关疫情的信息的传播速度和传播效果，既满足了受众的信息需求，也回应了其情感关切。各级政府部门则通过情感传播的手段对舆论进行正面引导，不断挤压煽情式的谣言和虚假信息的生存空间，在传递官方权威信息的同时，给民众的情绪和情感以积极影响，最终实现疏导舆情的作用。

---

① 刘笑盈，董超.关于当代媒体发展的十三个解释[J].新闻战线，2019(9)：52-56.

四、情感传播的优势与潜在风险

情感是人类最敏感和复杂的心理体验，是个人生命中最有灵性、最有活力的部分，是人们所有的社会生活中最喧闹也是最深沉的部分。[①] 情感体验影响着人的认知和思维方式，进而影响人的行为以及人与社会的互动关系。情感虽与理智不同，盲目性和冲动性是其显著特征，但情感并不是不可理解或者完全隐蔽的。相反，情感是可以沟通的，因为情感可表达（人有诉说情感的需要）、可表现（人的内心情感会通过外在言行举止表现出来），并且具有移情性（人通常都有类似的情感经验）。[②]

情感传播最大的优势即在于关注受众的情感需求，并将“情绪”和“情感”符号化成为信息，实现与受众的贴近性，引发受众的情感共鸣。相比于那些严肃、枯燥的事实真相和所谓完全平衡、公正的声音，具有情感要素的信息在网络上传播得更快、更广，也更容易引起受众的注意，从而被阅读、被理解、被接受、被选择性记忆，然后被再度传播。疫情期间，中央广播电视总台新闻微信公众号上推送了一系列关于“逆行医生”的新闻报道。这些报道的标题都模拟了新闻当事人的语态，如《我可以上，但是请别告诉我妈妈……》《挺住！我把妈妈和外公都借给你》等。这样的第一人称视角，把那些原本对于受众来说遥远的、陌生的医护人员，变成了一个又一个奔赴抗疫前线的“爸爸妈妈的孩子”和“孩子的爸爸妈妈”。这样的传播方式，就是利用情感的移情性，激发了受众的同情心、同理心。因为，在社会生活中，每个人都是“爸爸妈妈的孩子”或者“孩子的爸爸妈妈”，这样的新闻报道在贴近受众心理、实现情感认同的同时，自然也会收获良好的传播效果。

传播，就是运用科学手段获得同意的艺术。有学者将传播总结为十六个字，即：“有效沟通、创造语境、改变关系、获得同意”，并在此基础上归纳出这样的公式：好的传播 ＝ 干货满满 ＋ 真情实感 ＋ 恰当表达。[③] 恰当的情感传播就是一种在信息“干货”中加入了“真情实感”，通过与受众建立共情，使受众获得代入感和认同感，由此实现更好的传播效果。

疫情伴随着复杂多变的舆情。而舆情的“情”，首先是情绪的“情”和情感的“情”。情绪和情感，二者皆为事实的一部分，理应得到认真对待。疫情期间的信息高度汇聚，

---

① 郭景萍.情感社会学：理论·历史·现实[M].上海：上海三联书店，2008：48.

② 郭景萍.情感社会学：理论·历史·现实[M].上海：上海三联书店，2008：156.

③ 刘笑盈.疫情防控中的媒体传播探析[J].新闻战线，2020(11)：30-32.

复杂多维的现象背后隐藏着深刻的社会现实，舆论引导和舆情疏导的难度也大幅提升。善加利用情感的力量，对“情感”给予积极回应，注重信息和情感需求的平衡，无疑是比纯粹的信息传递更富有魔力的传播方式。情感传播的另一优势，就是在疫情和舆情都甚为严峻的特殊阶段，通过在释放事实和满足情感诉求之间寻找平衡，实现对于舆情的正面疏导。例如，国务院新闻办在武汉举行的新闻发布会上，为了提振湖北人民抗击疫情的信心和信念，中央指导组成员、国务院副秘书长丁向阳一方面列举事实，介绍党中央遏制疫情蔓延的硬核手段与措施，以及全国各地对于武汉的医疗支援；另一方面也不忘用充满情感和诗意的语言给民众以鼓励和温暖，他说：“记得有一句话是这样说的，‘没有一个冬天是不可逾越的，没有一个春天是不会到来的’……我们一定能够打赢这场人民战争，温暖的春天也会如期到来。”这句话被包括新华社在内的很多媒体用在新闻报道的标题上和导语中。

尽管有上述显著的优点，但情感传播的潜在风险亦不容忽视。情感具有主观性，过度地情感渲染会对信息的客观性造成干扰，对于低层次情感和负面情绪的影响尤其需要警惕。疫情期间，民众容易陷入恐慌、焦虑、愤怒和害怕等负面情绪中，很容易就在“情绪一致”和“过度共情”的心理代入中迷失，而不再思考网络上流行的一些观点是否与事实相冲突，同时也会选择性回避这些情感和情绪是否经得起推敲的问题。疫情期间，一本《方方日记》火了。这是作家方方隔离在家期间记录下来的封城日记，内容里面充斥着批评、追责和悲愤。新闻报道是需要媒体对事实进行扎实采访与调研并反复核查真相的；而文学作品则不同，《方方日记》里的很多内容都是没有经过论证的道听途说，加上作者极为煽情的写作手法，恰好迎合了当时很多人的悲愤情绪。作家方方的确有书写和表达的自由，但网民对《方方日记》的指责也不全是空穴来风，它的确给舆情造成了很大的负面影响。所以才会有很多人无奈感慨：几百名记者写的新闻不如一个《方方日记》!

此外，若情感传播被用在谣言和虚假信息中，还会进一步促进谣言的扩散与流行。相比事实与真相，谣言和虚假信息往往更容易激发传播者的好奇心，从而使其对虚假信息的转发远远超过真实信息和辟谣信息的转发。新冠肺炎疫情期间，人们因为高度的不确定性而产生如焦虑、恐惧等复杂的情感。若谣言中夹带了情感因素，引起了受众的情感共鸣，那么就可能获得更快、更广的传播，因为传递谣言也是一种发泄情感的方式。[①] 面对突发的、严重的、未知的疫情，被情感控制、被情绪引导的受众，很容易失

① 匡文波，武晓立.突发公共卫生事件中网络谣言传播模型及特征研究[J].新闻与写作，2020(4)：83-87.

去理性的判断力,在官方对事实的认定之前,谣言便会乘虚而入、甚嚣尘上。

情感传播,作为一种全新的传播方式和传播手段,包含着其独特的话语策略。在"后真相"时代,情感传播模式应如何被运用,是值得我们探讨和深思的重要问题。正如《牛津词典》对"后真相"的定义:客观事实的陈述远不及诉诸情感和煽动信仰更容易影响民意。对于受众来说,真相本身似乎变得不再重要。重要的是,受众只选择相信那些看起来像真的和自己愿意相信、符合自己想象的信息。在本应理性、公正的新闻报道中,也开始呈现出越来越多的情绪,尤其是负面情绪。

因此,情感传播的运用,首先应当讲究情感表达的适度,换句话说,情感的输出和宣泄要有节制,在理性和感性中找到平衡。情感传播要讲原则、见真情,利益驱动的煽情只会适得其反。对情感传播运用恰当的例子,如"央视新闻"的微信公众号在2020年1月31日发布了一篇题为《加油啊热干面,会好起来的!》的推文,里面有一幅萌漫画,描绘了全国各地美食卡通形象共同为"武汉热干面"加油的场景;人民日报微信公众号在2020年3月25日也发布了一篇类似推文,题目为《热干面醒了!》,刊载了出自同一位画家的漫画——樱花开了,"武汉热干面"醒了,全国各地美食的卡通形象依然守候在窗前。一组温情、可爱的漫画,丝毫没有煽情的成分,却如春风化雨般治愈了整个社会压抑与悲伤的情感。①

其次,应当在情感传播的过程中,尽量减少负面情绪的传递,弘扬正面的、积极的情感,尤其是当面对如新冠肺炎疫情这样的重大突发事件时,更应当以消减集体心理中的不安全感、稳定社会精神与民众情绪为目的,防止焦虑和负面情绪导致造谣、传谣甚至舆情发酵。重大疫情之下,还需要警惕"信息疫情"的发生。"后真相"时代,新闻媒体从业人员更应当坚守职业操守,秉承专业主义精神。须知包含情感元素的有温度的报道,与新闻客观性并不矛盾。无论媒介技术怎样进步,传播生态如何变化,在关乎社会稳定和人民安全的重大事件中,政府部门及时的权威发布和新闻媒体的客观呈现,都应是信息传播的主旋律。

〔刘雯,中国传媒大学电视学院讲师〕

〔特约编辑:曹晚红〕

---

① 李明瑞,刘婷.新冠肺炎疫情时期新闻报道的情感传播方式探究[J].北方传媒研究,2020(2):35-38.

多元探索与模式创新：新冠肺炎疫情影响下的互联网视频行业透析

Exploration and Innovation: Analysis of the Online-video Industry with the Influence of COVID-19 Epidemic

◎ 刘文杰　杨垒垒　周慕超

Liu Wenjie　Yang Leilei　Zhou Muchao

摘要：突如其来的新冠肺炎疫情让社会各行各业面临前所未有的挑战，互联网视频行业因其虚拟性和高度的产业融合性更加适应当下的互联互通方式和产业发展形态。疫情之下，互联网视频的生产、传播、交互形式有了新特点，互联网视频产业催生了新业态，特别是院线电影在互联网视频网站进行首映，成为特殊时期的重要探索。后疫情时期，科技赋能互联网视频，更多新的生产方式、新的交互模式、新的产业模式将持续涌现。

关键词：新冠肺炎；互联网视频；长视频；短视频；直播

Abstract: The sudden COVID-19 epidemic made all walks of life face unprecedented challenges, the Internet video industry is more adaptable to the current mode of interconnection and interworking and industrial development patterns due to its virtual nature and a high degree of industrial integration. Under the epidemic, the production, dissemination and interaction of Internet video have new characteristics, and the Internet video industry has given birth to new formats, especially the premiere of cinema films on the Internet video network, which has become an important exploration in the special period. In the post-epidemic period, technology has enabled Internet video, which has made more new production modes, new interactive modes, and new industry models that will continue to emerge.

Keywords: Covid-19, internet video, long-media video, short video, live broadcast

2019年末，一场突如其来的新冠肺炎疫情改变了全世界，各国的经济社会发展都受到了不同程度的影响。在全球化进程受阻的背景下,中国率先控制住了疫情,让全世界看到了胜利的曙光。特别是中国互联网信息产业逆市上扬,为经济社会的发展增强了信心。

在这个工作、生活和学习高度"视频化"的时代,互联网视频行业在疫情期间的表现尤其抢眼。总体上看,疫情为互联网视频带来了多重发展机遇,视频内容创作也更加贴近时代性和社会性,创作主体朝着更加大众化和科技化的方向转变,传播方式也呈现出点对点、线对线、面对面的趋势,互联网视频产业与农业、工业、制造业的联系更加紧密。种种迹象表明,后疫情时期将是互联网视频行业"快增长"的重要机遇期,高度关注疫情对该行业的影响对洞悉行业发展具有重要作用。

一、疫情为互联网视频带来多重机遇

疫情之下,避免物理接触成为重要的防护措施,这让社会各行各业都受到了不同程度的冲击,产业发展面临各种挑战。作为互联网信息产业的重要组成部分,互联网视频行业成为多重挑战的受益者。

(一)国际市场机遇

疫情期间,各国之间的实体贸易大量受阻,而中国互联网视频业务却穿透疫情带来的物理隔离,在世界各地迅速布局。比如,TikTok(抖音海外版)2020 年 1 月的下载量同比增长了 46%,环比增长 27%,仅 1 月的下载量在各个平台就达到了 1.04 亿次,超过了 WhatsApp,位列全球第一,累积下载量已经超过了 18 亿次,在美国、印度、巴西等多个国家受到火热追捧,全球战略取得极大的成功。[①] 四达时代新上线的非洲版"新冠肺炎自测评估系统"通过在线视频,结合非洲的实际情况,把中国最新的新冠肺炎防疫经验和技术,带给非洲撒哈拉以南区域的 45 个国家。[②] 这些中国企业在疫情期间不仅仅服务于国内市场,还加速布局海外市场,积极拓展全球业务。

(二)用户流量增加机遇

疫情期间,互联网视频平台异常火爆,用户数量大幅度增加,这为互联网视频发展

---

① 受疫情影响 抖音下载量世界第一,成为今年最火 App? [EB/OL](2020-02-26)[2020-09-30]. http://m.pcpop.com/article_6146236.html? ivk_sa=1023197a.

② 四达时代的非洲抗疫故事 [EB/OL].(2020-04-08)[2020-09-30]. https://baijiahao.baidu.com/s? id=1663382386992812921&wfr=spider&for=pc.

提供了重要的发展契机。艾瑞咨询移动 App 指数显示，2020 年 1 月和 2 月，爱奇艺用户环比分别增长 7.9%和 5.2%，腾讯视频用户环比分别增长 6%和 5.5%，优酷视频用户环比分别增长 4.4%和 12.1%。据中国互联网络信息中心（CNNIC）发布的第 45 次《中国互联网络发展状况统计报告》，截至 2020 年 3 月，网络视频（含短视频）、网络音乐和网络游戏的用户规模分别为 8.50 亿、6.35 亿和 5.32 亿，使用率分别为 94.1%、70.3%和 58.9%。网络视频（含短视频）已成为仅次于即时通信的第二大互联网应用类型。

2020 年 4 月 23 日，在国务院新闻办举行的 2020 年第一季度工业通信业发展情况新闻发布会上，工信部信息通信发展司司长闻库也表示，这次疫情期间，居家隔离带来了网络流量爆发式增长。疫情期间，互联网流量较去年年底增加了 50%，武汉增长率达到了 60%～70%。以上数据表明，疫情为互联网视频行业发展积累了用户，增加了流量，带来了巨大的商业价值。

（三）互联网视频技术创新机遇

回顾视频技术的产生，从 1927 年电话诞生，实现了静态图片的传输，到 1964 年电话系统中能够传输视频内容，再到 1976 年京东和大阪之间实现视频通信，差不多已有百年历史。进入 21 世纪，短短 20 年的时间，视频技术持续创新，实现了不管任何通信手段，只要互联网支持就可以完成的互联网视频传输技术。疫情发生以来，面对政府和大众的紧迫需求，技术创新进一步提速，互联网视频的清晰度、传输速度、表现形式都持续变革，虚拟现实、增强现实、云计算、人工智能等都成为互联网视频的重要支撑，这些都为互联网视频发展提供了新机遇。

（四）互联网视频消费习惯养成机遇

受传统互联网内容免费习惯和版权保护措施不完善的影响，互联网付费在很长一段时间内不被接受。随着国内长视频平台爱奇艺、腾讯视频等头部企业的漫长培育，付费会员模式逐渐受到用户的青睐。2019 年 6 月 22 日，爱奇艺宣布其会员数量超过 1 亿，成为中国首个会员突破亿级大关的视频网站。①

在新冠肺炎疫情的影响下，互联网视频付费的范围不断扩展，付费用户数量和类

① 爱奇艺会员规模突破 1 亿，中国视频付费市场持续高速发展[EB/OL].(2019-06-22)[2020-09-30].https://www.iqiyi.com/common/20190624/ff017b78a5067380.html.

型不断增加。特别是视频会议用户和在线教育用户成为未来视频付费新的增长点。目前,腾讯会议、钉钉、百度 Hi、飞书、华为 WeLink 等都提供免费个人服务和企业付费的服务。[①] 同时,很多传统的教育企业在本次疫情下开始试水在线课程或加大资金投入在线教育课程。比如,新东方加大投入建设东方优播平台,2020 年开年到 3 月份,新东方在线累计涨幅达 73%,仅 1 月 21 日至 2 月 7 日期间,新东方在线股价上涨 52%,市值增加 120 亿港元。

(五)新业态、新形式呈现机遇

疫情让传统演出行业几乎处于停摆状态,为了克服这一现象,很多行业开创性地推出了各种云表演、云活动,创新了艺术表现形式和展示方式。比如,全球知名剧院、艺术机构先后在云端开辟了新舞台,大批难得一见的优质作品与互联网视频结合,为各大剧院、艺术团体提供了与全球观众"云上"的亲密交流。"英国国家剧院现场"NTlive 在 B 站推出高清戏剧《简·爱》放映不到一周,点击量超过 11.9 万。素有德国戏剧"梦之队"之称的柏林邵宾纳剧院,每晚都有在线放映。[②] 萧敬腾在快手的第一场线上直播音乐会登上了微博热搜榜。摩登天空在 B 站直播了第一场"宅草莓不是音乐节",吸引了 27 万人同时在线观看。实际上,不只是音乐会,包括"云蹦迪""云录制""云上课""云健身"在内,几乎各行各业都在这段特殊的时期里,开启了自己的"云布局"。"互联网视频+艺术"的模式,催生了新的艺术形式和新业态。

二、疫情加速互联网视频创作与传播形态改变

(一)创作内容更加体现时代性

艺术始终为人民服务,为社会主义服务,这是新时代文艺发展的根本原则。互联网视频媒介始终秉持这样的原则,在抗击疫情的战役中发挥着重要的支撑作用。

首先,创作内容更加通俗。疫情发生后,全国各族人民都团结起来抗疫,视频创作媒体人同样以各种方式关注这一公共卫生事件。不管是专业媒体机构生产的视频新

---

① 2020 新冠病毒期间全球视频会议市场需求急速攀升-互联网巨头进场[EB/OL].(2020-04-28)[2020-09-30]. https://baijiahao.baidu.com/s? id=1665225498377922952&wfr=spider&for=pc.

② "云剧场"能否成为常态化的艺术陪伴 [EB/OL].(2020-04-28)[2020-09-30]. http://www.huaxia.com/tslj/flsj/wh/2020/04/6393792.html.

闻，还是社交媒体平台、短视频和直播平台个人用户发布的内容，都更加关注当下，关注民生，制作内容不再以追求华丽的画面和特效为目标，更加体现为人民服务的精神。比如，很多视频网站开设了专栏分享抗疫知识，教给大家如何科学使用口罩、消毒水、酒精等医用防护物资。有的视频平台介绍不同地区疫情防控的管控措施，为出行的人提供向导服务。

其次，创作内容寓教于乐。对于多数人而言，互联网视频是工作和生活之余消遣和娱乐的重要渠道。然而，疫情期间，很多在线视频网站积极转变角色，主动将知识性和教育性的内容推送给受众，同时还开通了一些在线教育和办公的应用，服务于家庭和企业需求。根据“易观千帆”的数据，在2019年中国视频直播市场中，娱乐直播、视频交友、体育直播和游戏直播在行业中所占的比重较大。疫情发生后，大众通过直播软件拜年、线上办公，学生线上上课成为主要内容，“云服务”进一步走进千家万户，成为疫情期间的日常。

(二)创作主体更加体现协同性

从OGC到PGC和UGC，再到MGC，视频创作的媒介形态迭代速度加快，为互联网视频内容的多样化提供了更多可能。

首先，OGC(职业生产内容)依旧是主要内容供给方。该生产主体要求具备一定的知识和专业背景，强调团队合作，专业化分工明确；对于内容生产设置了更高的门槛，不仅要求具备更多的专业知识和丰富的资历，还要求有职业身份。比如，OGC专业化团队深入抗疫一线采访录制的感人内容，获得了大众的高度认可。受疫情影响，团队化的内容生产在一定程度上受到了限制，特别是2020年2月份疫情最严重的时候，影响了高水平和高质量视频的生产数量。

其次，MGC在本次疫情中逐步走向舞台中央，成为内容生产的重要补充。MGC(机器生产内容)是运用人工智能技术，由机器生产的传播内容，以新闻创作为主。2017年12月26日，新华社在成都发布了中国第一个媒体人工智能平台——“媒体大脑”，生产了第一条MGC——《新华社发布国内首条MGC视频新闻，媒体大脑来了!》。据媒体提供的大脑数据，从2020年2月2日至2月20日，覆盖31个省、市、自治区，共计992家媒体机构在媒体大脑MAGIC平台上合成了20余万条视频内容，疫情报道机器人、数据新闻机器人、直播拆条机器人、海报视频机器人、字幕生成机器人为新闻机构最常用的媒体机器人 TOP5。①

最后,PGC 和 UGC 充当重要角色,丰富了内容供给。PGC(专业生产内容)的生产主体是在某些领域具备专业知识的人士或专家,他们在特定领域里具有一定的影响力和知名度,比如微博大 V、网络红人、科普作者或政务微博等多属此类。UGC(用户生产内容)的生产主体主要是普通的用户,大众出于分享个人经历和兴趣的目的,进行内容的生产和传播。抖音中的个人视频创作、对微博的评论、表情包的创作、视频中的弹幕等都是 UGC 的体现。

本次疫情,虽然 OGC 生产受到限制,但是以 PGC 和 UGC 为代表的专业生产和个人生产相结合的模式成为大众获取信息的重要渠道,特别是快手、抖音、西瓜视频等短视频和直播视频平台的崛起,极大地提高了个人用户的积极性和主动性。

(三)传播渠道更加体现多元性

据国家广播电视总局广播电视节目收视综合评价大数据系统(CVB)统计,2020 年 1 月 25 日至 2 月 29 日,全国有线电视和 IPTV 较去年 12 月份日均收看用户数上涨 23.8%,收视总时长上涨 40.1%,电视机前每日户均观看时长近 7 小时。据互娱世界提供的数据,2020 年 1 月份 OTT 端日均开机率 41.4%,环比上升 3.4 个百分点,日均活跃终端 10,313 万台,环比上升 11.4%。银河奇异果在 2020 年 1 月日活达 3,729 万,CIBN 酷喵影视日活达到 3,031 万。这些数据表明,互联网电视在疫情期间日益活跃,成为主要传播渠道。

首先,长视频平台成为疫情期间大众追求精神文化需求的重要选择。非疫情期间,人们的日常时间比较碎片化,集中在长视频网站观看的机会较少,对短视频的需求较大。而本次疫情期间,人们长时间宅在家中,碎片化的时间减少,更多的人选择整段时间来观看长视频。在 2020 年 1～2 月期间,爱奇艺、哔哩哔哩、优酷、腾讯等长视频平台的流量呈现出明显的增加趋势。

其次,短视频平台成为疫情期间大众在线学习的新渠道。非疫情期间,短视频平台作为大众消费碎片化时间的重要渠道,主要以提供娱乐性的视频内容为主、其他内容为辅。疫情来临,直接冲击了线下的教育行业,很多培训机构纷纷转战线上。短视频平台一定程度上迎合了这一趋势,增加了更多在线教育、在线医疗内容,利用其入口

---

① 战"疫",近千家媒体机构是如何在线化生产的[EB/OL].(2020-02-24)[2020-09-30].https://baijiahao.baidu.com/s?id=1659371133670323181&wfr=spider&for=pc.

优势和前期积累的用户优势，迅速满足了受众需求，并逐步由“短”变“长”，视频时长不断增加。比如，短视频两大霸主快手和抖音，分别在其主要位置设置在线教育入口：快手侧边栏上线“在家学习”专栏，抖音搜索“在家上课”即可进入专区。①

最后，通过慢直播监督公共事件成为疫情期间的新热点。传统意义上的直播是利用蒙太奇将镜头进行剪辑，或者通过主持人画外音的形式对内容进行讲述，直观地将视频内容传达给受众。与之不同，慢直播则去掉了人为的因素，不需要任何外界的干涉，直接将自然状态的环境或目标展示给大众。相比传统“快直播”以集中式资讯吸引受众注意，“慢直播”吸引受众的是代入感与真实性。疫情期间，中央广播电视总台“央视频”App 客户端“疫情 24 小时”专题页面开启了武汉“火神山”和“雷神山”两家医院建设现场的慢直播，24 小时不间断呈现现场施工实时画面。开通直播不到三天时间，累计访问量超过 2 亿人次。之后又提供了全景 VR 直播，使广大网友化身“云监工”，在线围观、监督施工进展。

三、疫情催生互联网视频产业新形式

（一）“互联网视频＋”获高度肯定，多产业融合成新趋势

2020 年 4 月 20 日，习近平总书记在陕西金米村考察时，充分肯定了网上直播电商作为新兴业态，不仅仅可以推销农副产品、帮助群众脱贫致富，还可以推动乡村振兴。这是疫情之后，“直播＋电商”这种新的产业模式作为精准扶贫重要渠道首次得到中央最高领导人的肯定，充分体现了“互联网视频＋”模式在促进经济回暖、解决供需不对称方面的作用。

“直播＋电商”作为“互联网视频＋”的重要形式，通过视频直播平台，进行现场直播卖货，借助发达的物流网络，打破了传统零售的地域限制，促使消费者从线上认知转化为线下消费，促进了品牌营销，带来了新的经济增长点。目前，电商平台以淘宝、快手、抖音为主，京东、拼多多、有赞等电商平台也开始试水直播。

疫情期间，湖北地区的各种农副产品滞销严重。为了帮助湖北复工复产，中央广播电视总台策划并发起了“我为湖北拼单”活动。2020 年 4 月 6 日晚间，央视主播朱广权和淘宝带货达人李佳琦通过直播间连麦的方式，推广包括热干面、莲藕汤、茶叶在

---

① 在线教育迎来利好，短视频平台战局如何？[EB/OL].(2020-02-20)[2020-09-30].https://www.sohu.com/a/374910145_272185.

内的 16 款湖北农副产品，整场“小朱配琦”公益直播，总计观看人次达 1.22 亿，累计卖出价值 4,014 万元的湖北农副商品。同年 4 月 12 日，央视主播欧阳夏丹携手演员王祖蓝、郑爽、蔡明、十堰市副市长王晓，以及 66 位快手达人，通过多个平台同步直播，助力湖北农副产品销售和复工复产，整场直播累计观看人次达 1.27 亿，交易额达到 6,100 万元。

疫情背景下，特别是在当下加速复工复产复市的进程中，线下零售实体与线上直播平台创新联动，通过打造沉浸式的数字消费体验，优化了电商平台的运营效率和产品供应链，进一步拓宽了生态圈的“互联网视频＋”模式，为精准扶贫提供了新的渠道，也为未来视频产业与农业、工业、航天业融合发展提供了借鉴。

(二)“云首映”颠覆传统院线播映模式，互联网视频平台业务边界进一步得到拓展

近年来，中国传统电影院线跑马圈地，电影票房连年攀升，特别是每年的春节档，更是电影票房的重要贡献期。但是，新冠肺炎疫情的突发，让电影产业遭遇巨大的票房危机。从 2020 年 1 月 24 日开始，为减少人群聚集，避免引发额外风险，《囧妈》《唐人街探案 3》《夺冠》《姜子牙》《熊出没 · 狂野大陆》《紧急救援》等相继宣布退出春节档，这不仅仅打乱了电影上映正常的档期，同时还浪费了之前投入的宣发费用。

业界和学界对于电影能否在互联网视频平台进行首映已有多次讨论，基于版权、观影体验和收入的不确定性，始终没有企业迈出实质性的步伐。本次疫情，彻底关闭了院线播放的大门，很多影视制作公司为此付出了高昂的代价，迫于无奈，只能寻求降低损失的方式。同时，互联网视频平台基于吸引用户和进军长视频领域的需求，开始尝试新的播映模式。

在这种背景下，字节跳动以 6.3 亿元的价格买断了《囧妈》的版权，供其旗下视频平台——抖音、今日头条、西瓜视频、抖音火山版免费播出。时隔不久，字节跳动又收购了由柳岩、大鹏主演的喜剧电影《大赢家》。这些独家的免费资源一经发布，便得到了用户的全力支持，其中《囧妈》在所有互联网视频平台上三日总播放量超过 6 亿，猫眼研究院的数据显示，有 44％的观众涌入“头条、抖音、西瓜视频”进行观影。

院线电影试水互联网视频，不仅仅是模式的创新，更是营销方式的创新。视频企业通过高价购买院线电影，然后免费的模式给用户播放，总体来看是一个颠覆式的革命，为新科技驱动下的“AI＋VR＋电影”打下了坚实的基础。

(三)中短视频平台加速布局,大众视频消费新需求将得到满足

在国内市场,现阶段主要有两类视频运营模式:一种是像爱奇艺、腾讯视频、优酷这一类的长视频,类似于美国的 Netflix;另一种是像抖音、快手这样的小视频,播放长度小于 1 分钟或是几十秒的。这两种类型的视频形式占据了市场的绝大多数份额。在国外,播放时长在 7～20 分钟之间的中短视频是占市场份额最高的一种类型。比如像 YouTube,在全球大部分国家的总时长排名都是居于首位的。

回顾图像与视频的发展史,3G 的普及让图片类应用迅速走红;4G 时代,短视频成为大众消遣碎片化时间的重要选择。在不久的将来,5G 的商用和人工智能的普及,将让中长视频走进大众的视野。目前,爱奇艺正在研发和测试的新产品"随刻"已经进行了视频内测,数据反响较好。"随刻"主要对标的就是 YouTube 这样的产品。同时,新浪微博的"绿洲"也已经过测试,于 2019 年 12 月正式上线。可以预见,本次疫情之后,公众的观看习惯和付费习惯将进一步养成,高品质和有思想的中短视频和长视频将会迎来一轮新的增长周期。

四、疫情常态化背景下的互联网视频行业发展思考

(一)互联网视频产业规模增加,国际市场影响力增大

从本次疫情对互联网视频带来的影响可以看出,互联网视频承载的内容越来越多,国家和社会对"视频化"趋势的支持力度越来越大。这在一定意义上会引导更多的资本、技术以及智力资源向互联网视频产业聚集,从整体上增加了互联网视频产业的规模,凸显了该行业的地位和价值。同时,国内互联网视频相关企业借助本次疫情的机遇,加速布局国际市场,已有企业打开局面朝着全球具有影响力的互联网视频企业发展,这将进一步引导更多国内同行企业开拓国际市场,不断增加国际市场的份额,向全球输出中华文化的影响力。

(二)国民经济各行业主动拥抱互联网视频产业

互联网视频产业在 2018 年国家统计局公布的行业分类标准中,是作为文化及相关产业分类之中互联网信息服务的小类,不管是国家层面还是社会层面,对其重视程度均较弱。非疫情时期,互联网视频技术完全可以支持各种形式的线下活动内容,但

是大众在心理和思想层面仍旧不能够完全接受，习惯于面对面的交流。

新冠肺炎疫情彻底改变了这种观念，各行各业开始主动拥抱互联网视频，疫情期间能够在线上解决的全都转到线上，在互联网线上能够用视频解决的，也更多地采取了视频化的形式。前面提到的"直播＋电商"形式，突破了以往观念的认识，互联网视频为实体经济转型提供了媒介。快手直播助农、抖音战役助农等一系列活动，均在关联传统产业，助力传统业态嫁接互联网基因。此外，直播演化促发内容电商，比拼传统业态与内容创作的创意，通过优质的内容促进运营转化，实现内容、产品和运营的合力，驱动视频内容应用价值的最大化。特别值得一提的是，高校研究生复试和艺术类招生复试都采用了互联网视频直播的形式，更是显示了互联网视频服务各行各业的优势。

（三）视频虚拟现实将逐步实现，互联网视频终端或迎来重大突破

增强现实（AR）、混合现实（MR）和虚拟现实（VR）——统称为扩展现实（XR）[①]，不可否认的是，这些新技术的出现在不同程度上将现实世界和虚拟世界结合在了一起。受疫情的影响，互联网视频技术获得了长足的发展，其从提供娱乐内容转变为支撑医疗服务、会议服务的重要渠道。在这个过程中，国内外顶尖科技公司开始关注并研发更加高清、更加便捷的视频技术，以期更好地为抗击新冠肺炎疫情服务。

受疫情深入的影响，XR应用将加快实现落地，网络视频将拥有更丰富、更沉浸的体验平台，XR的文化娱乐应用将实现新一轮的快速增长。随着5G商用的成熟以及三大运营商的推动，VR应用场景已经完全支持终端无绳化、内容上云、实时渲染计算上云，巨幕影院、游戏、直播、视频等初级网络视频应用的活力将再次得到激发。VR直播在体育赛事、演唱会、秀场直播领域已有过不少试验，且在新闻、会议播报等场景下已实现强势突破。VR观影实现了新的交互模式，技术上所达到的特殊感官体验将改良影视创作、制作与分发。同时，大宽带、云渲染让云游戏体验感逼真、延时更低，实现了游戏版图的再扩张。

可以预测，后疫情时期，伴随着科学技术的整体进步，互联网视频呈现的虚拟现实技术也将加速问世，届时大众使用视频传播渠道和消费互联网视频的模式将发生翻天覆地的变化。

---

① XR：会是下一个机遇吗？［EB/OL］．（2020-05-31）［2020-09-30］．https://www.sohu.com/a/317776697_393832.

新冠肺炎疫情的发生，给 2020 年的经济社会发展增添了许多不确定性。在党中央的坚强领导下，国内疫情得到了控制，复工、复产、复学速度加快。互联网视频行业在经历了疫情影响的变革之后，迎来用户慢增长的稳定期，深耕用户和创新盈利模式成为下一阶段的新探索。我们始终相信，疫情过后，全球经济将逐渐恢复原有秩序，互联网视频产业也将迎来快速发展期，期待"万物皆媒、万物视频化"的时代能够为经济复苏提供更多更强大的动力。

〔刘文杰，中国传媒大学党政办公室副主任；杨垒垒，中国传媒大学国内交流与合作处副处长；周慕超，中国传媒大学文化产业管理学院教师〕

〔特约编辑：涂凌波〕

现阶段主流媒体的智能化内容生产分析*

Intelligentized Content Production in the Mainstream Media on Present Stage

◎ 付海钲　姜　萱

Fu Haizheng　Jiang Xuan

摘要:当下,主流媒体内容生产呈智能化发展趋势。本文以新华社两会智能化内容生产文本特征为例,对现阶段主流媒体的智能化内容生产进行分析;以两会的顺利召开为契机,研究主流媒体集中使用智能化内容生产的现状。本文旨在分析新华社两会智能化内容生产的文本特征分析,以求为主流媒体智能化内容生产的实践提供参考与借鉴。技术的真实与虚拟、智能与协同,叙事的智能化内容生产文本的符号化呈现,内容的专业化、轻量化,以及市场的满足用户多元信息需求这四个方面是本文重点关注的分析方向。

关键词:主流媒体;智能化内容生产;文本特征

Abstract: At present, the content production in the mainstream media presents the trend of intelligence. This article aims at analyzing the present intelligentized content production of mainstream media by taking the text features of two sessions of Xinhua News Agency as an example. Under the background of the extensive usage of intelligentized content production in mainstream media, this paper studies the development of intelligentized content production with the opportunity of two sessions. The purpose of this paper is to provide reference for the practice of intelligentized content production in mainstream media from the analysis on the text characteristics of the intelligentized content production on two sessions of Xinhua news agency. Among them, this paper adopts the

* 本文系教育部人文社会科学重点研究基地重大项目《中国传媒人才体系构建研究》的阶段性研究成果,项目编号:19JJD860001。

method of combining the horizontal and vertical angles analyses in discussion, involving virtual and reality as well as intelligence and synergy of technology, intelligentized symbolic narration of text production, specialized and light-weighted content, and the satisfaction on users' multiple information demanding the market.

Keywords: mainstream media, intelligentized content production, text features

一、新华社两会智能化内容生产

2020年,CTR媒体融合研究院对主流媒体两会报道网络传播效果的评估中,新华社位列中央级媒体网络传播效果榜单前三位。[①] 新华社作为主流媒体,其智能化内容生产处于全球领先水平:2017年12月,新华社在中国新兴媒体产业融合发展大会上发布了中国第一个媒体人工智能平台——"媒体大脑";2018年11月,新华社联合搜狗在第五届世界互联网大会上发布了全球首个合成新闻主播——"AI合成主播"。2019年3月,全球首位AI合成女主播正式上岗。

二、新华社两会智能化内容生产文本特征研究

(一)研究单位

本文的分析单位为新华社客户端2018年、2019年、2020年两会智能化内容生产文本与2020年两会传统报道生产的文本。研究文本的样本量共计36篇。在文本内容方面,涉及新华社"MAGIC"智能生产、基于大数据和人工智能技术的"媒体大脑"生成的MGC(机器生产内容)、AI(人工智能)主播等从智能化采集到播出不同阶段的内容生产。

(二)比较维度

1.纵向比较:2018年7篇、2019年9篇与2020年8篇两会智能化内容生产的文本特征。

---

① CTR:2020年主流媒体两会报道网络传播效果评估报告[EB/OL].(2020-06-05)[2020-09-30].http://www.199it.com/archives/1061300.html.

2.横向比较:24 篇(2018 年 7 篇、2019 年 9 篇、2020 年 8 篇)两会智能化内容生产的文本特征与 2020 年 12 篇类似主题的两会传统内容生产的文本特征。

(三)研究问题

根据研究目的,本文对所选择的共计 36 篇文本进行定量研究与整理。其中,对于 24 篇(2018 年 7 篇、2019 年 9 篇、2020 年 8 篇)两会智能化内容生产文本的特征依据以下指标进行编码与分析(见表 1)。

表 1

报道标题
1. 发布时间
2. 报道话题/内容类型
3. 视频时长
4. 主播语速快慢(与正常主播相比:快+、慢-)【无明显差别则不标明】、是否有较长时间停顿("是"则标 1)【无主播则不标明】
5. 主播性别(通过声音判断:男 1、女 2)【无主播则不标明】
6. 是否出现口语化表达("是"则注明内容,"否"则标 0)【无主播或记者则不标明】
7. 是否出现出镜受访者("是"则标名出镜采访数量,"否"则无须标注)
8. 是否有配乐("是"则标 1,"否"则标 0)
9. 话题是否引申("是"则标 1,"否"则标 0)
10.背景颜色(深色为主+、浅色为主-、深浅均匀搭配则不说明)
11.是否明显体现智能化内容生产(智能化符号)
12.视频下方是否提供完整的文字版("是"则标 1,"否"则标 0)
13.竖屏 1、横屏 0

另外,对于 2020 年 12 篇类似主题的两会传统内容生产文本的特征依据以下指标进行编码与分析(见表 2)。

表 2

报道标题
1. 发布时间
2. 报道话题/内容类型
3. 视频时长
4. 主播是否出镜（“是”则标 1，“否”则标 0）【无主播则不标明】
5. 主播性别（通过声音判断：男 1、女 2）【无主播则不标明】
6. 主播是否出现口语化表达（“是”则注明内容，“否”则标 0）【无主播或记者则不标明】
7. 是否出现出镜受访者同期声（“是”则标名出镜采访数量，“否”则无须标注）
8. 是否有配乐（“是”则标 1，“否”则标 0）
9. 话题是否引申（“是”则注明内容，“否”则标 0）
10.背景颜色（深色为主＋、浅色为主－、深浅均匀搭配则不说明）
11.是否明显体现新媒体编辑思维
12.视频下方是否提供完整的文字版（“是”则标 1，“否”则标 0）
13.竖屏 1、横屏 0

三、新华社两会智能化内容生产比对结果与分析

（一）纵向维度比较：新华社客户端 2018 年、2019 年、2020 年两会智能化内容生产的文本特征

1. 报道话题/内容类型

表 3

报道话题/内容类型						
	热词	概况	工作报告	法案或机构改革	“委员/代表/部长通道”	民生
2018 年	1	0	2	2	2	0
2019 年	0	3	1	1	1	3
2020 年	1	2	1	0	0	4
合计	2	5	4	3	3	7

相同点：总体来看，2018 年、2019 年与 2020 年的两会智能化内容生产文本的报道话题与内容类型数量基本一致（2018 年 7 篇、2019 年 9 篇、2020 年 8 篇），对两会的整

体与部分信息的内容都有涉及。三年都涉及工作报告的内容、2018 年与 2020 年都涉及热词、2019 年与 2020 年都涉及概况等,且整体在数量上差异不明显。

不同点:相较于 2018 年,2019 年和 2020 年的智能化内容生产的文本分别增加了概况类型的内容 3 篇(占 2019 年智能化内容生产文本数量的 33.3%)、2 篇(占 2020 年智能化内容生产文本数量的 25%)与民生相关的内容 3 篇(占 2019 年智能化内容生产文本数量的 33.3%)、4 篇(占 2020 年智能化内容生产文本数量的 50%),减少了法案或机构改革、"委员/代表/部长通道"这两类内容。值得注意的是,从 2019 年开始,"民生"这一话题在智能化内容生产中比重凸显,2019 年有 3 篇(占 2019 年智能化内容生产文本数量的 33.3%),而 2020 年将一半的两会智能化内容生产文本选题放在"民生"这一话题上,智能化内容生产的文本出现了明显的主题侧重。

2. 时间体量

表 4

视频时长						
	1 分钟以内	1~2 分钟(包括 1 分钟)	2~3 分钟(包括 2 分钟)	3~4 分钟(包括 3 分钟)	4~5 分钟(包括 4 分钟)	5 分钟及以上
2018 年	1	1	4	1	0	0
2019 年	2	4	0	3	0	0
2020 年	5	3	0	0	0	0
合计	8	8	4	4	0	0

相同点:2018 年、2019 年与 2020 年的两会智能化内容生产的视频文本在 1 分钟以内、1~2 分钟(包括 1 分钟)均有涉及,且全部短于 4 分钟。

不同点:2018 年的智能化内容生产的视频文本集中出现在 2~3 分钟(包括 2 分钟),共 4 篇,占 2018 年的 57.14%(4/7)。2019 年与 2020 年智能化内容生产的视频文本集中出现在 2 分钟以内。其中,2019 年智能化内容生产的视频文本 1~2 分钟(包括 1 分钟)占大部分,共 4 篇,占 2019 年的 44.4%(4/9)。2020 年智能化内容生产的视频文本 1 分钟以内占大部分,共 5 篇,占 2020 年的 62.5%(5/8);1~2 分钟(包括 1 分钟)共 3 篇,占 2020 年的 37.5%(3/8)。从 2018 年发展到 2020 年,智能化内容生产的视频文本在时间长度上整体趋向于时间体量小的视频发展,长度明显缩短。

3. 主播方面

表 5

主　播					
	有主播：无主播	语速快：慢：正常	有较长时间停顿：无较长时间停顿	（主播性别）男:女	（口语化表达）有:无
2018 年	5：2	0：5：0	0：5	5：0	0：5
2019 年	9：9	0：9：0	0：9	3：6	0：9
2020 年	5：3	0：0：5	5：0	0：5	5：0
合计	19：14	0：14：5	5：14	8：11	5：14

不同点：在有无主播方面，2018 年与 2020 年的文本特征趋于一致，大部分的视频内容中存在主播(2018 年存在主播的视频占总体视频的 5/7，即 71.4%；2020 年存在主播的视频占总体视频的 5/8，即 62.5%)。2018 年、2019 年与 2020 年的两会智能化内容生产的视频文本在主播语速快慢、主播有无较长时间停顿、主播性别与主播有无口语化表达方面形成了鲜明的对比。从纵向趋势来看，首先，主播语速普遍提高，并且与正常人类主播的语速趋于一致。其次，主播明显出现了较长时间的停顿，停顿多出现在展示数据的情况下。2020 年的两会智能化内容生产对用户阅读数据形成了较为强势的设置，即用户必须从视觉上阅读信息，无法从听觉上获取信息。再次，主播性别由 2018 年全部的男性转变为 2020 年全部的女性，性别上向女性倾斜。最后，主播出现了口语化与生活化的表达，更贴近正常人的说话习惯，同时呈现出智能化内容生产文本的严肃主题趣味化发展的趋势。

4.视听效果

表 6

视听效果				
	有配乐：无配乐	（主色调）深：浅：平衡	（完整版文字）有：无	竖屏：横屏
2018 年	2：5	5：0：2	3：4	1：6
2019 年	1：8	2：0：7	2：7	0：9
2020 年	8：0	3：0：5	0：8	3：5
合计	11：13	10：0：14	5：19	4：20

相同点：在视听效果方面，2018 年、2019 年与 2020 年的两会智能化内容生产在视

频文本方面主色调差异较小,均未出现以浅色为主的视频文本。

不同点:2018 年平衡色调占整体的 28.6%(2/7),2019 年平衡色调占整体的 77.8%(7/9),2020 年平衡色调占整体的 62.5%(5/8)。文本色调整体趋于平衡,在智能化内容生产的文本中,对于深浅色的平衡搭配的关注度有显著提高。另外,在智能化内容生产的文本中,配乐程度有所提高,2018 年配乐的视频文本占总文本的 28.6%(2/7),2020 年配乐的视频文本占总文本的 100%(8/8),配乐程度提高了约三倍。然而,在视频下方搭配完整版文字内容的程度有所下降,2018 年配有完整版文字占总体的 42.86%(3/7),2019 年配有完整版文字占总体的 22.2%(2/9),到 2020 年降至 0%(0/8)。在 2020 年的智能化内容生产中,不同形态的文本承担着不同的信息内容,其交集大幅下降。在竖屏与横屏方面,2018 年适合小屏观看(竖屏)的文本占总体的 14.29%(1/7),2020 年适合小屏观看(竖屏)的文本占总体的 37.5%(3/8)。智能化的内容生产提供了越来越均衡的用户观看方式。

(二)横向维度比较:新华社客户端两会智能化内容生产与传统内容生产的文本特征

1. 智能化内容生产文本的时间体量小,呈"轻量化"发展趋势

表 7

视频时长						
	1 分钟以内	1～2 分钟(包括 1 分钟)	2～3 分钟(包括 2 分钟)	3～4 分钟(包括 3 分钟)	4～5 分钟(包括 4 分钟)	5 分钟及以上
智能化内容生产	8	8	4	4	0	0
传统内容生产	0	1	7	1	0	3
比例	8∶0	8∶1	4∶7	4∶1	1∶1	0∶3

相同点:智能化内容生产与传统内容生产的视频文本在 4～5 分钟(包括 4 分钟)时间段无差异。

不同点:差异最明显的时间段为 1 分钟以内的视频文本,智能化内容生产的 1 分钟以内的视频文本占总体的 33.33%(8/24),传统内容生产的 1 分钟以内的视频文本占总体的 0%(0/12)。

分析:传统内容生产的文本通常在原本主题上进行引申,例如在 2020 年 5 月 27

日的《两会记者观察|第三次委员通道采访热点梳理》中，抒发了“隔空采访，民生温度不减；接触与否，人民情怀依旧”的议论。2020 年 5 月 28 日的《新华社记者带你盘点 2020 年全国两会》的结语部分引用了被采访者富有激情的议论：“每一个不凡的中国成就背后，都是因为有着十四亿平凡而又伟大的人。”而在我们所研究的 15 篇智能化内容生产文本中，均未发现对于话题进行引申或主题升华的内容。

2.智能化内容生产文本信息形态分工逐渐明确，用户信息获取途径更清晰

表 8

	（完整版文字）有：无	有完整版文字的主题	无完整版文字的主题
智能化内容生产	5：19	工作报告、法案或机构改革	热词、“委员/代表/部长通道”
传统内容生产	0：0	无	热词、概况、工作报告、法案或机构改革、“委员通道”、“代表通道”、民生

不同点：不同于传统内容生产，智能化内容生产的文本在工作报告、法案或机构改革的话题内容中采用了视频版与文字版的文本同时提供完整版的内容。

分析：在智能化内容生产中，其生产初期由于生产者对于用户是否能够完全理解内容存在不确定性，因而采取了用户单纯阅读文字也可以获得完整信息的处理方式。媒介技术的发展普遍存在过渡性，通过用户熟悉的使用习惯逐渐地将智能化生产方式引入，智能化内容生产向成熟的传统生产模式发展，逐渐形成不同形态的角色分工模式，避免信息冗余，促进多元信息形态的文本相互补充。在本文所选择的样本中，文字部分主要承担背景信息介绍与详细信息解释的作用，视频部分为重点内容说明。

3.智能化内容生产文本的严肃主题的亲民化、趣味化呈现

表 9

视听效果					
		配乐	完整版文字	竖屏：横屏	口语化表达
智能化内容生产	2018 年	有：无=2：5	有：无=3：4	1：6	有：无=0：5
	2019 年	有：无=1：8	有：无=2：7	0：9	有：无=0：9
	2020 年	有：无=8：0	有：无=0：8	3：5	有：无=4：1
	合计	有：无=11：13	有：无=5：19	4：20	有：无=4：15
传统内容生产		有：无=3：1	有：无=0：12	0：12	有：无=2：8

不同点：智能化内容生产的文本中存在针对竖屏观看的视频内容，在2018年与2020年两会智能化内容生产的文本中，竖屏视频共有4部，占总体的16.67%(4/24)，分别是：2018年3月10日的《AI视野|第二场“代表通道”看这里!》、2020年5月22日的《AI数读两会|2019中国成绩单》、2020年5月23日的《AI数读两会|2020年主要工作和目标》与2020年5月28日的《AI数读两会|降！降！降》。而类似主题的传统内容生产并未出现竖版视频。

另外，在主播的口语化表达方面，传统内容生产的视频文本中，口语化表达更频繁，占总体的20%(1/5，除去无主播的情况)。在智能化内容生产的视频文本中，主播的口语化表达仅占总体的16.67%(4/24，除去无主播的情况)，分别为：2020年5月23日的《AI数读两会|2020年主要工作和目标》、2020年5月25日的《AI数读两会|2020脱贫攻坚决胜年》、2020年5月27日的《AI数读两会|2020年就业优先政策要全面强化》与2020年5月28日的《AI数读两会|降！降！降》。

分析：相较于传统内容生产，智能化内容生产更注重文本呈现形态的多元化，并且越来越注重内容表达方式的贴近性。口语化的表达普遍出现在开场的问候语中，如“很高兴又和大家见面了”“我是小艾，我又来了”“又见面了”“很高兴又和大家见面

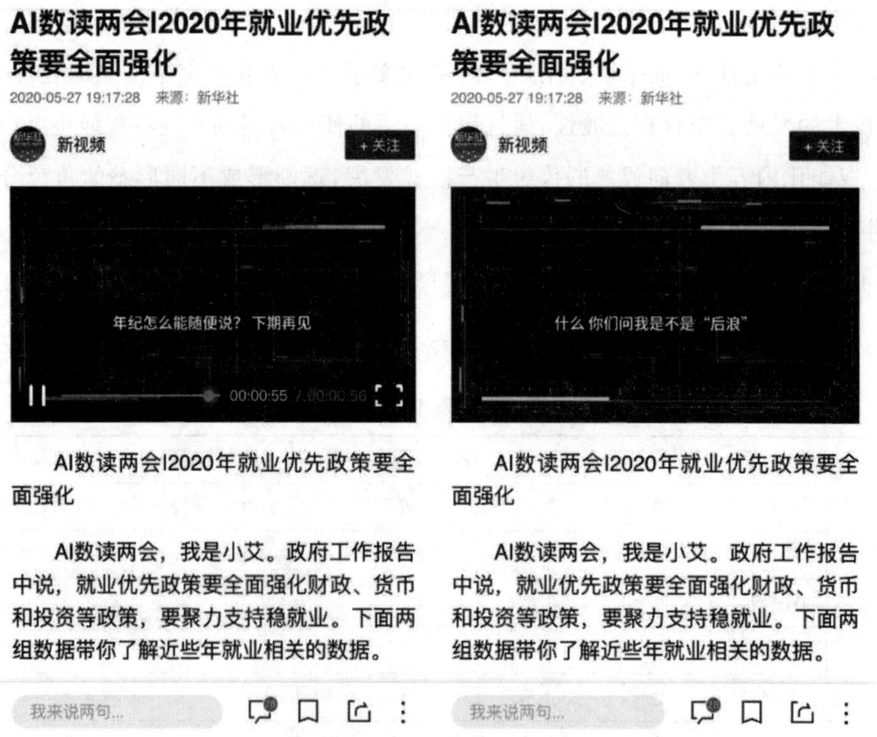

图1　图源客户端截屏：智能化内容生产亲民的口语化表达

了”;引入话题,如“我们来聊聊……”“话不多说”(其中“话不多说”的出现频率最高,几乎成为智能主播的“口头禅”);对于智能内容生产的强调,如“我是智能主播,所以不会说错”。值得注意的是,智能化内容生产的文本中加入了社交媒体上新晋的流行词,例如在2020年5月27日的《AI数读两会2020年就业优先政策要全面强化》中,主播接连说出“后浪们”与“什么,你们问我是不是‘后浪’,年纪怎么能随便说”这样的网络流行语。日常化的语言与互动性、趣味性的话语表达方式,将两会严肃的主题内容进行了“软化”的文本编辑。

(三)存在的问题

表10

24篇智能化内容生产(智能化符号的体现)		
方式	次数	文本内容示例
大数据与云计算	9	报道篇数统计与影响力分析(转载量、全网访问量)、近五年报告高频词对比、报告表述对比、人口变化、脱贫率、近年相关政策力度数据比较等
视觉画面提示	3	“AI延展”文本框说明人物信息、“AI延展”文本框说明相关话题信息、对画面内容进行辨别,如显示箭头符号等
听觉主播提示	2	“媒体大脑注意到……”“媒体大脑为你聚焦……”

从智能化内容生产的文本特征方面来看,我们无法明显感知到智能化技术的优势。智能化技术的运用日益广泛,例如,借助大数据与数据可视化的手段展示数据的变化、利用云计算总结热词等,普遍在传统内容生产的文本中得到使用。

与此同时,传统内容生产体现出的新媒体编辑思维符合当下短视频的用户体验,例如,借助丰富的音效(如2020年5月24日的《C位热词看报告丨思客数理话》中的掌声、骑车鸣笛声等)、数据可视化、双屏视频内容交互(如2020年5月24日的《代表委员在线谈丨做好疫情“加试题” 决战决胜脱贫攻坚》在采访对象发表观点时,画面同时匹配相关事件)、情感累积(如2020年5月28日的《两会观察|2020两会热词,“拼”出啥样未来?》的结尾部分密集出现三位政协委员与人大代表的发言,与最后异口同声发出“我们一起行,中国一定行”的展望,累积情绪高潮)、转换文本叙事视角(如2020年5月29日的《代表委员这么看|全国人大代表李君:努力的人不会穷,也不应该穷》采用Vlog第一人称的形式展现代表委员的观点),等等。

因此,相较而言,新华社两会智能化内容生产对于能否通过鲜明的文本特征将“智

图 2　图源客户端截屏:多屏画面切换与双屏视频内容交互

图 3　图源客户端截屏:Vlog 第一人称的形式

能化”展现出来有待商榷,目前分辨是否为智能化内容生产的文本需根据文本内容的标题、AI 主播的语言或画面符号等进行提示。在强化文本特征方面,智能化内容生产还有一定的提升空间。

另外,智能化内容生产的视频中存在大段发言视频段落,信息密度低,例如 2019 年 3 月 6 日的《新小萌上两会丨何立峰:我国供给侧结构性改革取得新的更大进展》、2019 年 3 月 12 日的《新小萌上两会丨刘贵祥:努力向切实“解决执行难”迈进》和《新小萌上两会|张建龙:国土绿化取得显著成绩》、2019 年 3 月 15 日的《新小萌上两会丨第十三届全国人民代表大会第二次会议闭幕》。整体报道结构较为失衡,信息传达力度略显欠缺。

四、结论:主流媒体智能化内容生产的文本特征及发展趋势

(一)技术:真实与虚拟、智能与协同

保罗·莱文森提出的媒介进化的“人性化趋势理论”,体现在新华社近两年的两会

智能化内容生产的文本变化之中:“AI 合成主播”的轻重音、声调、情绪表达等与人类主播的口语表达差异不断缩小,提升了用户观看的真实感与舒适度,逐渐靠近用户感官生理和谐的状态。在拟人化方面,智能化的内容生产向传统的内容生产靠拢,体现出人性化发展趋势。

智能化的内容生产将社会发展的现阶段成果与状态有机融合到生产中,并且与用户的审美、价值观和社会现象紧密契合。例如,新华社两会智能化内容生产的视频文本中,主播性别趋于均衡,女性充当信息传递者的角色比重呈现明显的上升趋势。这种女性角色(女性主播)参与程度的提高与当下性别平等的社会共识、女性力量崛起的社会现象相吻合,智能化内容生产在一定程度上反映出当前社会发展现状。

因此,智能化内容生产不仅在技术方面形成智能化发展,而且在文化与意识形态方面也在进行智能化协同生产,产生“智能化”的物质与意识统一的内容样态。

(二)叙事:智能化内容生产文本的符号化呈现

从文本特征的层面来看,目前,智能化内容生产在其文本表现形式上较为单一,且无法与相关内容进行有效的良好互动,其优势在生产流程中的体现更为明显。但是,通过对比新华社近两年的两会智能化内容生产的文本可以发现,智能化内容生产的文本符号化呈现出成熟化与自然化的发展趋势。

达德利·安德鲁(1984)指出:“类型是为合适的消费品设置了合适的观众,它们引发了需求,继而满足了需求。”[①]新华社两会智能化内容生产的文本中逐渐建立起较为系统的符号化模块,通过系列内容的文本生产,形成矩阵化的呈现形态。例如 2018 年推出“AI 视野”、2020 年推出“AI 数读”,标签化的文本生产分类方式可以简化用户获取信息的路径,设计用户的“识别点”,降低用户的使用门槛,提高便捷性。

同时,类型化的智能化内容生产文本可以固化用户的使用习惯:通过逐渐鲜明的符号化文本呈现引导用户的需求,并且借助系列文本的方式强化相关内容,激发用户的获取欲望,从而将智能化内容生产的文本与用户的需求相匹配。因此,智能化内容生产文本的符号化呈现是智能化内容生产主动获取用户、开拓市场的重要方式,也是未来打破用户群体圈层的主要途径之一。

---

① DUDLEY A. Film in the aura of art[M].Princeton:Princeton University Press, 1984.110.

(三)内容:专业化、轻量化

专业化、轻量化的文本发展趋势有利于形成智能化内容生产文本传播阶段中强黏性、强互动的优势。

智能化内容生产在文本特征层面,越来越注重多元文本信息形态的明确分工与视觉内容的平衡设置。不同的文本信息形态在构建用户接收信息方面的作用各异,例如文字媒介能提供“联想的空间与自由的想象”。[①] 文本信息形态的区别化发展体现出文本内容的专业化的分化趋势:文字与视频、视频与音频等分别承担不同的信息传递功能。

除了文本内部信息形态的专业化分化发展外,文本主题同样呈现出专业化发展趋势。例如,2020 年新华社两会智能化内容生产的文本话题中有一半与“民生”相关,文本内容的主题选择出现了明显的侧重。在两会的所有话题中,“民生”与用户的相关性较高,因此其文本的“社交属性”有利于吸引用户,并且较容易引发用户后期持续关注,形成使用黏性。同时,智能化内容生产文本对于同一主题的内容进行连续性生产,逐渐形成自身文本层面专业化的竞争力。

另外,在智能化内容生产文本的专业化发展之余,智能化内容生产的文本时间呈“轻量化”发展趋势。单篇智能化内容生产的文本体量整体小于传统内容生产的文本,而由其组建形成的系列文本趋向于扁平化的结构生产,与用户的浅阅读习惯相匹配。体量小的智能化内容生产文本与竖屏的文本形式相匹配,有利于在移动端进行小屏观看,并且在社交媒体上进行广泛传播。

(四)市场:满足用户多元信息需求

J.C.梅里尔等人在《媒介、讯息与人的新视角》中将媒介的发展划分为三个阶段,其中最后一个阶段为满足社会个性化需求的“专业媒体”。[②] 从这个角度来看,智能化内容生产的文本提供严肃主题趣味化、亲民化的呈现样态是“专业媒体”发展阶段的初期表现之一。例如,新华社两会智能化内容生产的文本借助日常化的语言与互动性、趣味性的话语表达方式,阐述了两会严肃的主题内容,不仅满足了大部分用户的需求,而且引发了用户的情感共鸣,提高了参与感。

---

① 德弗勒,丹尼斯.大众传播通论[M].颜建军,等译.北京:华夏出版社,1989:420-421.

② 李彬.传播学引论[M].北京:高等教育出版社,2013:161-162.

未来，这种满足用户多元信息需求的个性化文本生产方式或许还可以推动主流媒体智能化内容生产收费模式的发展。

〔付海钲，中国传媒大学新闻传播学部电视学院教师；姜萱，中国传媒大学电视学院 2017 级编辑出版学(新媒体方向)硕士研究生〕

〔特约编辑：付晓光〕

多形态共存和市场化探索:网生纪录片发展现状探析

Various Forms and Market-oriented Exploration: An Analysis of the Development of Web-based Documentary

◎李　昉　张心洁

Li Fang　Zhang Xinjie

摘要:2019年,受宏观经济形势的影响,纪录片产业发展势头放缓,纪录电影票房遭遇大滑坡,电视纪录片的主导地位也受到一定冲击。与之相对,新媒体纪录片却呈现出较好的发展势头,国内网络视频平台自制纪录片的数量较2018年呈现出较高的增长趋势。本文将通过对我国纪录片发展脉络的简单回顾和对腾讯视频、哔哩哔哩、优酷视频等头部网络视频平台自制的网生纪录片内容及策略进行分析总结,探究新媒体时代网生纪录片作为宣传品、作品和产品的多重属性,及其以市场为导向、多样化形式探索的发展特征。

关键词:纪录片创作;市场化;新媒体

Abstract:In 2019, the growth of documentary industry in China slowed down affected by the economic situation. In contrast, new media documentaries maintained a good momentum of development that the number of web-based documentaries on domestic online video platforms shows a higher growth trend than that in 2018. Streaming platforms are not only act as a way of distribution for documentaries, but also taking an active role in content production. As a new form of documentary, the web-based documentary is more market-oriented with various forms of storytelling, which promote development of China's documentary industry.

Keywords: documentary filmmaking, marketization, new media

据《中国纪录片发展研究报告(2020)》不完全统计,2019年中国纪录片生产总投入为50.36亿元,同比增长9.4%,年生产总值约66.60亿元,同比增长3.3%,增幅为近

10 年来最低值。新媒体对纪录片生产总量贡献加大，成为影响纪录片播出格局的最大变量。① 报告指出，2019 年，新媒体机构纪录片产能达到史无前例的新高度：优酷原创纪录片 260 个小时，占播出总量 35%；腾讯视频自制纪录片 23 部，约占全年新上线项目 1/3；哔哩哔哩出品并上线纪录片 16 部，合计 55.6 小时；爱奇艺自制加联合出品纪录片 15 部。② 可见，在宏观经济和整体发展形势放缓的大环境下，新媒体纪录片逆流而上，依旧保持着良好的增长态势。

本文探讨的"网生纪录片"，指的是网络视频平台作为投资或制作主体，用于平台播出，面向互联网用户的纪录片。各大网络视频平台相继经历了建立纪录片频道、购买内容，再到自制内容的几个阶段的变化。平台针对纪录片的投入和参与程度日渐提升，资本的注入为网生纪录片的发展提供了更多可能。

网生纪录片的出现与发展，与当今视听内容属性与分发平台多样化的背景密不可分，其运营模式和内容呈现方式相较其他类型的纪录片存在明显的差异。

一、多属性交织、多平台共进——新媒体时代的中国纪录片

胡智锋教授在《中国电视内容生产的潮流与趋势》学术报告中指出，根据电视内容的功能及属性不同，中国电视节目自从 1958 年以来，相继经历了宣传品时代、作品时代和产品时代三个阶段。我国纪录片的发展也经历了同样的变化。

早期中国纪录片主要为电视纪录片。1958 年电视节目开播，电视纪录片成为电视节目的重要内容。受到苏联"形象化政论"观念的影响，这一时期的纪录片有着鲜明的宣传品属性。

从 20 世纪 80 年代开始，电视进入千家万户，纪录片的作品时代也随之到来，纪录片的艺术性开始得到关注。《龙脊》《沙与海》《望长城》等扎根人民生活的作品，均在这个时代产生。20 世纪 80 年代末到 90 年代初期，"新纪录运动"出现，个人作品中以反叛旧的意识形态权威为标志的政治性立场逐渐淡化；进入 90 年代中后期，伴随着 DV 的兴起，纪录片开始了多元化发展的趋势。③ 以《流浪北京》《我毕业了》《阴阳》等为代

---

① 刘阳.《中国纪录片发展研究报告二〇二〇》发布，新媒体改变纪录片播出格局[N/OL].人民日报.(2020-04-20)[2020-04-22]. http://paper.people.com.cn/rmrb/html/2020-04/20/nw.D110000renmrb_20200420_2-13.htm.

② 白瀛.新媒体重塑中国纪录片产业版图[EB/OL].(2020-04-19)[2020-04-22]. http://www.xinhuanet.com/culture/2020-04/19/c_1125876207.htm.

③ 吕新雨.新纪录运动的力与痛[J].读书，2006(5)：12-22.

表的“新纪录片”打开了纪录片创作“自下而上”的新语态和民间资本投资的新模式,在特定群体内已初见影响力,并且在世界电影节上崭露头角。

21世纪以来,随着我国整体经济市场化程度的加深,我国纪录片也开始进入产品时代,具有了明显的商品化倾向。2009年,原国家广电总局颁布了《关于认真做好广播电视制播分离改革的意见》,中央电视台、上海文广新闻传媒集团、湖南卫视等传统媒体开始大规模进行电视节目的制播分离的改革。制播分离为商业纪录片提供了更广阔的发展空间,民营公司更多地参与到了电视纪录片的创作中,纪录片的商品属性得到了强化。

从2015年开始,陆续有纪录片走入院线。2017年,纪录片《二十二》获得1.7亿票房,开创了中国纪录电影票房破亿的纪录,取得全球纪录片票房冠军,其内容和题材引发社会各界的关注和探讨,成为现象级纪录片。① 此后每年也会有诸如《生活万岁》《四个春天》等较为热门的纪录电影上映,纪录电影的市场大门正在逐渐被打开。

与此同时,随着流媒体技术的发展,各大网络视频平台的付费用户纷纷过亿。流媒体平台开始从引进内容到参与纪录片出品、制作与发行的全过程。平台方逐渐承担起了过去电视台的角色,这一方面体现在制播过程中的影片投资和决策过程中的角色与地位,一方面体现在其所拥有的相当可观的观众基数。

如今,电视纪录片、纪录电影、新媒体纪录片等形态并存,纪录片的制作主体也呈现出多样化的特点:电视台、国家机构、民营公司、网络视频平台、独立纪录片的制作人等均成为纪录片的生产者。同时,纪录片品类之间的结合更加紧密,宣传品、作品、商品的三种属性交织存在;播放渠道也被拓展,电视、院线、新媒体平台三种传播渠道并行发展。网生纪录片作为一种依托于新媒体平台的纪录片,拥有更精准的定位,其宣传品的属性被大大削弱,作品属性明显,商品属性则成为最显著的导向,成为纪录片产业中越来越重要的组成部分。

二、乘“风”而起——网生纪录片的发展历程

2009年,搜狐网纪录片频道上线,借着中国互联网发展的东风,纪录片与网络的结合成为新趋势。各大网络视频平台纷纷建立纪录片专区,作为播出平台,引进了大量国内外纪录片节目。2011年,搜狐上线的自制纪实栏目《大视野》,被认为是国内网

---

① 吴晓东.中国纪录片“院线时代”到来了吗[N/OL].中国青年报.(2018-04-24)[2020-04-15]. http://zqb.cyol.com/html/2018-04/24/nw.D110000zgqnb_20180424_3-08.htm.

络自制纪录片的起点。同年，搜狐网、爱奇艺等头部流媒体平台推出收费专区和会员模式，开始探索平台运营的新模式。

随着中国网络视频行业的整合与发展，从 2014 年开始，视频播放平台集中程度提高，基本形成了以 BAT 为代表的爱奇艺、优酷、腾讯三足鼎立的市场格局。主要网络视频平台的付费用户数都有了较大规模的增长，让纪录片进入到付费时代。[①] 2015 年，网络视频平台加大了对纪实内容行业的投入，总投资超过 2 亿，相较 2014 年的大约 6000 万，同比增长 233% 。但电视台依然是纪录片最重要的传播渠道，占据全行业 72% 的市场份额。据不完全统计，截至 2016 年初，网络浏览量过亿的中国纪录片超过 9 部[②]，《舌尖上的中国》两季全网点击更是突破了 5 亿。尽管五年后的今天，纪录片点击破亿都不再是新鲜事，但这个数据着实体现了一些变化：一方面，观众的观看喜好和结构发生了变化，纪录片受众已逐渐被培养起来；另一方面，一直不太为市场看好的纪录片的商业价值也逐渐显现，各大平台方纷纷开始出品自制纪录片。

从 2014 年到 2018 年，中国纪录片投入规模由 19.2 亿元上升至 46 亿元，网络视频平台在纪录片产业总投入规模的占比从 3%增长到 24%[③]，网络视频平台成为仅次于电视台的第二大投资主体。2018 年，全网纪录片视频点击量过亿的作品共有 9 部，其中 5 部为平台自制，位居榜首的美食纪录片《风味人间》更是收获了 10.7 亿次点击。[④]

2019 年，纪录片产业整体增长趋势有放缓迹象，但《中国纪录片发展研究报告(2020)》指出，2019 年国内新媒体对纪录片总投入约 13 亿元，同比增长 18.2%[⑤]，在电视台总投入同比基本持平、院线电影总收入“大滑坡”的情况下，仍保持着较高的增长量。对于以腾讯视频、哔哩哔哩、优酷视频为代表的网络视频平台而言，自制纪录片已经成为常态。同时，版权购买、用户原创等已有模式，仍是网络视频平台内容产出的重要组成部分。

---

① 杨海涛.融媒体时代下纪录片的发展和变革[J].吉林艺术学院学报，2018(1)：24-27.

② 张同道.2016 年中国纪录片发展研究报告[J].现代传播(中国传媒大学学报)，2017，39(4)：106-110.

③④ 艾瑞咨询，2019 年中国纪录片产业研究报告[EB/OL]. 2019-10-12.[2020-04-27] http://report.iresearch.cn/report_pdf.aspx? id=3448.

⑤ 刘阳.《中国纪录片发展研究报告二〇二〇》发布，新媒体改变纪录片播出格局[N/OL].人民日报.(2020-04-20)[2020-04-22]. http://paper.people.com.cn/rmrb/html/2020-04/20/nw.D110000renmrb_20200420_2-13.htm.

三、以市场为导向,多样化形式探索——网生纪录片发展现状探究

(一)鲜明的市场化特征

媒介受众的分化和细分已成为近来最重要的发展趋势之一。我们正在从受众时代进入到可寻址的/可访问的多媒体用户时代,“受众”一词为“用户”一词所取代,后者指的是更积极主动的公众,他们能够且愿意通过遥控装置进行对话或设置扫描仪程序,从成百上千条可供选择的信息、教育项目、娱乐项目中做出选择,甚至可以与其中一些进行互动或对它们作出修改。[①]

网生纪录片作为一种互联网产品,其商品属性和经济效益成为重要的评价指标,其决策过程中的思维方式深受市场特性和互联网模式的影响,用户思维与产品思维成为其指导思路。在当前的互联网经济形势中,网生纪录片与其他互联网产品一样,视听内容的评价指标被平台以算法量化,其商业价值与量化结果直接挂钩。具体到对网生纪录片的评价中,平台多采用点击量、拉新数量等方式,量化投入产出比。为了充分发挥商业价值,受众市场得到充分重视,因而产生了受众细分与内容垂直、系列化、IP化、不同平台方向差异化等特征,以在激烈的平台竞争中获得更高的点击量和拉新数量,持续保有平台的影响力和经济效益。

1.市场更细分、内容更垂直

分众理论认为“分属于不同社会群体的受众个人,对大众传播有不同的需求和反应;在大众传播面前,受众并不是完全被动的存在,他们在媒体接触、内容选择、接触和理解上有着某种自主性和能动性(active audience)”[②]。在日益扩大的纪录片市场中,根据受众需求的差异性和相似性,受众和内容的“细分”成为一个显著的趋势。受众,即观看网生纪录片的用户,被给予了空前的重视,通过大数据而生成的用户画像,是各大网络视频平台制定运营策略的重要参考。同时,纪录片作为一种内容类产品,对用户黏性的需求较大,因而各大网络视频平台更会制定针对垂直领域和细分人群的策略。

随着新媒介的产生,受众 segmentation(细分)和 fragmentation(分化)的趋势已

---

① 布莱克,布莱恩特,汤普森.大众传播通论[M].张咏华,译.上海:复旦大学出版社,2009:27.

② 郭庆光.传播学教程[M].北京:中国人民大学出版社,2011:161.

经初具形态。[①] 美国著名市场学者温德尔·斯密在20世纪50年代中期提出了"市场细分"这一概念。顾名思义,市场细分就是把市场由大划小的过程。这一过程,是产品提供者致力于分析和确认顾客及其需求差别,寻找和挖掘存在的某些共同或相关因素,分割实际上存在着差异的整理市场,整合具有同质需求的消费者为细分市场的过程。其实质,是按照消费者的不同需求来划分消费群。[②]

腾讯视频的数据显示,目前其纪录片观众70%是18岁到29岁的年轻人;爱奇艺平台纪录片的观看人群中,19岁至30岁的用户占比超过50%,18岁以下的用户占比达14%;据哔哩哔哩申请上市的招股书显示,其用户中有81.7%出生于1990年至2009年之间。[③] 可见,网络纪录片受众的最大特点就是年轻化。从人口结构角度的受众细分来看,年轻的受众成员(比如那些年龄在18—49岁之间的受众)通常比年龄更大的受众更有价值。[④] 年轻人对新鲜事物的接受程度高,更习惯于小屏传播,拒绝单向、说教式的引导,喜欢有交互、快节奏的内容……基于这些特点,为迎合受众需要,网生纪录片在形态和内容上的尝试也更加丰富大胆。

在市场思维中,对传播的有效性和受众经验"品质"的讲究,被摆在次要位置;让受众参与更广泛的公共领域的活动,这个问题的重要性同样也被降低。[⑤]对于网生纪录片而言,商业价值的开发是关键,迎合受众和市场显得至关重要。先前《舌尖上的中国》《我在故宫修文物》等电视纪录片在互联网上的广泛传播与好评,肯定了美食与历史文化类题材纪录片的市场潜力,在这之后的几年,不断有类似题材的优质纪录片产出。2018年新开播的热门纪录片中,只有三部是美食题材,但这却占据了热门纪录片45.6%的点击量[⑥],几乎是排名第二的五部生活观察类纪录片总点击量的三倍。在同一垂类下的深入开发,也成为网生纪录片题材选择的趋势。

在此基础上,已经出现热门垂类下的作品"扎堆"的"同质化"倾向,各个平台也在积极从不同角度、以不同形式进行着对同一题材的探索。以持续受到关注的美食题材为例,较早的作品,如2018年的《风味人间》和《人生一串》均是围绕每集的主题,以食物自身为线索划分段落,通过对各地特色餐厅小店的拍摄,讲述不同地点、不同的人,

---

① 麦奎尔.受众分析[M].刘燕南,等译.北京:中国人民大学出版社,2006:13.

② 孙选中,等.市场营销管理[M].北京:中国政法大学出版社,1996:12.

③ 彭侃,李杨.网生纪录片崛起的背后[N/OL].中国文化报.(2020-01-13)[2020-04-10].http://www.sohu.com/a/366470211_114731.

④ 南波利,李积银.受众经济学:传媒机构与受众市场[M].北京:清华大学出版社,2007:74.

⑤ 麦奎尔.受众分析[M].刘燕南,等译.北京:中国人民大学出版社,2006:12.

⑥ 何苏六,黄衍华,赵曦,韩飞,李宁.中国纪录片发展报告(2019)[M].北京:社会科学文献出版社,2020:52.

与食物共通的情感。2019年腾讯视频制作的《奶奶最懂得》则更接近纪实真人秀的形态,一集一省,关注"奶奶"们手工制作的各种食物,由西方面孔的主角贯穿始终,直接进入奶奶家中,不光看奶奶做菜、学奶奶做菜,更是会用西方的一些烹饪方法为奶奶做一餐,观察与参与结合、中西文化结合,讲述了很多或动人或有趣的故事。同样2019年优酷视频出品的《大地私宴》,在形态上则更接近个人纪录片,从厨师的视角出发,以6位厨师为主角,用两集的时间,随他们到访各地,讲述他们个人的故事,关注他们个人在美食与生活上的探索。可见,在利用热门题材流量优势和受众基础的前提下,为了持续保持内容的吸引力,基于影片概念、形态和呈现方式等方面的创新是重中之重。只有发掘出新的话题点和趣味点,才能使各平台出品的纪录片呈现出显著的差异性,在激烈的市场竞争中占据一席之地。

2.系列片为主,IP化发展,服务于平台用户黏性

如今,网生纪录片市场已初具规模,视频平台参与到纪录片投资出品、内容创作、发行的各个环节,从通过自制内容吸引注意力资源到完成平台自身影响力的提升。相比于电视播出和院线发行,网生纪录片作为互联网经济时代的产物,产品迭代更加迅速,更新周期短、限制更少,爆款产生后可以迅速复制成功模式,为系列化、IP化提供了最便利的条件。

网生纪录片作为互联网视频平台的一款产品,需要服务于平台用户的保持与增长,因此在结构形态上,以系列片为主,优质内容多季播出。系列片有了第一季的成功经验后,摄制上的很多模式都可以直接借鉴。第一季奠定的良好口碑与观众基础,可以直接为第二季造势,热门影片的第二季往往众望所归。《人生一串》《早餐中国》《历史那些事》等现象级网生纪录片已播出两季,《风味人间》第二季也即将上线。然而,很多网生纪录片的第二季、第三季虽然也收获了不俗的点击量和评价,但口碑往往难以与第一季匹敌。可见,观众的审美情趣和需求也在随着越来越多的观影和文化熏陶而日益提高,对后续作品的期待值转换为评价标准,这对系列片的持续创新、保持竞争力提出了新的要求。

除了将受欢迎的作品做成多季播出的品牌产品外,优势项目IP化也是网生纪录片的发展趋势。我们所谓的IP,前面其实隐含了一个修饰词,它指的是一个"有影响力""有价值"的知识产权。[①] 充分利用优质项目的IP效应,通过衍生作品的推广,维持热度和口碑,为平台用户黏性的保持提供了可能。其中最有代表性的就是腾讯视频

① 尹鸿,王旭东,陈洪伟,等.IP转换兴起的原因、现状及未来发展趋势[J].当代电影,2015(9):22-29.

的“风味”系列，系列长片《风味人间》注重人、地、食之间的联系，以电影化的语言高水准呈现颇具人情味的美食；谈话类综艺《风味实验室》则是以棚拍的形式，将厨房搬进演播室，导演陈晓卿与嘉宾们用口语化的方式，畅谈食物背后的故事和对于食物的见解；系列短视频《风味原产地》以地域为线索，以短视频的形式，重点呈现一种特色食材或烹饪方式与这个地方的联系。通过寻找不同侧重点，三个系列有机结合，让“风味”IP深入人心。

同时，各个平台纷纷尝试纪录片与电影、电视剧、综艺的结合，使纪录片作为IP发行中的一环，既受益于原有IP的受众基础，又能反作用于原有作品，增添维度，保持热度，扩大整个系列的影响力。

此外，国外IP本土化也是网生纪录片拓展的新方向。《纪实72小时（中国版）》《被点亮的星球》等网生纪录片借助国外优质作品的成功经验，与本土特色相结合，呈现出不同于原系列的精品之作。

如今，各大平台针对日益变化的市场，以大数据为基础，以成功案例为经验，以IP化为形式，不断产出定制化、风格化内容，为纪录片带来了内容上的调整与形式上的创新。同时，纪录片受众市场进一步被培养起来，而特定平台的优质作品所附带的“爆款”标签，也为其平台用户黏性的增加、影响力扩大起到了重要作用。

3.探索平台特色，发展策略差异化

2018年以来，各大网络视频平台纷纷签约纪录片头部从业者，“平台＋工作室”的合作模式成为热门趋势，年轻化内容得到重视，国际合作也完成了由成片引进向共同开发的转变，头部平台纷纷与BBC、Discovery、NHK等著名纪录片厂牌开展深度合作、联合出品。各平台网生纪录片的制作方通常不是庞大、固定的制作团队，合作、投资、购买的方式还是居多。这就意味着平台自制内容难以形成稳定的风格与特色，观众跟着内容跑。因此，各大网络视频平台也纷纷基于自身定位和资源基础，在纪录片频道的整体规划上力图有所差异。

腾讯视频纪录片频道逐步确立了“2＋2”的品类战略思路——打开“生活方式”与“潮流文化”两大年轻鲜活的品类，并让自然科学、人文历史与社会现实等传统品类焕发新意。[①] 腾讯视频更是与陈晓卿、日本NHK电视台、BBC Studio等强强联手，《风味人间》10.7亿的点击纪录、《纪实72小时（中国版）》的新尝试均出自腾讯视频之手。同时，腾讯系列产品的矩阵化传播优势，为全方位打造有影响力的纪录片品牌服务。

---

① 何苏六，黄衍华，赵曦，韩飞，李宁.中国纪录片发展报告(2019)[M].北京：社会科学文献出版社.2020：52.

2019年初,哔哩哔哩正式成立了哔哩哔哩纪录片出品部,同海内外众多知名纪录片厂牌达成合作。仅2019年,哔哩哔哩就主导出品了16部优质的头部纪录片,涵盖了人文历史、自然地理、科技、美食、旅行、萌宠等多种类型。[①] 哔哩哔哩作为目前国内最受欢迎的弹幕网站,已经有非常深厚的社群基础,为年轻化、二次元的内容开发提供了土壤,因此,在纪录片风格上作出了很多独到的探索,在题材选择上也更加"接地气"。《历史那些事》将社群语言植入影片,关注历史人物作为普通人的一面,介于表演和场景重现之间的手法、鬼畜搞笑的方式,鲜活地呈现了历史人物不为人知的一面。《人生一串》则是从美食中最受年轻人喜爱、最接地气的烧烤入手,看似简陋的街边小店,其中蕴含着属于每个普通人的人间冷暖。

优酷视频于2015年成立了纪实工作室,2018年成立了泛纪实中心。优酷视频依托阿里大文娱,注重娱乐垂类纪录片的开发,将综艺与纪录片绑定销售,制作了《这!就是舞者》《灌篮吧兄弟》等综艺衍生纪录片。优酷视频秉承"真实、酷感、年轻化""小人物、大情感、正能量"等理念,持续生产着优质纪实内容,制作了《他乡的童年》等反映社会现实、引发深刻讨论的网生纪录片。同时,优酷视频也重视对院线纪录片的开发,推出了院线纪录片《一百年很长吗》《尺八·一生一世》等作品。

(二)内容呈现方式:对话方式平等化、表现形式多样化

《中国电视纪录片史论》指出,中国纪录片经历了政治意识主导时期、人文意识渐醒时期、平民意识开启时期、社会化观念初显时期、产业化萌芽时期。[②] 自从20世纪50年代中国开始制作纪录片以来,对话方式都是自上而下的。

而现在,互联网空前扩大了受众规模,其特有的交互性更是改变了人们的观看行为。随着各大网络视频平台纷纷开通弹幕功能,单向"播放—观看"的传播模式和留言板式的延迟性互动都将成为过去。弹幕的实时互动,不光可以让受众发表关于影片的言论,更可以和影片中的声音"隔空对话",与其他观众一起互动,营造出平等对话、多人观影的体验,受众的参与感空前提高,推动了网生纪录片在影片话语形态上的改变和互动性上的探索。

1.对话方式平等化

网生纪录片中,平等的对话方式成为主流。

---

① 祖薇.2019看"现象级"荧屏[N/OL].北京青年报.(2019-12-30)[2020-04-10]. http://epaper.ynet.com/html/2019-12/30/node_1342.htm.

② 何苏六.中国电视纪录片史论[M].北京:中国传媒大学出版社,2005.

在内容方面，网生纪录片多秉承人本位的理念，从中几乎看不到太多宏大叙事，影片主题先行的模式被大大弱化，人物也不再是符号化、为主题服务的功能性元素，普通人的喜怒哀乐得到关注。它以大时代中的小人物为核心，多方面立体呈现人物，现实题材关注普通人的生活与情感，历史文化题材则关注历史人物有血有肉的一面。

同时，话题和场景选取都更贴近生活。美食题材热度不减，越来越多社会观察、生活方式类的影片开始涌现。腾讯视频的《是面包，是空气，是奇迹啊》，通过陈粒、西川、夏雨三位嘉宾的“旅行”，深入当地人生活，从生活、文化、社会等多个维度解读日本的方方面面。现实题材也被看重，爱奇艺参与出品的《中国医生》在2020年新冠肺炎疫情期间热度大增；由国家广播电视总局指导，央视新闻、bilibili、Figure联合出品的抗击疫情纪录片《在武汉》，上线即获得百万点击。

在视听语言的使用方面，跟拍、纪实段落取代了大段采访与画外音的叙事方式，更能让受众参与其中、感同身受。同时，画外音的语态也有了显著的改变——从单方面的内容输出变为引导开放性讨论。使用标准播音腔朗读、全知全能的“上帝之声”已甚少用于网生纪录片，取而代之的是画外音中娓娓道来的讲述。他们以一种平视的视角和语气，时而严肃、时而戏谑，讲述的都是普通人的故事。为提高交流感，讲述者有时还会抛出问题。如在《人生一串》中，画外音的一句“您几位啊？”不知戳中了多少受众的心，而影片结束处刷屏的“多谢款待”，也成为平台受众心照不宣的默契。

2.表现形式多样化

电影化的影像语言已经被广泛用于网生纪录片的拍摄，以提高观看体验；影片的叙事节奏也随着大屏到小屏的观影体验转变而加快，段落式、平行式的叙事被普遍应用于网生纪录片中。然而，互联网受众喜欢什么内容，是没有一个标准答案的。专业化的制作和大众化的传播只是成功的第一步。创新，才是在激烈竞争中脱颖而出的先决条件。

互联网的开放性、目标受众的年轻化，都为网生纪录片的个性化探索提供了必要性和可能性。各大网络视频平台纷纷在形式、风格、模式上进行新的尝试，这些尝试体现出娱乐化、多样化的特点。

在形式与风格上，哔哩哔哩的《历史那些事》的探索是非常有代表性的。影片由演员来演绎历史角色，以小剧场的形式，讲述历史人物的故事，显示其鲜明的性格特点。这区别于以前纪录片常用的情景再现手法，表演和设计的部分被扩大了；同时，作为一部历史题材纪录片，历史事件与背景、历史人物的生平经历被缩小，历史人物自身的性格特点被放大；颇具网感的文案风格，也给严肃的历史题材新添了诙谐的成分。

腾讯视频的《纪实 72 小时》和优酷视频的《三日为期》则是通过限定拍摄的时间和地点,放弃对影片人物的设计和编排,用三天三夜的时间记录在同一个地点出现的普通人,充分利用纪录片拍摄的随机性和偶然性,通过群像和细节,展现最平实的生活片段。

此外,跨界融合的尝试也使得纪录片的边界被进一步扩大。早在 2013 年,优酷视频推出的纪实真人秀《侣行》就获得了过亿的点击量,其在之后持续推出了《我们的侣行》等系列作品,一度让网生作品回流电视媒体。2019 年大火的《奇遇人生》也是明星真人秀与纪实形态的结合,利用明星的流量、纪录片的真实风格,取得流量口碑双丰收。

网生纪录片的这些新的尝试总体体现出一种大众化、娱乐化的特点,而所有的尝试都在丰富网生纪录片的类型与内涵,使其多样化发展,持续产出优质作品。

四、总结与展望

网生纪录片是纪录片与互联网结合的产物,平台作为生产主体,将投资、制作、播出有机整合在一起,具有鲜明的市场导向。对产品要求日益提高的用户和激烈竞争的环境,为网生纪录片在各个维度的创新提供了动力。不同平台的定位差异也导致纪录片生产在策略、运营、内容等方面延伸出不同发展方向,以打造独具特色的定制化作品,增加平台用户黏性。

在呈现形式上,平等的对话方式是新时期纪录片的发展方向,包括电视纪录片在内的其他几种形态的纪录片也都有向这个方向发展的趋势。在坚守纪录片的真实性原则、记录时代变迁与社会风貌的同时,网生纪录片在专业化、多样化、大众化、娱乐化等方面的不断尝试,以小见大、由浅入深的叙事方式,使其制作日益精良,内容和形式日益丰富,对整个纪录片行业的发展起到了很强的推动作用。

尽管网生纪录片表现出一些不同的运营策略和特点,但随着媒介融合的深化,电视台、网络视频平台、民营公司和工作室等制作机构的联合制作与出品已经成为趋势,网生纪录片与其他类型纪录片之间的界限也会逐渐模糊。对于平台来说,持续的创新能力、优质的内容产出是在竞争中生存的关键所在;对于整个产业而言,则应充分利用互联网的媒介优势,探索更具特色的纪录片风格和更多元化的文化传播方式。

〔李昉,中国传媒大学助理研究员、电视学院团委书记,北京师范大学戏剧与影视学在读博士生;张心洁,独立纪录片导演〕

〔特约编辑:付晓光〕

图书在版编目(CIP)数据

中国新闻传播研究. 智能媒介与传播 / 高晓虹主编. --北京 ：中国传媒大学出版社，2020.12
ISBN 978-7-5657-2880-8

Ⅰ.①中… Ⅱ.①高… Ⅲ.①新闻学－传播学－研究－中国 Ⅳ.①G219.2

中国版本图书馆 CIP 数据核字(2020)第 269418 号

中国新闻传播研究：智能媒介与传播

ZHONGGUO XINWEN CHUANBO YANJIU：ZHINENG MEIJIE YU CHUANBO

主　　编 高晓虹
副 主 编 刘　宏　赵淑萍　曾祥敏
策划编辑 王雁来
责任编辑 欧丽娜
封面设计 拓美设计
责任印制 阳金洲

出版发行 中国传媒大学出版社
社　　址 北京市朝阳区定福庄东街 1 号　　**邮　　编** 100024
电　　话 86-10-65450528　65450532　　**传　　真** 65779405
网　　址 http://cucp.cuc.edu.cn
经　　销 全国新华书店

印　　刷 唐山玺诚印务有限公司
开　　本 787mm×1092mm　1/16
印　　张 14.5
字　　数 283 千字
版　　次 2020 年 12 月第 1 版
印　　次 2020 年 12 月第 1 次印刷

书　　号 ISBN 978-7-5657-2880-8/G・2880　　**定　　价** 78.00 元

本社法律顾问：北京李伟斌律师事务所　郭建平